YINGKE® 盈科

盈科全国业务指导委员会系列丛书

企业用工合规指引

常见风险及应对

盈科律师事务所／编

黄兴国　王　昱　付洪哲／著

法律出版社 LAW PRESS · CHINA

北京

图书在版编目(CIP)数据

企业用工合规指引：常见风险及应对／盈科律师事务所编；黄兴国，王昱，付洪哲著．--北京：法律出版社，2023
ISBN 978-7-5197-7397-7

Ⅰ．①企… Ⅱ．①盈… ②黄… ③王… ④付… Ⅲ．①劳动争议-经济纠纷-处理-中国 Ⅳ．①D922.591.5

中国版本图书馆CIP数据核字(2022)第238132号

企业用工合规指引：常见风险及应对
QIYE YONGGONG HEGUI ZHIYIN：CHANGJIAN FENGXIAN JI YINGDUI

盈科律师事务所 编
黄兴国 王 昱 付洪哲 著

策划编辑 朱海波
责任编辑 朱海波
装帧设计 汪奇峰 臧晓飞

出版发行 法律出版社
编辑统筹 法律应用出版分社
责任校对 蒋 橙
责任印制 刘晓伟
经　　销 新华书店

开本 710毫米×1000毫米 1/16
印张 14 **字数** 250千
版本 2023年1月第1版
印次 2023年1月第1次印刷
印刷 固安华明印业有限公司

地址：北京市丰台区莲花池西里7号(100073)
网址：www.lawpress.com.cn
投稿邮箱：info@lawpress.com.cn
举报盗版邮箱：jbwq@lawpress.com.cn

销售电话：010-83938349
客服电话：010-83938350
咨询电话：010-63939796

书号：ISBN 978-7-5197-7397-7
定价：52.00元
凡购买本社图书，如有印装错误，我社负责退换。电话：010-83938349

本书编著者

黄兴国 王 昱 付洪哲

一千个败诉的理由——企业端劳动争议常见败诉情形(代序)

劳动争议案件你输够一千个了吗?

我们是谁?

我们是北京市盈科律师事务所劳动人事法律事务部的律师,专业从事劳动争议相关法律事项的处理。

我们做什么业务?

那当然是劳动法律服务,尤其是企业客户端的劳动业务,我们一直在做,极具专业。

个人端的劳动业务好做吗?

我觉得,还是挺难的。首先就是不好收费,个人业务普遍标的较小,收不上大钱,就算碰上几个标的比较高的,也几乎没有重复率,回头客少,毕竟不能每次跳槽都打官司吧。就算真的每次跳槽都打官司,那不是碰瓷的,就是偏执的,也不太好服务。

那你们为什么还做劳动业务?

前几天,我一个大学同学来电话,忧心忡忡地说自己家公司里有个员工要仲裁,以前从来没有过这事,不知道如何处理……我说恭喜你啊,你家公司向着世界500强又迈进了重要一步。只要是做买卖,只要是需要用人的行业,除了夫妻店,没有哪个公司能彻底杜绝劳动争议。夫妻店闹翻估计直接打离婚了吧。

毕竟公司扩大了、员工多了,招聘的不能个个都是熟人吧,而且现在很多争议,还真是熟人介绍来的也一样和你打官司。所以企业端的劳动争议,有广泛的需求,有不断的重复,争议标的也是水涨船高,为越来越多的企业所重视。

企业端的劳动业务好做吗？

企业在劳动争议中，天然地处于弱势地位，除了在签劳动合同的那一刹那间，企业有一定优势，只要这个人进了公司，那基本就开始被动了。你想给员工降薪、调岗、换工作地点，你试试，你想让他后边再签绩效、考评，就连改善一下方案也很难，所以入职的时候一次签足很重要，这些细节我们后边再说。

在劳动争议中，那企业就更被动了，解除劳动关系、少发工资、计算工龄，都需要企业一方来举证，你充分地、清晰地说清了，才能赢，否则，只要仲裁员和法官说，我觉得还是有点含糊，那企业就都输了。关键是，裁判员只会告诉你，这些证据不充分，我的内心还是含糊的，但是永远不会告诉你达到什么标准，就充分了。所以企业端的劳动业务败诉风险确实比较高。

加之很多人根深蒂固地认为，企业再穷也比员工有钱，都不让人家干了，还不多少给点钱啊。一分不给还把饭碗砸了，变着法地想给员工判点钱，有些案件打起来，你会感觉，那不是和员工打官司，就是和裁判员打官司。就好比参加百米跑，本来比员工跑得快我就能赢，结果扭头一看，右边还有个裁判员也做好了起跑准备，他左手拿着发令枪，右手拿着秒表，你说我要是能跑赢了他，那……我就得是裁判长。

所以代理企业端，我们真的输了很多案件，如果是必输无疑的案件，我也会直接告诉客户。输的最多的还是有一定争议，又很有希望的案件。我经常自嘲，打企业端的劳动争议，我不敢说哪个案子能稳赢，但是我敢给客户打包票，哪个案子稳输。最近，也不知是怎么了，我居然把一个已经打了包票告诉客户稳输的案子，还给打赢了。就像马克·吐温说的，生活远比小说离奇，因为文学创作还要遵循逻辑，而现实生活往往毫无逻辑可言。

你输够一千个了吗？

惭愧，惭愧，我们三个加起来，到现在也还没输够一千个，不过大几百个应该有了，只要客户坚持用我们，我相信输够一千个那只是迟早的事情。

前几天，有个企业客户找律师，所里推荐了两个。客户也挺有意思，选择的方法是上审判信息网查询，查完他说，这个律师看着还行啊，最近几年的判决就有几百个，还都是代理企业一方的，就用这个律师吧。

签约之后，律所客管的小姐姐和我说起这个事，我说客户是时间太紧没有点开看，如果他点开判决看结果，我是代表企业打了好几百个，但是，我还给企业输了好几百个呢。

你这一天到晚地老打输，还有客户吗？

我觉得这些年做下来，没把自己饿死，还积累了一些新的客户，可能就是我每次输完官司，都给客户复个盘，看看未来还有哪些能改善的，有些输的是人力所不能及，有些输的要吸取教训。另外，我们也积累了一套专门针对企业客户的培训课程，名字就叫《一千个败诉的理由》，我也会和客户交流，企业为什么老是输，感觉和客户同频了，敞开了说清楚原因，他们对我的信任和包容也会提升。

怎么想起来写这本书？

惭愧啊，其实之前也想过写过，但是没写下去，烂尾了，这次就想着，认认真真地、仔仔细细地再写一次，万一坚持下来了，也是对这些年工作的总结，有些奇葩，我们真的是不吐不快。万一坚持下来了，有些案件甚至有些细节，能够对大家有帮助，能躲过一个坑那就是一个坑。以上就是我们的一点体会，那一千个败诉的理由，咱们就正式开书吧。

目录
CONTENTS

第一章　招聘与录用

第一节　招聘通知书的法律效力

用人单位招聘劳动者采取公平、公证、公开的方式面向社会择优选择。可以通过网络平台、专业机构、现场活动的方式发布招聘通知,可载明包括用人单位基本情况、招用人数、职业工种、岗位要求、录用条件、劳动报酬、福利待遇、劳动保护等内容。同时,在招聘过程中用人单位不得存在提供虚假招聘信息、招用无合法证件的人员、向求职者收取招聘费用、向被录用人员收取保证金或抵押金等违法行为且在招聘过程中不得以性别、民族等为由拒绝录用或者提高录用标准。根据上述招聘通知的情况,劳动者进行报名,用人单位可以采取对劳动者考核的方式进行择优录取,对于拟录用人员发布录用通知书,那么用人单位向拟录用劳动者发放的录用通知书是否具有法律效力,如果与招聘中宣传的不一样或者录用通知书与实际载明的工作不符,劳动者是否可以主张权利。

★ 001　单位已经发放了录用意向函,可以任意撤销吗?

(一)现实场景

很多单位在向求职者发出录用意向函也就是俗称的"offer"后,基于种种原因,如有更合适的应聘者、单位的业务方向调整等,又不想录用求职者了,这时已经发出的录用意向函,可以任意撤销吗?

(二)主流观点

劳动关系的建立,以提供劳动为标准,所以发放了录用意向函,并不代表双方已经建立了劳动关系,也不代表双方未来肯定能建立劳动关系。

发放了录用意向函到员工实际入职之前,单位的录用意向能否撤销主要分成两种情况，对于求职者没有回复表示同意的，可以撤销，无须承担法律责任；但是对于求职者已经回复同意入职的，公司撤销需要支付相应赔偿。

(三)法律依据

《中华人民共和国民法典》

第一百四十一条　行为人可以撤回意思表示。撤回意思表示的通知应当在意思表示到达相对人前或者与意思表示同时到达相对人。

第四百七十五条　要约可以撤回。要约的撤回适用本法第一百四十一条的规定。

第四百七十六条　要约可以撤销，但是有下列情形之一的除外：

(一)要约人以确定承诺期限或者其他形式明示要约不可撤销；

(二)受要约人有理由认为要约是不可撤销的，并已经为履行合同做了合理准备工作。

第四百七十七条　撤销要约的意思表示以对话方式作出的，该意思表示的内容应当在受要约人作出承诺之前为受要约人所知道；撤销要约的意思表示以非对话方式作出的，应当在受要约人作出承诺之前到达受要约人。

第四百七十八条　有下列情形之一的，要约失效：

(一)要约被拒绝；

(二)要约被依法撤销；

(三)承诺期限届满，受要约人未作出承诺；

(四)受要约人对要约的内容作出实质性变更。

第五百条　当事人在订立合同过程中有下列情形之一，造成对方损失的，应当承担赔偿责任：

(一)假借订立合同，恶意进行磋商；

(二)故意隐瞒与订立合同有关的重要事实或者提供虚假情况；

(三)有其他违背诚信原则的行为。

(四)实践观点与分析

录用意向函属于舶来品，有个无比洋气的名字——offer letter，也就是咱们常说的“offer”。其法律性质，实际上是单位对员工入职发出的要约。录用意向函上通常会载明录用的单位、岗位、入职的时间，甚至会载明具体的薪酬标准，已经具备了劳动合同的主要内容。

但是,在员工入职提供劳动前,录用意向函不等于劳动合同,发放了录用意向函,甚至员工回复同意入职了都不等于双方建立了劳动关系。劳动关系的建立,还是要以员工实际提供劳动作为起点。这也就导致了录用但是没有入职的纠纷经常出现。

对于公司已经向发出录用意向函,又想撤回的,存在以下两种主要情形:

(1)员工尚未答复公司同意入职。

按照民法的规定,员工尚未答复公司的情况下,公司可以撤回,也可以撤销录用意向函。

撤回录用意向的要求是,撤回的通知在录用通知到达员工处前或者与录用通知同时到达员工处。也就是还没收到录用意向或者同时收到录用和撤回的通知,事实上等于没有发过录用通知。

第二种情况更为常见,就是撤销录用通知。撤销录用意向的通知如果是以对话方式作出的,撤销应当在员工作出承诺之前为员工所知道;撤销录用意向的通知如果是以非对话方式作出的如邮件、邮寄等,应当在员工作出承诺之前到达员工。

也就是说,在员工承诺前,允许单位撤销录用意向函,但是以下两种情形是例外的:单位以确定承诺期限或者其他形式明示录用意向不可撤销;员工有理由认为录用意向是不可撤销的,并已经为即将到来的入职做了合理准备工作。

对于哪些属于有理由认为录用意向不可撤销并做了合理准备工作,相对比较复杂,需要结合具体案例具体分析。

(2)员工已经答复公司同意入职。

如果员工已经答复公司同意入职,此时,公司再撤销录用意向就需要承担法律责任了。按照民法的规定,公司发出了录用意向函,属于要约,而员工一旦承诺了入职,双方就形成了一种预约合同关系,即预约了未来的入职和建立劳动关系。此时,公司再撤销录用意向实质上就是要解除这种预约合同关系,是要承担赔偿责任的。

(五)违法撤销录用意向函的法律后果

从审判实践中看,此类员工已经承诺入职,单位又反悔的情况,单位一般会被认定为在订立合同过程中有违背诚信原则的行为,由此造成对方损失的,需要赔偿。

这种损失有些是显性的，有些是隐性的，如员工跳槽，辞掉了原来的工作，又被新单位忽悠了，会造成工资损失，这是显性损失。比如，有的员工从多个录用意向中，选择了这一个，放弃了其他单位的录用机会，这种损失就是隐性的。从判决情况来看，对于单位反悔，员工请求赔偿损失的，金额一般为 1 个月到 3 个月工资，有的是用员工原工资标准为基数，有的用新单位的工资标准为基数。

在这个大致的范围内，1 个月还是 3 个月，裁判者的自由裁量权就比较大了，如应届生可能就短一点，跳槽的员工可能就长一点，也会结合员工再就业的难度和所需要的时间。

另外，有些员工会要求按照原计划完成入职，如期到单位上班，这种请求基本上无法得到支持。俗话说强扭的瓜不甜，劳动关系是带有一定人身属性的，在一方已经明确拒绝建立劳动关系的情况下，再勉强也是没有幸福的，只会增加后续的矛盾和摩擦。所以从构建和谐稳定劳动关系的角度出发，这种必须到单位上班的请求，难以得到法律支持。

（六）实操指引

现在的劳动关系不像从前，一个工作能做一辈子，现在换工作是高频事件，我们在这里建议用人单位，慎重对待录用意向函，撤销一份录用意向，有时候不仅是需要承担赔偿责任，也是对单位信誉的一种影响。

换位思考，谁也不希望在换工作的时候，空欢喜一场，最后还得打官司。对于劳动者而言，工作该换还得换，咱们争取做到不见兔子不撒鹰。

★ 002 劳动者是否可以依据入职通知书要求用人单位赔偿相关损失？

（一）现实场景

入职通知书也是我们通常所说的“offer”是用人单位向拟招聘的劳动者发送的关于入职事宜等内容的相关通知。一般入职通知包括岗位情况、工资情况、福利奖金、工作时间等内容。实践中我们最常遇见的两种情况：第一，当用人单位将月工资发放标准写在入职通知书中，在后续签订劳动合同中有时会出现比入职通知书中低的情况，那么劳动者是否可以依据入职通知书中的标准主张发放工资呢？第二，当用人单位将入职通知书发送给劳动者后，劳动者辞去现有工作到用人单位准备入职时,告知入职通知书上的岗位已经不存在等原因无法办理入职,那么劳动者是否可以依据入职通知书要求用人单位赔偿相关损失?

(二)法律依据

《中华人民共和国民法典》

第四百七十一条 当事人订立合同,可以采取要约、承诺方式或者其他方式。

第四百七十二条 要约是希望与他人订立合同的意思表示,该意思表示应当符合下列条件:

(一)内容具体确定;

(二)表明经受要约人承诺,要约人即受该意思表示约束。

第四百七十六条 要约可以撤销,但是有下列情形之一的除外:

(一)要约人以确定承诺期限或者其他形式明示要约不可撤销;

(二)受要约人有理由认为要约是不可撤销的,并已经为履行合同做了合理准备工作。

第四百八十八条 承诺的内容应当与要约的内容一致。受要约人对要约的内容作出实质性变更的,为新要约。有关合同标的、数量、质量、价款或者报酬、履行期限、履行地点和方式、违约责任和解决争议方法等的变更,是对要约内容的实质性变更。

第五百条 当事人在订立合同过程中有下列情形之一,造成对方损失的,应当承担赔偿责任:

(一)假借订立合同,恶意进行磋商;

(二)故意隐瞒与订立合同有关的重要事实或者提供虚假情况;

(三)有其他违背诚信原则的行为。

(三)实践观点与分析

因入职通知书引发的争议问题属于劳动者和用人单位之间的纠纷属于劳动人事纠纷范畴,但是在《劳动法》《劳动合同法》等相关劳动人事的法律规定中关于入职通知书目前没有明确规定也没有参照适用标准。那么关于入职通知书引发的争议法律规定如何适用呢?

根据《民法典》第2条的规定,“民法调整平等主体的自然人、法人和非法人组织之间的人身关系和财产关系”。用人单位和劳动者均属于民事主体，虽看似用人单位为强势一方，但双方亦属于平等民事主体，受民法调整范畴即可适用《民法典》。

入职通知书是公司向劳动者发出表达订立劳动关系的意愿，具有一定邀请的性质，同时明确了相关的条件和内容，如劳动者作出同意的表示后，用人单位即应遵守入职通知书中的相关内容。因此，根据《民法典》中关于要约以及承诺的相关规定，用人单位发出的入职通知书是具有要约的意思表示，劳动者对于用人单位入职通知书作出的答复是对用人单位要约的回应即构成承诺。从用人单位的要约到劳动者的承诺，双方通过入职通知书确立签订劳动合同基础，具有相应的法律效力。

我们再来看实践中的常见问题：

第一，当用人单位将月工资发放标准写在入职通知书中，在后续履行劳动合同过程中如出现比入职通知书中低的情况，那么劳动者是否可以依据入职通知书标准主张工资呢？答案是可以的，因劳动者和用人单位以入职通知书为基础，订立劳动合同，双方亦应遵守入职通知书中的相关约定。除劳动者表示接受劳动合同履行过程中的工资标准。

第二，当用人单位将入职通知书发送给劳动者后，劳动者向用人单位表示同意后，劳动者辞去现有工作到用人单位准备入职时，却告知入职通知书上的岗位已经不存在等原因无法办理入职，那么劳动者是否可以依据入职通知书要求用人单位赔偿相关损失？答案是可以的，劳动者已经同意入职同事书入职用人单位，因根据入职通知书已经对用人单位建立信任，用人单位撤销入职通知书，属于撤销要约。

根据《民法典》中要约的规定要约人发出要约即具有受要约约束的意思表示，而用人单位撤销要约属于亦应遵守规定，劳动者此时履行关于入职通知书的内容，并已经做了相关准备工作，属于履行承诺，而用人单位此时撤销要约应承担相应的缔约过失责任。供参考案例(2021)京03民终19617号案件：该案中用人单位向劳动者发送了《录用通知函》明确写明了入职的时间、月工资标准。同时，劳动者对录用通知进行了明确回复，后进行了体检等相关入职准备工作，而后用人单位告知取消录用。该案是典型的违反缔约过失责任案件，法院认为，缔约过失责任，是指在合同订立过程中，一方违背其依据诚实信用原则和法律规定所承担的义务致使另一方信赖利益遭受损失时,应承担损害赔偿责任。首先,本案中用人单位已经明确向劳动者发送了《录用通知函》,已经明确了录用劳动者的意向、职位、薪酬福利待遇、劳动合同期限及试用期、报到时间等。该《录用通知函》足以导致劳动者为入职单新位而进行相应的准备工作。其次,用人单位在明确表示录用劳动者并向其承诺相应职位、薪酬福利待遇后拒绝为劳动者办理入职手续,有悖诚实信用原则。最后,用人单位应就其缔约过失的行为,赔偿劳动者损失问题,就损失的具体计算方式目前审判实践中有的法院根据劳动者原工资收入进行计算,有的根据劳动者即将入职或入职通知书中载明的工资进行计算等情况进行酌情考虑。

(四)实操指引

入职通知书虽不属于劳动合同的一部分,目前没有在《劳动法》《劳动合同法》等劳动相关的法律规定中进行明确,但其作为民事法律行为受《民法典》调整,作为用人单位和劳动者各方亦应遵守、履行入职通知书中的相关约定,以彰显诚信原则。

用人单位在向劳动者发送入职通知书时,需注意以下几点:(1)招聘岗位如有明确岗位的可进一步进行明确,如招聘期无法明确的可按工种进行划分;(2)发放工资的情况可以明确具体金额,如无法明确具体金额,可以表述为:"不低于×××元/月工资标准";(3)入职通知发送后因岗位取消等原因无须招聘人员的应尽早通知劳动者,建议通知发送后1~3天内通知劳动者,减少双方损失;(4)明确劳动者回复入职通知书的时间,以确保用人单位根据劳动者的回复尽早作出取消录用或招聘他人的决定;(5)可明确违约责任。

劳动者在接收到用人单位发送的通知后,应注意以下几点:(1)根据通知内容对入职通知进行回复,以确定是否和用人单位建立劳动关系;(2)需注意入职通知书中关于相关岗位的要求、履历的要求等;(3)如因个人原因,改变与用人单位建立劳动关系意愿的,应尽量提前通知用人单位。

★ 003 招聘过程中的就业歧视

(一)现实场景

在招聘过程中,用人单位在招聘广告中或者在拒绝劳动者录用的理由时,可以行使用人单位的用工管理权，此时用人单位对于用工管理权的行使是否可以随意行使？用人单位认为聘用劳动者的权利由单位决定，因此对于招聘条件以及招聘结果可以根据单位具体情况进行设置。那么用人单位在招聘过程中需要注意什么？招聘过程中的就业歧视是用人单位在招聘过程中的重点部分，就业歧视根据相关法律规定其包括民族、种族、性别、宗教信仰等，但需要注意的是不仅仅包括上述列明的四项，下面我们通过实践案例进行具体分析。

（二）法律依据

《中华人民共和国就业促进法》

第三条　劳动者依法享有平等就业和自主择业的权利。

劳动者就业，不因民族、种族、性别、宗教信仰等不同而受歧视。

第二十六条　用人单位招用人员、职业中介机构从事职业中介活动，应当向劳动者提供平等的就业机会和公平的就业条件，不得实施就业歧视。

（三）实践操作与分析

案例：[①]2019 年 7 月，浙江某度假村有限公司通过某就业招聘平台向社会发布了一批公司人员招聘信息，其中包含有“法务专员”“董事长助理”两个岗位。2019 年 7 月 3 日，闫某通过招聘平台手机 App 软件针对用人单位发布的前述两个岗位分别投递了求职简历。闫某投递的求职简历中，包含姓名、性别、出生年月、户口所在地、现居住城市等个人基本信息，其中户口所在地填写为“河南南阳”，现居住城市填写为“浙江杭州西湖区”。据杭州市杭州互联网公证处出具的公证书记载，公证人员使用闫某的账户、密码登录就业招聘 App 客户端，显示闫某投递的前述“董事长助理”岗位在 2019 年 7 月 4 日 14 时 28 分被查看，28 分时给出岗位不合适的结论，“不合适原因：河南人”；“法务专员”岗位在同日 14 时 28 分被查看，29 分时给出岗位不合适的结论，“不合适原因：河南人”。闫某因案涉公证事宜，支出公证费用 1000 元。闫某向杭州互联网法院提起诉讼，请求判令用人单位赔礼道歉、支付精神抚慰金以及承担诉讼相关费用。后法院经审理认为：“平等就业权是劳动者依法享有的一项基本权利，既具有社会权利的属性，亦具有民法上的私权属性，劳动者享有平等就业权是其人格独立和意志自

① 最高人民法院指导案例第 185 号。

由的表现,侵害平等就业权在民法领域侵害的是一般人格权的核心内容人格尊严,人格尊严重要的方面就是要求平等对待,就业歧视往往会使人产生一种严重的受侮辱感,对人的精神健康甚至身体健康造成损害。据此,劳动者可以在其平等就业权受到侵害时向人民法院提起民事诉讼,寻求民事侵权救济。”

本案中,闫某向用人单位两次投递求职简历,均被用人单位以“河南人”不合适为由予以拒绝,显然在针对闫某的案涉招聘过程中,用人单位使用了主体来源的地域空间这一标准对人群进行归类,并根据这一归类标准而给予闫某低于正常情况下应当给予其他人的待遇,即拒绝录用,可以认定用人单位因“河南人”这一地域事由要素对闫某进行了差别对待。根据《就业促进法》第3条的规定可以看出:民族、种族、性别、宗教信仰四种情形明确列举,属于法定禁止区分事由时使用“等”字结尾,表明该条款是一个不完全列举的开放性条款,即法律除认为前述四种事由构成不合理差别对待的禁止性事由外,还存在与前述事由性质一致的其他不合理事由,亦为法律所禁止。

法院认为:“何种事由属于前述条款中‘等’的范畴,一个重要的判断标准是,用人单位是根据劳动者的专业、学历、工作经验、工作技能以及职业资格等与‘工作内在要求’密切相关的‘自获因素’进行选择,还是基于劳动者的性别、户籍、身份、地域、年龄、外貌、民族、种族、宗教等与‘工作内在要求’没有必然联系的‘先赋因素’进行选择,后者构成为法律禁止的不合理就业歧视。劳动者的‘先赋因素’,是指人们出生伊始所具有的人力难以选择和控制的因素,法律作为一种社会评价和调节机制,不应该基于人力难以选择和控制的因素给劳动者设置不平等条件;应消除这些因素给劳动者带来的现实上的不平等,将与‘工作内在要求’没有任何关联性的‘先赋因素’作为就业区别对待的标准,根本违背了公平正义的一般原则,不具有正当性。”综上,笔者认为,用人单位在招聘劳动者时,需要注意的是与工作有必然联系的条件设置是否有基于地域、性别等与工作内容无必然联系的条件,对于劳动者是否有无正当理由差别对待的情形,如果存在则有可能构成就业歧视,从而使劳动者的平等就业权受到侵害,劳动者需要注意的是由此遭受侵害的可以就业歧视为由,要求用人单位承担相应的侵权责任。

第二节　录用时的告知义务

用人单位在录用劳动者时，应当如实告知劳动者工作内容、工作地点、工作岗位、工资待遇等与劳动者利益相关各个方面内容。而作为劳动者亦应遵守诚实信用原则，如实告知用人单位基本情况，如学历情况、工作履历等与工作相关的基本情况。那么，如果一方未履行如实告知义务，是否会导致劳动合同无效或者部分无效抑或是因未如实告知义务解除劳动合同。

★ 004 劳动者提供虚假材料，是否会导致劳动合同无效或部分无效的情形

（一）现实场景

用人单位发布的招聘内容一般会写明岗位职责、工作地点、薪酬、学历、相关工作经验等，我们常见的还有一些专业的岗位需要相关专业资质、有的岗位需要具备一定较强的人际沟通能力以及逻辑思维能力或是能够通过运营动作完成销售目标等明确的招聘需求。在劳动者向用人单位提供的相关应聘资料时，应尽到如实陈述，如果劳动者未进行如实陈述，如近些年频发的提供虚假学历证书、个人工作履历资料、个人目前兼职情况等与用人单位建立劳动关系具有直接关系的相关资料或文件，是否会导致劳动合同无效或部分无效的情形？

（二）法律依据

《中华人民共和国劳动合同法》

第三条第一款　订立劳动合同，应当遵循合法、公平、平等自愿、协商一致、诚实信用的原则。

第八条　用人单位招用劳动者时，应当如实告知劳动者工作内容、工作条件、工作地点、职业危害、安全生产状况、劳动报酬，以及劳动者要求了解的其他情况；用人单位有权了解劳动者与劳动合同直接相关的基本情况，劳动者应当如实说明。

第二十六条　下列劳动合同无效或者部分无效：

（一）以欺诈、胁迫的手段或者乘人之危，使对方在违背真实意思的情况下订立或者变更劳动合同的；

……

对劳动合同的无效或者部分无效有争议的，由劳动争议仲裁机构或者人民法院确认。

第三十九条 劳动者有下列情形之一的，用人单位可以解除劳动合同：

……

（五）因本法第二十六条第一款第一项规定的情形致使劳动合同无效的。

（三）实践观点与分析

如实陈述义务是用人单位和劳动者订立劳动合同的基础，也是建立劳动合同关系后无论是在劳动合同关系履行的哪个时间段，如实陈述义务均作为双方劳动关系履行的必备条款。因此，如实陈述义务贯穿整个劳动关系。下面我们从内容和时间两个方面分析一下对于如实陈述义务在劳动关系中的体现：

（1）如实陈述义务履行内容方面

如实陈述义务，"陈述"我们通常理解为口头陈述，但在劳动关系建立过程中应扩大理解，其包括一方提供的资料、文件等，不仅仅是指口头陈述的真实，也包括所提供的材料真实。

双方在订立劳动合同前，基于各方的如实陈述订立了劳动合同关系，可见如实陈述是双方建立劳动合同关系的重要基础，若用人单位或劳动者在订立劳动合同后发现一方存在虚假陈述违反诚实信用原则，隐瞒或者虚构与劳动合同直接相关的基本信息，属于劳动合同无效或部分无效的情形。基于劳动合同无效或部分无效，用人单位可以解除劳动合同，此时用人单位属于合法解除，无须支付劳动者任何补偿或赔偿。

案例：[①]2018年6月，某网络公司发布招聘启事，招聘计算机工程专业大学本科以上学历的网络技术人员1名。赵某为销售专业大专学历，但其向该网络公司提交了计算机工程专业大学本科学历的学历证书、个人履历等材料。后赵某与网络公司签订了劳动合同，进入网络公司从事网络技术工作。2018年9月

① 《人力资源和社会保障部、最高人民法院关于联合发布第一批劳动人事争议典型案例的通知》（人社部函〔2020〕62号）。

初，网络公司偶然获悉赵某的实际学历为大专，并向赵某询问。赵某承认自己为应聘而提供虚假学历证书、个人履历的事实。网络公司认为，赵某提供虚假学历证书、个人履历属欺诈行为，严重违背诚实信用原则，根据《劳动合同法》第 26 条、第 39 条的规定解除了与赵某的劳动合同。赵某不服，向劳动人事争议仲裁委员会（以下简称仲裁委员会）申请仲裁：要求裁决网络公司继续履行劳动合同。后仲裁委员会裁决驳回赵某的仲裁请求。

本案中，“计算机工程专业”“大学本科学历”等情况与网络公司招聘的网络技术人员岗位职责、工作完成效果有密切关联性，属于“与劳动合同直接相关的基本情况”。赵某在应聘时故意提供虚假学历证书、个人履历，致使网络公司在违背真实意思的情况下与其签订了劳动合同。因此，根据《劳动合同法》第 26 条第 1 款的规定，双方签订的劳动合同无效。网络公司根据《劳动合同法》第 39 条第 5 项的规定，解除与赵某的劳动合同符合法律规定，故依法驳回赵某的仲裁请求。本案例中不仅认定了双方签订的劳动合同无效问题，还涉及关于用人单位与劳动者解除劳动关系是否合法的问题。那么，用人单位一旦发现劳动者存在虚假陈述的事实情况后与劳动者解除劳动关系都是合法解除吗？

（2）关于如实陈述义务履行时间方面

如实陈述义务是劳动关系建立期间都应履行的义务，但是用人单位作为判断是否符合录用条件具有一定的决定性作用，同时，在劳动者提供的材料是否为虚假材料、是否构成欺诈的问题上，用人单位的注意义务明显高于劳动者。再者说，如果录用了劳动者之后，长期稳定的劳动关系能够证明劳动者对于岗位工作是可以胜任的，此时过于强调学历或者工作履历对于劳动者来说不免有些显失公平。由此看出，用人单位在发现劳动者存在虚假陈述的事实情况后与劳动者解除劳动关系不一定都是合法解除，还是要看案件具体情况。如果劳动者先向用人单位发送了解除通知书，如劳动者因用人单位未足额支付劳动报酬为由向用人单位发送解除劳动关系通知书后，用人单位经查实，发现劳动者存在提供虚假学历、工作履历等情况，用人单位在后提出解除劳动关系的主张支持可能不会被支持。

上述我们分析了若因劳动者未履行如实告知义务，用人单位可以解除劳动关系，此时用人单位解除劳动关系的相关依据是《劳动合同法》第 39 条第 5 款。那么如果因劳动者未履行告知义务，恰巧在试用期期间用人单位是否可以不符合录用条件为由解除劳动关系？笔者认为，不符合录用条件中的条件可以包括诚实信用这项劳动基本准则。目前在北京市的相关解答中：[1]就劳动者是否符合录用条件的认定，在试用期的认定标准可适当低于试用期届满后的认定标准。劳动者不符合录用条件的情况主要有以下情形：(1)劳动者违反诚实信用原则对影响劳动合同履行的自身基本情况有隐瞒或虚构事实的，包括提供虚假学历证书、假身份证、假护照等个人重要证件；(2)对履历、知识、技能、业绩、健康等个人情况说明与事实有重大出入的。

但是，应当注意的是，《劳动合同法》第8条"劳动者应当如实说明"应仅限于"与劳动合同直接相关的基本情况"，如履行劳动合同所必需的知识技能、学历、学位、职业资格、工作经历等，用人单位无权要求劳动者提供婚姻状况、生育情况，甚至有的用人单位会要求劳动者提供血型、星座等涉及个人隐私的信息，即不能随意扩大用人单位要求劳动者的告知义务。

(四)实操指引

用人单位与劳动者订立劳动合同时都必须遵循诚实信用原则，诚信劳动关系是基础。在劳动者方面入职时应根据用人单位的具体需求提供符合录用条件的相关文件，但要注意的是用人单位仅有权利要求劳动者就建立劳动关系为基础的相关文件，与劳动关系建立无关的个人隐私情况要注意保护。在用人单位层面，用人单位就劳动者入职前应做好对每位劳动者的入职"体检"，这里的体检包括背景调查以及身体健康体检，但对于劳动者个人隐私情况要注意不能扩大化。上述对于劳动者因诚实信用原则问题用人单位可以进行合法解除，那么对于用人单位未尽到诚实信用原则，劳动者又该如何主张权利呢？例如，用人单位为了吸引人才在入职通知书中或劳动合同中的承诺(如奖金、物质奖励等)，如果劳动者入职后，用人单位并没有实际履行在上述通知中的"丰厚条件"，劳动者是否可以认为用人单位未尽到诚实信用而要求解除劳动合同并要求相应的补偿或赔偿呢？目前，对于用人单位是否要履行诚实信用原则存在一定的争议，第一种观点认为，诚实信用原则作为《劳动合同法》规定的基本原则，属于对用人单位和劳动者均需要遵守的原则，在此基础上双方建立劳动关系，因此用人单

---

[1] 《北京市高级人民法院、北京市劳动人事争议仲裁委员会关于审理劳动争议案件法律适用问题的解答》。

位亦应履行诚实信用原则，对于承诺劳动者的亦应遵照履行。如果用人单位没有履行诚实信用原则，那么劳动者可以提出解除劳动合同，对于劳动者提出解除劳动合同是同时可以要求用人单位支付经济补偿金的，依据《劳动合同法》第 38 条第 1 款的规定："用人单位有下列情形之一的，劳动者可以解除劳动合同：……（五）因本法第二十六条第一款规定的情形致使劳动合同无效的……"因此第 26 条第 1 款既可以在劳动者解除时适用，也可在用人单位解除时适用。

第二种观点认为，用人单位对于入职通知书中的"丰厚条件"可以不遵守，一方面基于用工管理权角度用人单位在对劳动者进行实际用工考核后发现并未达到招聘预期目的，因此对于奖励可以行使用工管理权不对劳动者进行发放；另一方面认为该部分一般涉及的都是奖金、奖励等激励性条件并未涉及劳动者基本的权益，劳动者基本权益并未受到相应的损失，因此也谈不上用人单位没有遵守诚信原则。还用部分认为劳动者为了保留工作岗位几乎不会因为用人单位诚信问题提出相关解除，为了保留工作条件用人单位的诚信可以忽略不计。各位读者赞成哪种观点或者您有哪些观点欢迎提出交流意见。

第二章　建立劳动合同关系

第一节　试用期劳动关系

试用期是用人单位和劳动者建立劳动关系后,双方约定的考察期,在此期间内双方可以相互选择。试用期虽最大限度地保护用人单位用工自主权,但并不等于用人单位可以在试用期内任意与劳动者解除劳动合同。试用期作为履行劳动关系的一部分,即包括在劳动合同期限,建立劳动关系后的试用期受《劳动法》《劳动合同法》保护。试用期常见的热点问题是试用期的长短、试用期的解除以及试用期的保护条件等,因此对于试用期期间的法律问题不容小觑。

一、试用期的时间

根据《劳动合同法》规定以及所签订劳动合同期限的情况,试用期只能约定一次,试用期分为 1 个月、2 个月以及最长不得超过 6 个月。

★ 005　已经约定了试用期,是否可以通过协商的方式延长?

(一)现实场景

建立劳动关系后,试用期是用人单位考察劳动者的关键阶段,在试用期内不符合岗位要求,企业可以无责解除员工。现实中经常出现,入职时约定的试用期较短,尚未达到法定上限,在履行中发现试用期不足以考察员工能力,但是又没到根本无法胜任的程度,两难之下不少单位选择与劳动者协议约定延长试用期,且延长后的总试用期,不超过法定上限。通过延长再考察一下员工,以便作出最终决定。这种约定有效吗?

(二)主流观点

针对这一问题,全国的观点并不统一,在正常情况下,以北京为代表的观点倾向于不能延长，而浙江、江苏、广州等地法院均支持试用期可以延长。

此外，与正常情况相对，在特殊情况下，如试用期病假、因疫情隔离等特殊情况导致没有履行试用期的，很多法院都支持延长试用期，甚至支持无须协商可以顺延。

(三)法律依据

《中华人民共和国劳动合同法》

第十九条　劳动合同期限三个月以上不满一年的，试用期不得超过一个月；劳动合同期限一年以上不满三年的，试用期不得超过二个月；三年以上固定期限和无固定期限的劳动合同，试用期不得超过六个月。

同一用人单位与同一劳动者只能约定一次试用期。

(四)实践观点与分析

(1)观点一：以北京为代表的不能延长观点。

以北京为代表的北方区基本持这种观点，其理由是，《劳动合同法》明确约定了不同期限的劳动合同所对应的试用期法定上限，且约定同一用人单位与劳动者只能约定一次试用期，延长试用期，实质上就是对试用期的二次约定，违反法律规定所以无效。

例如，(2017)京民申1290号北京市高级人民法院判决的观点就是公司与劳动者在签订劳动合同时已经明确约定试用期限制。现公司以其公司延长试用期的行为系经过双方协商一致，且延长后的试用期未超过法定期间为由，主张其公司延长试用期行为合法。显属违反了现有法律的强制性规定。因此延长的约定无效。

再如，(2021)京03民终12367号北京市第三中级人民法院判决书中，更是直接写明，关于试用期，双方只能约定一次，不得延长。公司按照试用期工资标准向劳动者支付所谓延长试用期期间的工资，于法无据，应予以补齐。

类似判决结果，在北京比比皆是。

(2)观点二：可以延长。

与北京原则上不能延长的观点相反，很多地区认为延长试用期不属于二次重复约定，只要不超过法定上限就是有效的。

例如，浙江地区明确支持延长。按照《浙江省高级人民法院民事审判第一庭、浙江省劳动人事争议仲裁院关于审理劳动争议案件若干问题的解答（五）》（浙高法民一〔2019〕1号）第6点，“用人单位与劳动者约定了试用期，试用期内双方协商一致以书面形式约定，延长后累计的试用期在法定期限内，该延长约定是否合法有效？答：用人单位与劳动者约定了试用期，试用期内双方协商一致以书面形式约定延长试用期，延长后累计的试用期仍在法定期限内的，不属于同一用人单位与同一劳动者多次约定试用期的情形，该约定合法有效”。态度鲜明地支持延长。

再如，（2014）粤高法民申字第718号广东省高级人民法院民事裁定书中的观点：“双方当事人原约定三个月试用期，后劳动者在《员工转正审批表》中打钩确认延长试用期，延长后的试用期期间没有违反劳动合同法第十九条关于最长试用期的规定。员工在‘正常转正’和‘延长试用期’上均打钩确认，可理解为双方已就延长试用期达成一致意见，同意延长试用期。公司按试用期标准向劳动者发放工资，并无不当，二审判决对此处理正确。”也明确支持协商一致可以延长试用期。

又如，（2017）粤03民终3849号深圳市中级人民法院判决观点：员工主动申请延长试用期，且延长后的试用期没有超过法定上限，不允许反悔，允许延长。

复如，（2017）苏01民终9253号南京市中级人民法院判决观点：“公司以劳动者工作失误为由将其试用期延长一个月，员工对此表示同意，且已实际履行。公司延长试用期的时间没有超出法律规定的范围。按照《最高人民法院关于审理劳动争议案件适用法律若干问题的解释（四）》第十一条规定（法规已变更为《最高人民法院关于审理劳动争议案件适用法律问题的解释（一）》第四十三条），公司变更试用期的行为应为有效。”

（3）遇到特殊情况，支持延长。

比如，北京市高级人民法院、北京市劳动人事争议仲裁委员会针对新冠肺炎疫情期间出台的《关于审理新型冠状病毒感染肺炎疫情防控期间劳动争议案件法律适用问题的解答》（2020年4月29日）第5条就有“劳动者因疫情原因无法正常返岗上班”，且公司“无法采取灵活考察方式实现试用期考核目的的，用人单位与劳动者协商顺延试用期，不违反《劳动合同法》第十九条第二款关于‘同一用人单位与同一劳动者只能约定一次试用期’的规定精神。劳动者因上述原因导致无法正常提供劳动的期间不应计算在原约定的试用期内，不应视为延长了原约定的试用期”。

支持因新冠肺炎疫情无法实现使用目的的,可以扣除相应期限,试用期顺延,这对于法律规定最为严苛的北京来说,实属难得。

再如,上海某地法院一组结果截然相反的判决,也体现了特殊情况对试用期延长的影响。

首先(2014)沪二中民三(民)撤字第649号上海市第二中级人民法院判决观点:本院认为,用人单位利用自身强势管理地位,免除自己法定责任,排除劳动者权利的,该约定无效。为了防止用人单位反复设定试用期试用劳动者,损害劳动者之利益,相关《劳动合同法》中的相关规定,同一用人单位与同一劳动者只能约定一次试用期,公司以劳动者未达到考核标准时,适用考核规定延长2个月试用期,显然违反前述法律,当属无效。

随后(2015)沪二中民三(民)终字第741号上海市第二中级人民法院的判决观点:为了防止用人单位反复设定试用期试用劳动者、试用期间任意解除劳动合同等滥用试用期侵害劳动者权益的情形,《劳动合同法》作出第19条规定。然而,本案实际情况是劳动者在试用期内因患病住院,导致公司对劳动者的工作能力等方面没有充分的时间进行考察而延长试用期限,该情形尚难以认定系滥用试用期的行为。

然而在本案中,劳动者实际履行了2个多月的试用期后长期住院,该事实说明劳动者并没有完整地履行试用期职责。在此情形下,公司通过与劳动者协商签订书面变更协议书,在《劳动合同法》的规定中:三年期劳动合同试用期法定期限内,采取延长试用期限的方式,以达到充分考察劳动者的思想品德、劳动态度、实际工作能力和身体状况等综合素质的目的,对此法院予以支持。

同一个法院针对延长的同一个事实,给出了不同的判决结果,也说明了延长试用期时,试用期是否能够顺利完整履行完毕也是一个重要的考量因素。

(五)违法延长试用期的法律后果

(1)补发试用期工资差额,并且以转正后月工资标准支付赔偿金。

《劳动合同法》第83条规定:“用人单位违反本法规定与劳动者约定试用期的,由劳动行政部门责令改正;违法约定的试用期已经履行的,由用人单位以劳动者试用期满月工资为标准,按已经履行的超过法定试用期的期间向劳动者支付赔偿金。”

按照以上法律规定，如果被认定为违法延长试用期，首先要补发试用期与正式期间的工资差额。其次还要按照试用期满也就是转正后的月工资标准，支付违法约定试用期期间的赔偿金。说起来比较绕口，看一下判决书中的这段说明，就比较清楚了。

（2021）京 0105 民初 17245 号判决书载明，因为公司违法约定试用期，公司应按照转正后工资标准支付员工工资，员工要求支付 2020 年 2 月 16 日至 2020 年 3 月 15 日违法约定试用期工资差额 3600 元（计算方式：正式工资 18,000 元/月－试用期工资 14,400 元/月），本院予以支持。按照《劳动合同法》第 83 条规定，用人单位违反本法规定与劳动者约定试用期的，由劳动行政部门责令改正；违法约定的试用期已经履行的，由用人单位以劳动者试用期满月工资为标准，按已经履行的超过法定试用期的期间向劳动者支付赔偿金。员工要求公司支付违法约定试用期的赔偿金 18,000 元，符合法律规定，本院予以支持。

（2）除了以上的显性损失，直接补发工资及支付赔偿外，违法约定试用期其实还隐含着一个隐形的法律风险，那就是解除。

由于延长的试用期违法，也就是员工已经转正，再发生纠纷时，就不能以《劳动合同法》第 39 条第 1 项在试用期间被证明不符合录用条件为由解除员工。我们都知道试用期解除，对于公司的要求是可以适当放宽的，如果被认定违法约定了试用期，那么这个放宽也就没有了。关于试用期解除的适当放宽，我们在试用期解除部分，再详细说明。

如果在违法约定的试用期中间，以不符合录用条件为由解除，那毫无疑问是违法解除，又要支付相当于经济补偿金 2 倍的赔偿金了。而且由于试用期最长也不会超过 6 个月，所以即便是判了赔偿金也就是 1 个月工资，很多员工不满意还会铤而走险，要求继续履行。继续履行对于公司来说，有多么地闹心，我们在后边违法解除的篇章中具体展开说明。

看似简单的试用期延长，一旦被认定违法，损失不仅是直接补差额还会导致后续解除中的一些风险，可谓牵一发而动全身，不可大意。

（六）实操指引

对于以北京为代表的正常情况下严格禁止协商延长试用期的观点，我们也可以理解，毕竟试用期的长短也是劳动者选择这份工作的一个重要因素。如果没有特殊情况也允许通过约定延长试用期，可能出现单位先用较短的试用期把劳动者绑定，再通过协商的方式延长试用期，对劳动者权利造成影响。因此入职的时候试用期一次约好约足，对双方都比较公平。

同时我们也看到，正常情况下支持试用期延长的前提是，需要协商一致，劳动者不同意，单位同样不能单方延长，劳动者同意延长试用期，也是对自身权利的一种处分，所以笔者更倾向于协商一致的前提下允许延长的观点。

法律是应用学科，尤其是劳动争议在全国的裁判尺度明显存在差异的情况下，了解不同观点后，更要熟悉自己所在城市的法律尺度，才能准确判断案件结果。

★ 006 已经约定了试用期，遇到新冠肺炎疫情是否可以延长？

突发新冠肺炎疫情，使正处于试用期的劳动者和用人单位陷入了两难，用人单位因居家办公等对试用期的劳动者无法进行全面考核，而劳动者无法提供劳动，也无法全面了解用人单位，导致试用期形同虚设。在此期间，有些用人单位通过自己在用工管理权的地位和角度采取了延长试用期的方法，那么就用人单位延长试用期的做法是否符合法律规定呢？下面我们看一个案例：[①]孙某于2020年1月20日入职某教育培训公司，双方订立了期限为3年的书面劳动合同，约定孙某的岗位为销售主管，试用期为3个月，月工资为8000元，转正后月工资为10,000元。2020年2月24日，孙某回到家乡湖北过春节。因受新冠肺炎疫情影响，孙某4月6日才返回北京，居家隔离14天后直至4月20日才恢复正常出勤工作，其间未向教育培训公司提供劳动。4月20日，教育培训公司告知孙某，将延长试用期1个月至5月19日，月工资仍按照8000元标准支付。2020年6月5日，孙某以未足额支付劳动报酬为由，向教育培训公司寄出《解除劳动合同通知书》，并于当日离职。随后，孙某向仲裁委提出仲裁申请，要求教育培训公司支付相应赔偿。

在上述案例情形下，北京市高级人民法院在新冠肺炎疫情期间发布的相关问答中对于试用期的延长问题作出了相应解析，[②]劳动者在试用期内确因客观原因无法返岗上班的，用人单位可以采取灵活的试用期考察方式，考核劳动者是

① 2020年北京市人力资源和社会保障局公布案例。

② 《北京市高级人民法院、北京市劳动人事争议仲裁委员会关于审理新型冠状病毒感染肺炎疫情防控期间劳动争议案件法律适用问题的解答》（京高法发〔2020〕187号，以下简称《解答》）。

否符合相关录用条件。若无法采取灵活考察方式实现试用期考核目的的,用人单位与劳动者协商顺延试用期,但是不违反《劳动合同法》第 19 条第 2 款关于"同一用人单位与同一劳动者只能约定一次试用期"的规定精神。劳动者因上述原因导致无法正常提供劳动的期间不应计算在原约定的试用期内,不应视为延长了原约定的试用期。但是如果扣除受新冠肺炎疫情影响期间后,实际履行的试用期超过原约定试用期的,劳动者要求用人单位以试用期满月工资为标准支付超出原约定试用期之后实际履行期间的工资差额,并根据《劳动合同法》第 83 条的规定要求用人单位以试用期满月工资为标准支付该期间赔偿金的,应予支持。上述解析中,首先可以看出新冠肺炎疫情期间试用期的延长也不"随便",要和劳动者协商一致,笔者认为协商一致延长试用期属于变更劳动合同中关于劳动合同期限的部分,同时涉及试用期工资的部分,延长试用期属于变更双方劳动合同,因此根据法律规定,变更劳动合同须经双方协商一致,因此笔者赞同《解答》中如必须延长试用期的,用人单位与劳动者应协商一致。其次,《解答》中还明确两点:延长试用期也不得违背只能约定一次试用期的法律规定,以及因延长试用期超过原约定使用期的,用人单位则应支付正式劳动合同履行期间的工资。最后,《解答》中并没有明确,如果试用期延长后超出法律规定的最长 6 个月的是否可以,我们都知道在正常情况下,用人单位不得延长劳动者的试用期或与劳动者两次约定试用期。《解答》中对此点并没有明确说明。笔者认为,在《解答》中阐述用人单位与劳动者却因要延长试用期的,可以通过协商一致的方式,协商一致变更劳动合同也需要在法律的规定范围内进行变更,否则有违试用期期间设立的意义,同时就目前新冠肺炎疫情相关政策以及用人单位和劳动者对于疫情的风险认知能力,法律规定的最长 6 个月的试用期内是可以使双方达到认识和考核的目的的,因此笔者认为,用人单位与劳动者协商变更试用期期限,最长不得超过 6 个月,如果超过 6 个月的应按照正常履行劳动合同期间支付劳动者工资。

二、试用期的解除

试用期期间用人单位或劳动者因为正处于双方考核阶段,那么对于解除劳动关系是否可以很随意呢？答案是否,根据相关法律规定,用人单位在试用期与劳动者解除劳动合同,要明确说明理由。因此无论是从时间方面还是从解除原因方面都不能很“随便”，下面我们分别从试用期解除时间、解除理由以及解除理由中的不符合录用条件具体看一下相关问题。

★ 007 试用期是否可以“随便”解除劳动关系?

（一）现实场景

试用期是用人单位与劳动者之间建立劳动关系的试用阶段，在此期间双方互相了解，相互选择的过程，以确保达到各自的预期。试用期一般为1个月、2个月或最长不超过6个月，往往在此期间内有劳动者认为目前的工作并不是自己理想的岗位随即提出离职，用人单位认为劳动者在试用期可以随时向劳动者提出解除劳动合同。实践中我们最常遇见的情况在试用期期间用人单位告知劳动者立即解除劳动合同。

（二）法律依据

《中华人民共和国劳动合同法》

第二十一条　在试用期中，除劳动者有本法第三十九条和第四十条第一项、第二项规定的情形外，用人单位不得解除劳动合同。用人单位在试用期解除劳动合同的，应当向劳动者说明理由。

第三十七条　劳动者提前三十日以书面形式通知用人单位，可以解除劳动合同。劳动者在试用期内提前三日通知用人单位，可以解除劳动合同。

第三十九条　劳动者有下列情形之一的，用人单位可以解除劳动合同：

（一）在试用期间被证明不符合录用条件的；

（二）严重违反用人单位的规章制度的；

（三）严重失职，营私舞弊，给用人单位造成重大损害的；

（四）劳动者同时与其他用人单位建立劳动关系，对完成本单位的工作任务造成严重影响，或者经用人单位提出，拒不改正的；

（五）因本法第二十六条第一款第一项规定的情形致使劳动合同无效的；

（六）被依法追究刑事责任的。

第四十条　有下列情形之一的，用人单位提前三十日以书面形式通知劳动者本人或者额外支付劳动者一个月工资后，可以解除劳动合同：

（一）劳动者患病或者非因工负伤，在规定的医疗期满后不能从事原工作，也不能从事由用人单位另行安排的工作的；

（二）劳动者不能胜任工作，经过培训或者调整工作岗位，仍不能胜任工作的；

……

（三）实践观点与分析

因《劳动合同法》第37条中仅写明了劳动者需履行提前3日告知用人单位可以解除劳动关系，却未规定用人单位可以提前多久解除试用期期间的劳动合同关系。因该条中未有明确规定，造成了实践中操作方法不一，有的用人单位会在试用期结束前1个月通知劳动者解除、有的用人单位会提前3日通知劳动者解除、有的用人单位会通知劳动者立即解除劳动合同，那么何种做法正确呢？

其实在用人单位在试用期与劳动者解除劳动关系在《劳动合同法》中有明确规定的。首先，我们需要明确依据《劳动合同法》相关规定试用期是包括在劳动合同期限内的，属于劳动合同期限内的一部分期间，那么关于劳动合同履行中的解除条款对于试用期是适用的。其次，依据《劳动合同法》规定中的试用期内除适用第39条、第40条第1项和第2项情形外，用人单位不得解除劳动合同。最后，我们再看关于第39条、第40条第1项、第2项情形的规定：（1）第39条用人单位的立即解除权即有第39条规定的情形，用人单位可以立即解除劳动；（2）第40条第1项、第2项用人单位提前预告通知解除权有下列情形之一的用人单位提前30日以书面形式通知劳动者本人或者额外支付劳动者1个月工资后，可以解除劳动合同。因此，若用人单位依据第40条第1款、第2款与劳动者在试用期期间解除劳动关系，需提前30日以书面形式通知劳动者。

若劳动者提出解除是否也需要提前30日通知用人单位呢？根据《劳动合同法》相关规定在试用期劳动者需提前3日通知用人单位。若劳动者未提前3日通知单位是否有相应的责任呢？在北京市高级人民法院相关会议纪要中针对劳动者未按规定即未在试用期内提前3天通知用人单位解除劳动合同即自行离职，或虽然履行通知义务，但有未履行的相关义务，给用人单位造成损失的是否应给用人单位进行赔偿问题进行了明确答复，若劳动者自行离职，或虽然履行通知义务，但有未履行的相关义务，如其应当履行的办理工作交接等义务，给用人单位造成直接经济损失的，应当承担相应的赔偿责任，对所造成的经济损失，用人单位负有举证责任。

（四）实操指引

试用期虽短，但试用期作为劳动者和用人单位之间相互选择的重要期间，利用好试用期是对双方履行劳动合同奠定基础的最佳时期。根据实践中的各种观点不难看出，用人单位和劳动者在试用期期间解除劳动合同通知的时间是完全不一样的，这样就容易造成双方行权时间存在冲突等问题。

在用人单位方面，如需与劳动者解除试用期期间的劳动合同，解除理由适用第 39 条、第 40 条第 1 项和第 2 项，则需要注意应提前 30 日以书面形式通知劳动者。例如，针对只有 1 个月试用期的劳动者该何时通知的问题，笔者建议，如双方约定试用期为 1 个月，在试用期结束前用人单位提出解除劳动关系，应本着尽早通知为原则，建议提前 3 ~ 7 天，这样不仅能避免劳动者择业机会同时节约公司成本。

★ 008 试用期期间用人单位以不符合录用条件为由解除问题

（一）现实场景

在前述问题中，我们谈到了关于在试用期期间是否可以随时解除劳动合同的问题，再来看关于试用期解除劳动关系的理由问题。虽然根据《劳动合同法》相关规定中明确写明试用期解除劳动关系，需向劳动者说明理由。但就该以何种理由为原因与劳动者解除劳动关系的问题上，实践中，用人单位在解除试用期劳动关系时做法不一，但通常在试用期期间用的比较多的就是“不符合录用条件”作为向劳动者解除劳动合同的理由，那么用人单位仅仅以这七个字作为解除劳动合同的理由是否已经达到了法律规定中的向劳动者说明理由的义务，用人单位解除劳动合同就是合法解除呢？

（二）法律依据

《中华人民共和国劳动合同法》

第二十一条　用人单位在试用期解除劳动合同的，应当向劳动者说明理由。

第三十九条　劳动者有下列情形之一的，用人单位可以解除劳动合同：

（一）在试用期间被证明不符合录用条件的；

……

（三）实践观点与分析

关于用人单位在试用期以不符合录用条件为由与劳动者解除劳动关系需要

具备以下几点：首先，用人单位是否有明确的录用条件；为什么需要用人单位有明确的录用条件，因用人单位需要证明劳动者不符合录用条件，如何证明就成了用人单位的主要义务，那么就需要用人单位有明确的录用条件，且录用条件向劳动者进行过明确告知，劳动者表示明确知晓相关的录用条件，如劳动者签署的规章制度、考核结果等证据材料。

案例：某劳动者认为，其在试用期期间用人单位以不符合录用条件为由解除劳动合同系违法解除，故提起仲裁，仲裁裁决认为是合法解除，后劳动者不服向法院提起诉讼，在法院审理阶段用人单位提交劳动合同书、录用函等材料，明确载明了试用期不符合录用条件可以解除劳动合同的情形，同时在《绩效考核管理制度》明确规定了考核标准，相关的考核结果向劳动者进行了告知，且劳动者进行了确认，基于上述证据材料能够形成了完整的证据链，因此用人单位与劳动者解除劳动关系属于合法解除。

不难看出，用人单位在劳动者入职时，应向其明确相关的录用条件，在向劳动者明确告知录用条件，并经劳动者进行确认后，相关的录用条件标准即对双方生效，双方应按照试用期履行标准履行各自的权利义务。在北京高院会议解答纪要①中明确关于用人单位依据《劳动合同法》第 39 条第 1 项的规定解除劳动合同的作出了相关规定：(1)用人单位在录用劳动者时应当向劳动者明确告知录用条件，用人单位在解除劳动合同时应当向劳动者说明理由及法律依据。(2)用人单位证明已向劳动者明确告知录用条件，并且提供证据证明劳动者在试用期间不符合录用条件的，可依照《劳动合同法》第 39 条第 1 项的规定解除劳动合同。对于其他构成不符合录用条件的情形，如关于提供虚假学历可以构成不符合录用条件。北京高院会议解答纪要中，对于劳动者不符合录用条件的情况主要表述为以下情形：(1)劳动者违反诚实信用原则对影响劳动合同履行的自身基本情况有隐瞒或虚构事实的，包括提供虚假学历证书、假身份证、假护照等个人重要证件，对履历、知识、技能、业绩、健康等个人情况说明与事实有重大出入的；(2)在试用期间存在工作失误的，对工作失误的认定以劳动法相关规定、用人单位规章制度以及双方合同约定内容为判断标准；(3)双方约定属于用

---

① 《北京市高级人民法院、北京市劳动人事争议仲裁委员会关于审理劳动争议案件法律适用问题的解答》(以下简称北京高院会议解答纪要)。

人单位考核劳动者试用期不符合录用条件的其他情况。

结合上述北京观点可以看出，关于劳动者在试用期期间违反诚实信用原则解除劳动合同的，可以作为不符合录用条件为由解除劳动合同关系。这一点上海地区也是同样的观点。

案例：某劳动者认为用人单位违法解除双方劳动关系，因此仲裁要求恢复劳动关系，同时要求用人单位支付上述期间的工资，仲裁未支持，后劳动者向法院提起诉讼。法院阶段，用人单位认为劳动者在应聘过程中向其提供的材料（如离职证明、教育学历、个人简历、婚姻及生育状况、健康证明、利益关系申报等）中存在虚假陈述，属于《劳动合同法》第39条第1款第1项“不符合录用条件”的情形，用人单位有权依法解除其劳动合同，且根据用人单位的员工手册规定，“应聘者如有虚报、提供虚假或误导性资料或信息的情况，将不会被录用。员工提供虚假资料或证明文件的，视为欺诈行为，构成严重违纪，公司有权予以解除劳动合同处理”。据此，用人单位有权解除劳动合同，双方劳动关系的解除属于合法解除，即不存在用人单位需要向劳动者支付经济补偿金或赔偿金的情况。最终法院认可了用人单位的意见，不支持劳动者要求恢复劳动关系的请求，用人单位的解除属于合法解除。

就上述两个案例，对劳动者“不符合录用条件”的情况主要总结为以下情形：（1）劳动者违反诚实信用原则对影响劳动合同履行的自身基本情况有隐瞒或虚构事实的，包括提供虚假学历证书、假身份证、假护照等个人重要证件，对履历、知识、技能、业绩、健康等个人情况说明与事实有重大出入的；（2）在试用期间存在工作失误的，对工作失误的认定以劳动法相关规定、用人单位规章制度以及双方合同约定内容为判断标准；（3）双方约定属于用人单位考核劳动者试用期不符合录用条件的其他情况。

（四）实操指引

第一，试用期对于劳动者考核的情况，在用人单位有明确的录用条件的基础上，那么该如何对劳动者进行具体考核呢？笔者建议：（1）用人单位在入职初期建立岗前培训制度，并对培训情况进行考核，岗前考核可以作为评定是否符合录用条件的依据；（2）用人单位建立试用期考核制度告知劳动者，并经其签字确认；（3）用人单位将考核结果及时通知劳动者，并劳动者确认。

第二，关于劳动者在试用期间存在工作失误的是否可以作为不符合录用条件,笔者认为,关于工作失误需有相关规章制度、双方劳动合同的明确约定,在关于工作失误问题的认定上,即应为客观的、可量化的录用条件,而非主观标准。

第三,关于双方约定的其他情形。用人单位与劳动者在劳动合同、单位规章制度、入职手册、试用期考核标准中明确约定了试用期转正的具体情形,用人单位据此与劳动者解除劳动关系。

案例:吴某在试用期期间,因工作期间存在喝酒行为,用人单位先是进行了记大过的处分,后以不符合录用条件为由与吴某解除劳动合同关系,劳动者不服提起仲裁裁决,后诉至法院。该案中用人单位在单位规章制度中对于不符合录用条件和单位处罚条款分别作了规定,但是单位并未按照处罚流程对劳动者进行处罚而直接以不符合录用条件为由解除劳动合同违背其自身规章制度,同时,在对于劳动者具体违纪行为方面用人单位无法具体明确举证,法院认为用人单位与劳动者解除劳动合同时,未对解除理由进行明确说明,因此用人单位需向劳动者支付违法解除劳动合同赔偿金。

上述案例,用人单位是有明确的奖惩制度,以及明确的不符合录用条件的标准,但并未按照此项规定和标准程序进行考核,则构成了违法解除,由此可见,法院在用人单位采取不符合录用条件为由审查用人单位的解除行为以及解除依据并提供相关的证据方面,对用人单位要求的举证责任是十分严格的。

需要注意的是,在试用期解除工作时间较短、工资标准不高,因此涉及争议的总体标的额较低,用人单位存在试用期违法解除的情形下,未对劳动者进行补偿。劳动者提起仲裁后,根据仲裁规定劳动者主张的赔偿金额可能会符合“一裁终局的”裁决标准。在一裁终局的裁决结果出来后,用人单位可以根据仲裁裁决申请撤销裁决,我们来看两个案例:

案例一:广州某公司和某劳动者申请撤销劳动仲裁裁决纠纷一案,广州某公司因某劳动者工作期间违反单位规章制度,给用人单位造成相应损失,因此以不符合录用条件为由,与某劳动者解除劳动关系,后某劳动者认为单位系违法解除,提起仲裁。经仲裁审理认为广州某公司系违法解除并裁决支付违法解除赔偿金。广州某公司不服向法院提起撤销仲裁裁决,一审期间广州某公司提交了其合法解除的相关证据材料,以证明其并非违法解除,而一审法院审理过程中,并未采纳其意见,因案件案由为撤销裁决,法院审查的仅是关于撤销理由部分,并未对案件涉及实体问题进行审查。

案例二：北京某科技公司与某劳动者申请撤销劳动仲裁裁决纠纷一案，因北京某科技公司与正在试用期的某劳动者发送了解除劳动合同通知书，某劳动者认为北京某科技公司是违法解除双方劳动合同，因此提起仲裁。后经仲裁裁决北京某科技公司为违法解除，需支付某劳动者相应赔偿金。北京某科技公司不服，向法院申请撤销仲裁裁决，同时提交了关于某劳动者工作期间违反单位规章制度的相关证据以及单位的相关规章制度，北京某科技公司认为某劳动者在试用期期间违反单位规章制度，根据相关法律规定其可以与某劳动者解除劳动合同关系。法院经审理认为，仲裁阶段并不存在撤销仲裁裁决的相关事由出现，因此驳回了北京某科技公司的申请请求。

上述案件分别为广州、北京地区法院对在试用期期间不符合录用条件，劳动者提起仲裁，后用人单位不认可仲裁裁决提起撤销的案件，两地法院对于用人单位申请撤销理由，均严格按照《劳动争议调解仲裁法》第 49 条的规定进行审查，而对于实体问题作为次要审查范围。再看，关于撤销仲裁裁决的相关规定《劳动争议调解仲裁法》第 49 条，“用人单位有证据证明本法第四十七条规定的仲裁裁决有下列情形之一，可以自收到仲裁裁决书之日起三十日内向劳动争议仲裁委员会所在地的中级人民法院申请撤销裁决：（一）适用法律、法规确有错误的；（二）劳动争议仲裁委员会无管辖权的；（三）违反法定程序的；（四）裁决所根据的证据是伪造的；（五）对方当事人隐瞒了足以影响公正裁决的证据的；（六）仲裁员在仲裁该案时有索贿受贿、徇私舞弊、枉法裁决行为的。人民法院经组成合议庭审查核实裁决有前款规定情形之一的，应当裁定撤销”。而用人单位须举证证明仲裁员存在以上行为才有可能撤销仲裁裁决，对于用人单位来说举证证明第三人行为是存在一定困难的，因此，用人单位在以不符合录用条件为由解除劳动关系时要十分慎重，须明确根据法律规定向劳动者明确说明解除理由。

三、试用期的社会保险

★ 009 试用期期间用人单位是否应为劳动者缴纳社会保险？

（一）现实场景

试用期作为双方考察期间，时间较短，用人单位认为劳动者有的用人单位与劳动者约定试用期1个月，同时约定在这1个月试用期期间不缴纳社会保险。还有的用人单位直接与劳动者约定，试用期期间不缴纳工资等转正或者正式签订劳动合同之后，再开始缴纳社会保险。那么关于试用期期间是否应该缴纳社会保险呢？

（二）法律依据

1.《中华人民共和国劳动法》

第七十二条　用人单位和劳动者必须依法参加社会保险，缴纳社会保险费。

2.《中华人民共和国劳动合同法》

第三十八条　用人单位有下列情形之一的，劳动者可以解除劳动合同：

……

（三）未依法为劳动者缴纳社会费的；

……

3.《中华人民共和国社会保险法》

第五十八条第一款　用人单位应当自用工之日起三十日内为其职工向社会保险经办机构申请办理社会保险登记。未办理社会保险登记的，由社会保险经办机构核定其应当缴纳的社会保险费。

第八十四条　用人单位不办理社会保险登记的，由社会保险行政部门责令限期改正；逾期不改正的，对用人单位处应缴社会保险费数额一倍以上三倍以下的罚款，对其直接负责的主管人员和其他直接责任人员处五百元以上三千元以下的罚款。

第八十六条　用人单位未按时足额缴纳社会保险费的，由社会保险费征收机构责令限期缴纳或者补足，并自欠缴之日起，按日加收万分之五的滞纳金；逾期仍不缴纳的，由有关行政部门处欠缴数额一倍以上三倍以下的罚款。

（三）实操指引

社会保险是具有国家强制性的，不因用人单位和劳动者达成协议或任意一方不同意缴纳就可以不用缴纳。用人单位对于试用期劳动者管理会出现一种误区：试用期不是正式劳动合同还没有正式入职，可以不用缴纳社会保险。但是根据《劳动合同法》相关规定劳动合同期限是包括试用期期限在内的，试用期也是受劳动合同保护的，如果试用期不缴纳社会保险，用人单位是存在一定风险的，根据《劳动合同法》第38条规定未缴纳社会保险，劳动者可以提出解除劳动合同，如果试用期用人单位不缴纳社保属于用人单位违法行为。劳动者以未缴纳社会保险为原因提出辞职，用人单位可能存在支付经济补偿金的风险。同时根据《社会保险法》的规定，用人单位可能还会面临社会保险行政部门的处罚。如果劳动者在试用期发生工伤，因为用人单位没有缴纳社会保险，用人单位将承担劳动者所有的工伤待遇和赔偿，这对用人单位来讲有可能是一笔不小的赔偿。因此，从保护劳动者角度以及用人单位工伤赔偿责任方面出发，试用期应为劳动者缴纳社会保险以降低双方风险。

四、试用期的福利待遇及假期

试用期期间的福利待遇及假期问题一直是实践中具有争议的问题。

★ 010 试用期期间是否应享受带薪年休假、医疗期、婚假、产假等或试用期期间是否应计入年休假的累计工作年限？

（一）现实场景

在试用期期间，劳动者和用人单位双方进行考察，对于请假、休假等问题双方通常采取能不休假就不休假。有的用人单位认为试用期内不属于正式员工，福利待遇都是转正之后才开始的；有的用人单位往往会约定试用期不计入带薪年休假或者在本单位入职1年后才能享受带薪年休假待遇，有的甚至约定试用期期间不计入累计工作年限，那么此种做法是否符合相关法律规定呢？劳动者入职后在试用期期间是否即享受带薪年休假待遇呢？

（二）法律依据

《企业职工带薪年休假实施办法》

第三条　职工连续工作满12个月以上的，享受带薪年休假（以下简称年休假）。

第五条　职工新进用人单位且符合本办法第三条规定的，当年度年休假天数，按照在本单位剩余日历天数折算确定，折算后不足1整天的部分不享受年休假。

前款规定的折算方法为：（当年度在本单位剩余日历天数 ÷ 365天）× 职工

本人全年应当享受的年休假天数。

(三)实践观点与分析

实践中,对于试用期期间劳动者主张休带薪年休假的问题,对于新入职的员工并非都是不能享受带薪年休假的,根据累计工作年限,如果符合了上述法律规定带薪年休假的标准,就可以主张带薪年休假。让我们通过相关案例对试用期期间带薪年休假作进一步分析。

案例:[①]王某于2014年6月1日入职某公司,从事电工工作,双方订立了2年期劳动合同,约定月工资为5000元。劳动合同到期,王某不与公司续订劳动合同。离职时,王某提出工作期间未休带薪年休假,故要求支付相应的带薪年休假补偿。公司同意向王某支付相应的部分补偿,只同意向王某支付入职满1年后的未休年休假工资报酬。王某则认为,其入职公司之前,其累计工作年限已达10年以上,其每年应享有10天带薪年休假,在其入职当年就应享有相应的年休假。双方发生争议,王某向仲裁委员会提出仲裁申请,要求公司支付全部工作期间的未休年休假工资报酬。仲裁委员会审理后认为,王某在2014年1月至5月在前一用人单位工作时未休年休假,其入职物业公司之前已经具有10年以上的累计工作年限,故王某入职物业公司的当年即可享受年休假,无须在物业公司工作满1年后才可享受年休假。后仲裁委裁决公司向王某支付了在公司全部工作期间的带薪年休假工资报酬,并对该案实行了一裁终局。

通过上述案例,可以看出仲裁委员会主要审查的内容:(1)在12个月内是否享受过带薪年休假待遇;(2)在新入职之前已经连续工作满12个月以上(符合法律规定的带薪年休假标准),结合上述两点即可在新用人单位享有当年度的带薪年休假,而对于在新单位工作是否满12个月并不作为审查标准,即不作为是否应享受带薪年休假的必备条件。因此,劳动者入职新用人单位符合法律规定的带薪年休假标准的,即可享受带薪年休假。

(四)实操指引

试用期是双方建立劳动关系后,劳动者和用人单位相互考察磨合的一段期间。根据《劳动合同法》规定试用期包括在劳动合同期限内,属于劳动合同的一

---

① 北京市人力资源和社会保障局发布2017年本市十大典型劳动争议仲裁案例。

部分，因此在此期间内，劳动者受双方签订的劳动合同保护，对于医疗期、婚假、产假等福利待遇是可以享受的。还要注意的是，用人单位不得因劳动者享受了带薪年休假、医疗期等将劳动者的试用期进行延长，这是不符合法律规定的。

第二节 劳动关系的确认

用人单位和劳动者在初步达成建立劳动关系的基础上，双方签订劳动合同，劳动合同也是用人单位和劳动者建立劳动关系在法律层面上的具体体现。双方签订劳动合同，确认劳动关系，同意接受劳动合同的条款内容约束，履行双方约定的权利义务关系。劳动合同虽然也称为合同，但从劳动合同的特征、表现形式上，可以看出劳动合同明显区别于民事合同。本节我们将从三个方面来分析一下劳动合同的特殊性，即劳动关系确认的三个条件：劳动合同的主体、劳动合同的形式、劳动合同的效力。

一、劳动合同的主体

劳动合同的主体为劳动者和用人单位。在《劳动合同法》中对于劳动者的资格是有相应的要求，受《劳动合同法》保护，作为一名合格的劳动者需要具备哪些条件。根据《劳动合同法》规定，劳动者是需要具备相应的责任年龄以及具备相应的劳动能力。但是要注意的是，法律规定明确排除了这几类：公务员、军人以及家庭或个人与家政服务人员之间、帮工学徒之间、农村承包经营户与受雇人之间不形成劳动关系，以及对于退休返聘人员，其与用人单位劳动合同关系已经终止，之后建立劳动关系已经不构成劳动合同的主体，退休返聘人员与用人单位之间构成何种关系呢？根据相关司法解释规定[①]已经依法享受养老保险待遇或领取退休金的人员发生的争议属于劳务关系，不属于劳动关系，因此也不属于《劳动合同法》规定的劳动合同主体。

用人单位方面：根据《劳动合同法》规定用人单位在劳动关系履行过程中，依法管理劳动者并支付相应的劳动报酬。适用《劳动合同法》的用人单位主要

---

① 《最高人民法院关于审理劳动争议案件适用法律问题的解释(一)》。

分为两类：一类是直接适用的，中华人民共和国境内的企业、个体经济组织等；另一类是依照执行的，国家机关、事业单位、社会团体。

★ 011 在校大学生是否构成劳动合同的主体，与用人单位之间是否可以建立劳动关系？

（一）现实场景

在校大学生校外学习实践的情况十分普遍，在此期间大学生身兼双重身份，既是在校大学生又是用人单位的劳动者，须同时遵守学校相关规章制度和用人单位的相关规定。同时，在招录实习大学生时，有的用人单位会明确表示根据实习和工作情况有留用机会，有的用人单位作为学校实习基地仅是作为阶段性实习，那么在学校大学生与用人单位实习期间是否构成劳动关系？

（二）法律依据

《劳动部关于贯彻执行〈中华人民共和国劳动法〉若干问题的意见》

第十二条　在校生利用业余时间勤工助学，不视为就业，未建立劳动关系，可以不签订劳动合同。

（三）实践观点与分析

目前实践中均依据上述法律规定对在校大学生与用人单位之间是否构成劳动关系进行认定，存在两种不同观点：一种观点认为在校大学生可与用人单位构成劳动关系；另一种观点认为在校大学生因其并未脱离学生身份，与用人单位仅是构成勤工助学，不构成劳动关系。形成以上两种观点的主要是北京地区和上海等地区的差异。我们来看一下北京地区的观点，北京市高级人民法院的相关会议纪要表示："在校学生在用人单位进行实习，应当根据具体事实进行判断，对完成学校的社会实习安排或自行从事社会实践活动的实习，不认定劳动关系。但用人单位与在校学生之间名为实习，实为劳动关系的除外。"北京地区明确写明要区分名为实习和实为劳动关系的用工，因此，是否构成劳动关系，要根据在校生与用人单位实际履行情况，通过下面案例我们来看一下审判实践中北京地区对于在校大学生劳动关系的认定情况：

案例一：2021 年 5 月 24 日至 2021 年 7 月 14 日，某劳动者以在校大学生的身份至某公司进行实习。该案中劳动者和用人单位明确约定，劳动者与某公司之间构成实习关系以及相关劳务费用的支付标准为劳务费每天240元、饭补每天20元(需完整出勤一天才享有)。这种双方明确约定为实习关系的,产生相关纠纷时即劳务纠纷。

案例二:某劳动者入职某公司,任职宣传岗位,入职时劳动者向公司提供了相关结业证书,并表示其已经正式结业。后公司安排劳动者工作时间为每天8小时,每周出勤5天的方式出勤,但双方未签订劳动合同。后劳动者工作长达1年多,公司还为其缴纳社会保险,因公司认为劳动者工作期间存在旷工,因此与其解除劳动关系,后劳动者不服提起仲裁。该案中劳动者认为与用人单位构成劳动关系,而用人单位认为因劳动者入职时属于未取得结业证书的毕业生,即仍为在校大学生身份,且工作期间多次请假返校上课等,应按照实习生的情况对待,双方并非劳动关系。经一审法院审理,用人单位在要求劳动者出勤方式上已经构成按照正常员工的方式对劳动者进行管理。虽劳动者工作期间确因学校事宜请假,但已经履行请假手续且用人单位已经批准,因此双方构成劳动关系。后用人单位不服,提起上诉。二审法院认为,劳动者入职用人单位时,已经结业且已经年满16周岁,在职期间接受用人单位的用工管理,用人单位向其支付了劳动报酬并缴纳了社会保险,双方完全符合劳动关系的特征,因此维持原一审判决,劳动者与用人单位构成劳动关系。

案例三:某劳动者2008年9月至2012年7月在某学校学习。2012年3月20日,入职某公司工作,此时未满18岁,上一休一的工作模式。学校毕业后继续在某公司工作。2013年6月1日,因病而请假。2013年6月2日,用人单位让劳动者办理离职手续。后劳动者提起仲裁要求确认双方在2012年3月20日至2013年6月2日存在劳动关系,并提出要求用人单位给付未签劳动合同双倍工资等请求。诉讼过程中,用人单位认为劳动者在校期间系学生的身份,其勤工助学行为应属劳务关系而非劳动关系。法院审理后认为:《劳动部关于贯彻执行〈中华人民共和国劳动法〉若干问题的意见》第12条虽然规定"在校生利用业余时间勤工助学,不视为就业,未建立劳动关系,可以不签订劳动合同"。但该规定并未明确排除在校生作为劳动关系主体的资格,如果在校生进行劳动的情况符合认定劳动关系的实质条件,不排除其与用人单位构成劳动关系的情况。本案中,劳动者规律性地在单位上一天休息一天,规律性地按月领取工资长达1年多,用人单位对其进行人身、组织属性的管理,这一切均符合认定劳动关系的条件,而不符合上述意见中界定的“利用业余时间勤工助学”,因此该案不适用上述第12条的规定。

以上三个案例均为北京地区的相关案例,其代表北京地区的裁判观点,就认定在校大学生与用人单位之间劳动关系裁判观点方面,上海等其他地区的观点与北京截然不同,我们再来看一下上海和其他地区的观点:

上海地区的规定:勤工俭学的在校生、实习生等不属于《劳动法》《劳动合同法》规定的劳动者,因此不构成劳动关系。

案例:某劳动者为在读大学学生。到某教育公司进行兼职,担任助教,主要从事勤杂工作。后双方签有《非全日制用工劳动合同》,约定劳动报酬为税前每小时21元等内容。工作时间安排:单位提前一周征询下周空闲时间,据此制作排班表发送给某劳动者。某劳动者上班多为双休日9:00—18:00,偶有平日16:00—20:00。按月确认当月工作小时数后,按21元/小时计付报酬,转账支付,同时为某劳动者代扣代缴个人所得税。2019年1月14日,某劳动者提出离职,理由:过年回家,票已订好。2018年12月15日至2019年1月14日,某劳动者上班共计76小时,单位支付当月报酬916.84元。某劳动者认为其工作为兼职工作,实际亦是休息日及偶有平日晚间上班,有单位排班某劳动者进行执行的模式,但实质是单位是在征得某劳动者确认后,依据其空闲时间后而确定的,即某劳动者系自行选择课余时间至单位上班,属勤工助学。虽然在校大学生并未明文排除在劳动关系之外,但大学生勤工助学与劳动者将人身权交于用人单位受其支配与管理的就业不同,不应以劳动关系论。即便形式上签有非全日制劳动合同,但不符合劳动法律关系本质的不能以双方自行约定确定权利义务,故本案某劳动者系争的非全日劳动合同即使属实亦无效力。劳动者认为其入职后与用人单位签署了《非全日制用工劳动合同》,签字时关于岗位、工作时间、报酬等均系空白,亦应用人单位要求落款时间为倒签。劳动者其在工作期间遵守用人单位规章制度,接受排班等管理,故双方系建立非全日制劳动关系。经法院审理认为,虽然在校大学生并未明文排除在劳动关系之外,但大学生勤工助学与劳动者将人身权交于用人单位受其支配与管理的就业不同,不应以劳动关系论。即便形式上签有非全日制劳动合同,但不符合劳动法律关系本质的不能以双方自行约定确定权利义务,故系争非全日劳动合同即使属实亦无效力。法律未就勤工助学规定经济补偿及二倍工资的赔偿。综上,法院并未认定劳动者与用人单位之间存在劳动关系，即便是双方签订劳动合同，也因为劳动者身份原因不认定为劳动关系。

案例（其他地区）：某劳动者于2014年11月与某公司建立事实劳动关系，入职后根据公司的安排，先进行了相关的岗位培训，而非利用业余时间勤工助学。该案中劳动者申请再审的理由：其入职的用人单位与其建立的为事实劳动关系，而非利用业余时间勤工助学，工作期间用人单位为其发放了工资，提供了工服等劳动条件和相应的劳动报酬，其接受用人单位管理。经法院审理认为：根据《劳动部关于贯彻执行〈中华人民共和国劳动法〉若干问题的意见》第12条的规定，“在校生利用业余时间勤工助学，不视为就业，未建立劳动关系，可以不签订劳动合同”，劳动者主张应签未签书面劳动合同的期间为2014年11月至2015年6月，该期间劳动者仍系某大学的在校生，其主张与用人单位之间建立了劳动关系缺乏法律依据，故对于其主张应签未签书面劳动合同的二倍工资差额原审法院不予支持并无不当。

（四）实操指引

笔者认为，在校大学生与用人单位之间是否建立劳动关系目前各个地区的司法实践并不统一，虽依据的法律依据都是《劳动部关于贯彻执行〈中华人民共和国劳动法〉若干问题的意见》第12条但是对于该条的理解和适用存在两种意见，这与审判实践中每个具体案件所发生事实情况也有一定的关系，新业态用工形式的出现，用工形式的多样化，导致认定劳动关系复杂化，用人单位与劳动者可能会存在多重用工形式，因此不能采取“一刀切”的模式认定在校大学生不存在劳动关系的情况，仍需根据具体用工情况进行具体分析。因此，笔者赞同北京地区会议纪要中的观点，如遇虽名义为实习关系，但实质上是劳动关系的仍应认定为劳动关系。

二、劳动合同的形式

这一节我们主要从劳动合同形式方面分析一下，目前实践中由于劳动合同形式所引发的相关法律问题。

劳动合同的形式即我们通常理解的劳动合同表现形式，表现形式又可以分为内部形式和外部形式两种，内部形式主要表现为劳动合同的内容上与劳务合同的区分等。劳动合同的订立形式也称劳动合同外部表现形式，外部表现形式主要为书面形式、口头形式以及近些年开始推进的电子劳动合同的形式。

本节从目前涉及纠纷较多的电子劳动合同订立的有效性问题以及新业态劳动关系认定中涉及的劳动合同和劳务合同的区分问题两个方面进行具体分析。

★ 012 电子劳动合同的效力问题

（一）现实场景

新冠肺炎疫情期间，关于签订劳动合同出现了很多新的问题，有的劳动合同到期了不能及时当场续订新书面劳动合同，有的公司招聘新员工采取线上工作等形式等原因无法及时当面签订劳动合同，有的公司选择签订电子劳动合同，那么电子劳动合同该如何签订、效力又该如何认定呢？

（二）法律依据

1.《中华人民共和国电子签名法》

第十三条 电子签名同时符合下列条件的，视为可靠的电子签名：

（一）电子签名制作数据用于电子签名时，属于电子签名人专有；

（二）签署时电子签名制作数据仅由电子签名人控制；

（三）签署后对电子签名的任何改动能够被发现；

（四）签署后对数据电文内容和形式的任何改动能够被发现。

当事人也可以选择使用符合其约定的可靠条件的电子签名。

第十四条 可靠的电子签名与手写签名或者盖章具有同等的法律效力。

2.2020年3月4日《人力资源社会保障部办公厅关于订立电子劳动合同有关问题的函》（人社厅函〔2020〕33号）

用人单位与劳动者协商一致，可以采用电子形式订立书面劳动合同。采用电子形式订立劳动合同，应当使用符合电子签名法等法律法规规定的可视为书面形式的数据电文和可靠的电子签名。用人单位应保证电子劳动合同的生成、传递、储存等满足电子签名法等法律法规规定的要求，确保其完整、准确、不被篡改。符合《劳动合同法》规定和上述要求的电子劳动合同一经订立即具有法律效力，用人单位与劳动者应当按照电子劳动合同的约定，全面履行各自的义务。

（三）实践观点与分析

恰逢新冠肺炎疫情期间，用人单位和劳动者履行劳动合同过程中会出现签订劳动合同的情形或是劳动合同到期续签、到期终止等涉及劳动合同签订的问题。而此时受新冠肺炎疫情影响，采取居家办公形式或者劳动者出差等无法采取传统模式面对面与用人单位订立劳动合同或签署相关文件，为了解决无法面对面签署文件的困扰，人社厅函〔2020〕33 号文件正式答复了采取电子方式签订劳动合同以及电子形式签订劳动合同效力问题。但这并不是采取电子形式签订劳动合同最早的文件，在 2019 年 10 月 30 日，浙江省人力资源和社会保障厅发布的《关于优化新业态劳动用工服务的指导意见》中提出："与新业态企业建立劳动关系的新业态从业人员，新业态企业应当与其依法签订书面劳动合同，劳动合同的期限由双方协商确定。经新业态从业人员同意，在确保合同内容是新业态企业和从业人员双方的真实意愿，并确保合同内容不被篡改的情况下，可以签订电子劳动合同。非新业态经济的其他用人单位与劳动者签订劳动合同也适用此规定。"上述指导意见中明确两点：第一，在从业人员即劳动者同意前提下；第二，在双方真实意思且劳动合同不被篡改的情况下可签订电子劳动合同即要确保劳动合同是双方真实意思表示。

2020 年 4 月 29 日，《北京市高级人民法院、北京市劳动人事争议仲裁委员会关于审理新型冠状病毒感染肺炎疫情防控期间劳动争议案件法律适用问题的解答》中明确了用人单位与劳动者订立电子劳动合同，如何认定其性质。用人单位与劳动者协商一致，可以采用电子形式订立书面劳动合同。采用电子形式订立劳动合同，应当使用符合电子签名法等法律法规规定的可视为书面形式的数据电文和可靠的电子签名。用人单位应保证电子劳动合同的生成、传递、储存等满足电子签名法等法律法规规定的要求，确保其完整、准确、不被篡改。符合《劳动合同法》规定和上述要求的电子劳动合同一经订立即具有法律效力，用人单位与劳动者应当按照电子劳动合同的约定，全面履行各自的义务。劳动者以电子形式不属于书面合同为由，请求确认该电子劳动合同无效，或要求用人单位支付未订立或续订书面劳动合同二倍工资差额的，不予支持。北京地区的意见更加明确具体，强调了用人单位的责任，同时强调了用人单位与劳动者订立了电子劳动合同后，则不得以未订立书面合同为由主张未签劳动合同双倍工资。

通过上述各地指导意见都认可劳动者与用人单位签订的电子劳动合同的效力，那么电子劳动合同都是有效的吗？电子劳动合同该具备哪些条款呢？下面我们来看三个案例：

案例一：某劳动者因未足额支付工资、未签订劳动合同与用人单位解除劳动合同，后向仲裁委提起仲裁。仲裁裁决支持了劳动者的仲裁请求，后用人单位不服向法院提起诉讼。用人单位认为，单位已经通过微信形式与劳动者签订了电子劳动合同，因此双方不存在没有签订劳动合同的情况，不应支付劳动者未签订劳动合同二倍工资差额。在该案中劳动者主张双方未签订劳动合同双倍工资等请求，用人单位主张双方签订了电子劳动合同，其提供的主要证据为微信聊天记录，微信聊天记录中显示，用人单位委托单位代理人向劳动者发送了微信，微信内容："你10月21日入职，10月工资为试用期1346.15元，11月工资试用期为3500元，12月转正工资标准为3500元保底加1500元绩效，保险12月转正后开始上。"用人单位认为以上信息构成了电子劳动合同，且双方是按照上述微信内容进行履行的，双方是签有劳动合同的。法院经审理认为：电子劳动合同应符合《劳动合同法》第17条第1款的规定，"劳动合同应当具备以下条款：(一)用人单位的名称、住所和法定代表人或者主要负责人；(二)劳动者的姓名、住址和居民身份证或者其他有效身份证件号码；(三)劳动合同期限；(四)工作内容和工作地点；(五)工作时间和休息休假；(六)劳动报酬；(七)社会保险；(八)劳动保护、劳动条件和职业危害防护；(九)法律、法规规定应当纳入劳动合同的其他事项"，上述规定的内容是劳动合同构成的必备条款，用人单位主张与劳动者以微信形式签订劳动合同，但该微信记录内容并没有劳动合同应具备的必备条款，双方并不构成电子劳动合同关系。因此，双方属于并未签订电子劳动合同的情形，所以，用人单位需支付劳动者未签订劳动合同双倍工资。

案例二：某劳动者因未签订劳动合同、解除劳动合同经济补偿金将向仲裁委员会提起仲裁。用人单位认为双方签订了电子劳动合同，在一审审理过程中，根据双方提交的微信聊天记录记载2019年5月用人单位通过微信形式向劳动者发送《员工劳动合同范本》并要求填写信息，劳动者于当日填写完姓名、地址等相关信息后将劳动合同范本发回给了用人单位。劳动合同书系电子打印件，包括用人单位和劳动者的基本信息、合同期限、劳动报酬、双方的权利和义务、劳动保险待遇、违约责任、解除劳动合同的程序等内容，合同尾页记载本合同一式两份，双方签字盖章后立即生效，签字盖章处为空白。劳动者对上述证据的真实性认可，但劳动者认为其只填写了个人信息部分，并未经本人签字确认，用人单位未签字盖章。据此，劳动者不认可双方已经签订书面劳动合同。同时，该微信聊天记录还记载了劳动者回复的几点疑问："1. 合同是否是试用期合同？一个月之后是否还有一份转正合同？如果没有转正的合同，我希望在合同上有转正以后的工资。2. 合同期限我希望是一年一签。3. 之前我们谈的加班补助是不含在工资里的，从目前的合同上看加班补助是含在工资里的。4. 这个奖金的系数比例是按照项目来算的吗？发放方式是否为年底奖金？还是项目奖金？5. 加班吃饭是否可以报销？"结合上述微信聊天记录，一审法院认为，根据《劳动合同法》第16条的规定，劳动合同由用人单位与劳动者协商一致，并经用人单位与劳动者在劳动合同文本上签字或者盖章生效。劳动合同文本由用人单位和劳动者各执一份。根据上述规定：首先，劳动合同文本是用人单位与劳动者就劳动合同条款协商一致的结果，本案中，微信聊天记录显示了双方就该劳动合同进行协商的过程，但未能显示双方就劳动合同的内容达成一致；其次，劳动者与用人单位在合同文本上签字或盖章是劳动合同得以生效的必要条件，本案中，劳动合同尾页专门的签字盖章处并没有劳动者的签名，亦没有用人单位的签字盖章，不符合劳动合同签订的形式，该劳动合同并未生效。综上，不应认定用人单位与劳动者签订了书面劳动合同，因此用人单位需支付劳动者未签劳动合同双倍工资。

案例三：某劳动者因用人单位未签订劳动合同，向仲裁委员会提起仲裁，仲裁裁决并未支持，后劳动者向法院提起了诉讼。在该案中劳动者主张未签劳动合同双倍工资，用人单位在庭审中提交了聘用通知，双方通过网络邮件形式签订了聘用通知书，视为电子劳动合同。法院经审理认为：首先，在用人单位与劳动者通过电子邮件往来签订电子劳动合同的情形下，用人单位在促成劳动合同成立和生效的过程中诚实守信，真实地向劳动者某述了与劳动合同有关的情况，应当认为，用人单位履行了与劳动者签订书面劳动合同的义务。其次，聘用通知书内容记载了双方协商一致的工作地点、工作岗位、劳动合同期限、试用期、工资报酬、福利报酬等内容，且明确了劳动合同起始时间为报道之日，已经具备劳动合同的必备条款，双方已经就劳动关系中的权利义务进行了明确，事实上双方亦履行了该聘用通知书的内容，故应当认定用人单位已经尽到了诚实磋商义务，因此劳动者主张要求支付未签劳动合同二倍工资的请求不予支持。

通过上述三个案例，用人单位对于电子劳动合同该如何签订掌握的标准各有不一，实践中的做法也是各不相同，电子劳动合同该具备哪些条款、该如何履行签订手续等问题仍值得深入探讨。为此，2021年7月1日人力资源社会保障部办公厅关于发布《电子劳动合同订立指引》的通知(人社厅发〔2021〕54号),该文件的目的是指导用人单位和劳动者依法规范订立电子劳动合同,在该份文件中共分为五章21条,分别为总则(2条)、电子劳动合同的订立(8条)、电子劳动合同的调取、储存、应用(6条)、信息保护和安全(3条)、附则(2条)具体条文内容不再具体阐述,该份文件明确了订立电子劳动合同基本流程。

(四)实操指引

关于订立电子劳动合同,笔者提醒大家几点:(1)电子劳动合同内容应符合《劳动合同法》中关于劳动合同的必备条款内容;(2)电子劳动合同需在双方同意的基础上签订,签订前用人单位有义务告知劳动者相关签订流程;(3)用人单位和劳动者应保证签订电子劳动合同信息的真实性;(4)电子劳动合同签订完成后,用人单位有义务告知劳动者订立完成的情况以及可查看的方式,并保证劳动者随时可查看电子劳动合同;(5)若劳动者要求纸质版劳动合同的,用人单位要至少免费提供一份;(6)电子劳动合同不应向劳动者收取费用。

★ 013 新业态下劳动关系的确认问题

(一)现实场景

劳动关系的认定和劳务关系的区别一直是劳动争议纠纷案件的常见问题。之所以要进行严格区分劳动用工关系在新业态的大环境下,衍生出很多新行业,如我们常见的也是近一段时间引发纠纷比较多的快递员、外卖员、网络主播等,那么对于新业态下用工问题,是劳动关系还是劳务关系,该如何确定劳动关系?

(二)法律依据

1.《中华人民共和国劳动法》

第二条　在中华人民共和国境内的企业、个体经济组织(以下统称用人单位)和与之形成劳动关系的劳动者,适用本法。

国家机关、事业组织、社会团体和与之建立劳动合同关系的劳动者,依照本法执行。

2.《劳动部关于贯彻执行〈中华人民共和国劳动法〉若干问题的意见》(劳部发〔1995〕309号)

2. 中国境内的企业、个体经济组织与劳动者之间,只要形成劳动关系,即劳动者事实上已成为企业、个体经济组织的成员，并为其提供有偿劳动，适用劳动法。

3. 国家机关、事业组织、社会团体实行劳动合同制度的以及按规定应实行劳动合同制度的工勤人员；实行企业化管理的事业组织的人员；其他通过劳动合同与国家机关、事业组织、社会团体建立劳动关系的劳动者，适用劳动法。

4. 公务员和比照实行公务员制度的事业组织和社会团体的工作人员，以及农村劳动者（乡镇企业职工和进城务工、经商的农民除外）、现役军人和家庭保姆等不适用劳动法。

（三）实践观点与分析

为何要严格地区分劳动关系和劳务关系，首先，从针对群体以及法律层面：根据上述规定，法律规定了几类群体不适用劳动法，在不适用劳动法的基础上，因此也不构成劳动关系。《劳动法》《劳动合同法》等相关劳动关系法律体系目前基本完善，能够从多层面、多角度维护劳动者权益以及维护和谐稳定的用工关系；而劳务关系适用范围广泛，并没有完备的法律体系进行保护，是合同关系，较多的适用合同相关的法律规定即民法典合同篇，如目前常见的家庭保姆关系、医院护工关系等。

其次，从双方构成关系的层面，劳动关系具有人身从属性和经济从属性，劳动者提供劳动受用人单位管理，用人单位发放劳动报酬，人身和经济层面都具有一定的从属性。而劳务关系并不存在管理关系，仅是经济层面支付费用，相对于劳动关系更简单。实践中，是否因经济层面的定期发放工资就一定构成劳动关系的问题，还是要根据具体案件情况来进行判断，如近几年最常见的主播类型的案件，我们通过北京和深圳发布的两个指导案例可以看出：

（1）案件事实及请求方面

北京案例：某劳动者于2020年3月22日到某网络科技公司担任网络主播，双方口头约定，某劳动者每场播报的报酬为400元，每场销售额超过15,000元部分的3%计为提成，按周结算报酬；某劳动者不需要坐班及参加公司会议，可根据自己的时间安排选择播报时间，播报场次不足时其可另行找其他工作。请求：某劳动者要求确认劳动关系以及未签订劳动合同双倍工资。

深圳案例：2019年6月，某传媒公司与某劳动者签订《艺人签约独家经纪合同》，约定某劳动者为该公司的签约艺人，每天工作8小时，在钉钉打卡方式进行考勤考核，根据公司安排完成短视频的拍摄，公司每月向劳动者发放“工资”，并按公司规定比例分配收益。请求：劳动者要求确认与传媒公司之间存在劳动合同关系。

(2)裁判结果方面

北京案例：仲裁委裁决驳回某劳动者的仲裁请求。

深圳案例：双方实际履行的内容符合劳动关系的法律特征，遂判决双方构成劳动合同关系。

以上两个案件同样为主播类案件，但结果完全不同，笔者从以下三个方面详述：

第一，劳动合同方面：上述两位劳动者分别与公司进行了口头约定合同和签订经纪合同两种类型，那么口头合同就一定形成劳动关系，或者说经纪合同就一定不构成劳动关系，从两个案件结果显然可以看出有没有合同、签订什么合同并不影响双方建立劳动关系。因此不难看出，用人单位与劳动者之间未订立书面劳动合同并不影响劳动关系的成立，而是需要根据双方实际履行劳动关系情况进一步分析。

第二，实际履行劳动关系方面：实际履行劳动关系方面是这两个案件的关键区分点，北京案例中某公司和某劳动者通过平等协商，口头达成约定，某劳动者拥有自主选择权可完全由其个人选择直播场次和时间，其余时间则由其个人进行自由支配，其并不存在向公司进行打卡等记录考勤的模式，也无须参与公司的其他日常管理，可以看出其并不受公司考勤制度以及其他管理制度的约束；同时，其没有固定收入，收入情况因其个人的直播场次进行决定，显然公司和某劳动者之间形成了合作关系，而并非某劳动者为公司利益付出劳动从而获得工资的具有隶属性质的劳动关系。再看，在深圳案例中某公司对某劳动者进行考勤管理以及对其工作内容和工作形式进行管理详尽管理，某劳动者受公司管理制度约束，其每个月工资发放较为稳定，双方虽签订经纪合同，但通过事实行为双方已经构成从属关系，双方的从属关系构成双方成立劳动关系的一部分。

第三，主要工作内容方面：北京案件和深圳案件中某劳动者和某劳动者日常从事的业务均为公司主要业务组成部分。

综上两个案例，我们看出两个单位因采取的管理方式不同以及签订的合同内容类型不同，最终导致单位和个人之间形成的关系也不同。让我们再来看一个案例。①

案例:2016 年 4 月 8 日，聂某与北京某文化有限公司签订了《合作设立茶叶经营项目的协议》，内容:"第一条:双方约定，甲方出资进行茶叶项目投资，聘任乙方为茶叶经营项目经理，乙方负责公司的管理与经营。第二条:待项目启动后，双方相机共同设立公司，乙方可享有管理股份。第三条:利益分配:在公司设立之前，乙方按基本工资加业绩方式取酬。公司设立之后，按双方的持股比例进行分配。乙方负责管理和经营，取酬方式:基本工资 + 业绩、奖励 + 股份分红。第四条:双方在运营过程中，未尽事宜由双方友好协商解决。第五条:本合同正本一式两份，公司股东各执一份。"协议签订后，聂某到该项目上工作，工作内容为负责经营管理、接待、茶叶销售等相关工作。公司的法定代表人按照每月基本工资 10,000 元的标准，每月 15 日通过银行转账向聂某发放上一个自然月工资。聂某请假需经法定代表人进行批准，且实际出勤天数影响工资的实发数额。2017 年 5 月 6 日公司通知聂某终止合作协议。聂某实际工作至 2017 年 5 月 8 日。后聂某认为其与公司之间存在劳动关系，向仲裁委员会提起仲裁要求确认双方之间存在劳动关系，仲裁委员会驳回了其仲裁请求，后聂某起诉至法院，经法院审理认为，确认了聂某与公司之间存在劳动关系，主要理由:公司和劳动者签订的《合作设立茶叶经营项目的协议》系自愿签订，不违反法律、法规的强制性规定，属有效合同。对于合同性质的认定，应当根据合同内容所涉及的法律关系，即合同双方所设立的权利义务来进行认定。双方签订的协议第一条明确约定聘任聂某为茶叶经营项目经理，"聘任"一词一般表明当事人有雇佣劳动者为其提供劳动之意;协议第三条约定了聂某的取酬方式，无论是在双方设定的目标公司成立之前还是之后，聂某均可获得"基本工资""业绩"等报酬，与合作经营中的收益分配明显不符。合作经营合同的典型特征是共同出资，共担风险，本案合同中既未约定聂某出资比例，也未约定共担风险，与合作经营合同不符。以及从本案相关证据上看，聂某接受公司的相关管理，按月汇报员工的考勤、款项分配、开支、销售、工作计划、备用金的申请等情况，且所发工资与出勤天数密切相关。双方在履行合同过程中形成的关系，符合劳动合同中人格从属性和经济从属性的双重特征。故原判认定双方之间存在劳动关系并无不当。劳动关系适格

① 最高人民法院指导案例第 179 号案例。

主体以“合作经营”等为名订立协议，但协议约定的双方权利义务内容、实际履行情况等符合劳动关系认定标准，劳动者主张与用人单位存在劳动关系的，人民法院应予支持。

上述案例虽明确签订了合作协议，对于协议的性质仍需要进行具体分析，根据相关规定用人单位招用劳动者未订立书面劳动合同，但同时具备下列情形的，劳动关系成立：(1)用人单位和劳动者符合法律、法规规定的主体资格；(2)用人单位依法制定的各项劳动规章制度适用于劳动者，劳动者受用人单位的劳动管理，从事用人单位安排的有报酬的劳动；(3)劳动者提供的劳动是用人单位业务的组成部分。上述三个方面可以简单概括为：主体合格、受单位管理、工作是单位的组成部分。实践中，不少案例都是因为受单位管理层面产生争议，如何认定受单位管理，又该提出哪些证据能够证明接受单位管理，根据相关规定可参照下列凭证：(1)工资支付凭证或记录(职工工资发放花名册)、缴纳各项社会保险费的记录；(2)用人单位向劳动者发放的“工作证”“服务证”等能够证明身份的证件；(3)劳动者填写的用人单位招工招聘“登记表”“报名表”等招用记录；(4)考勤记录；(5)其他劳动者的证言等。要注意的是第(1)、(3)、(4)项的有关凭证由用人单位负举证责任。因此，认定双方存在劳动关系时，可参照我们实践中常见的工服、工牌、工卡、银行流水、社保记录等。

最后，从承担责任层面，劳动关系存续期间产生的职务行为，责任由用人单位承担，如我们常见的公交司机在工作行驶过程中发生交通事故，系其履行本职工作过程中产生的职务行为，因此相关责任由用人单位承担。劳动关系下在工作时间、工作原因、工作地点受伤的情况可以申请工伤保险，不仅用人单位可以节省不少费用，劳动者看病就医也有保障。再看，在劳务关系履行过程中产生纠纷，则根据《民法典》的规定依据各自责任比例进行承担责任，如我们常见的雇工和雇主责任纠纷中的经典案例保姆在雇主家摔伤，则根据各自过错程度进行划分责任比例，从而进行责任承担，使受伤者权益保障陷入不稳定状态。

(四)实操指引

上述案例，笔者仅是从网络主播的相关案例中对新业态用工模式是否能够认定劳动关系方面进行了具体分析。在新互联网时代，平台经济具有很强的灵活性、开放性，新业态劳动用工已经覆盖了各个行业领域，网络用工群体正在不断地扩大化，和我们前几年常见的快递小哥、外卖小哥、网络主播相对比，新衍生的群体如网约上门厨师、网约上门保姆等电子平台服务几乎覆盖了各个领域。那么这些劳动者与平台之间是否构成劳动关系，因为平台的多样化、服务内容的多样化、服务地点和时间段不确定性等因素，使得劳动关系的认定成为热点话题。

目前认定劳动关系的主要法律依据是《关于确立劳动关系有关事项的通知》，根据该通知中的内容认定劳动关系存在与否，其可以大致概括为：主体是否符合劳动合同的主体、管理层面用人单位是否对劳动者构成了人身管理即劳动者与平台之间是否有人身从属关系、收入方面劳动者的主要收入是否是用人单位发放的以及劳动者从事的工作内容是否为用人单位的主营业务领域。为此解决新业态劳动者用工问题，人力资源和社会保障部等八部门《关于维护新就业形态劳动者劳动保障权益的指导意见》（人社部发〔2021〕56 号）规定："近年来，平台经济迅速发展，创造了大量就业机会，依托互联网平台就业的网约配送员、网约车驾驶员、货车司机、互联网营销师等新就业形态劳动者数量大幅增加，维护劳动者劳动保障权益面临新情况、新问题。为深入贯彻落实党中央、国务院决策部署，支持和规范发展新就业形态，切实维护新就业形态劳动者劳动保障权益，促进平台经济规范健康持续发展……（一）指导和督促企业依法合规用工，积极履行用工责任，稳定劳动者队伍。主动关心关爱劳动者，努力改善劳动条件，拓展职业发展空间，逐步提高劳动者权益保障水平。培育健康向上的企业文化，推动劳动者共享企业发展成果。（二）符合确立劳动关系情形的，企业应当依法与劳动者订立劳动合同。不完全符合确立劳动关系情形但企业对劳动者进行劳动管理（以下简称不完全符合确立劳动关系情形）的，指导企业与劳动者订立书面协议，合理确定企业与劳动者的权利义务。个人依托平台自主开展经营活动、从事自由职业等，按照民事法律调整双方的权利义务。（三）平台企业采取劳务派遣等合作用工方式组织劳动者完成平台工作的，应选择具备合法经营资质的企业，并对其保障劳动者权益情况进行监督。平台企业采用劳务派遣方式用工的，依法履行劳务派遣用工单位责任。对采取外包等其他合作用工方式，劳动者权益受到损害的，平台企业依法承担相应责任。"笔者建议，新业态下，对于平台企业还是要以与劳动者建立劳动关系为第一选择，无论是从稳定用工层面还是从双方权益保障层面，建立劳动关系更有助于企业和劳动者形成和谐稳定的用工关系。

三、劳动合同的效力

前面两节我们主要分析了劳动合同主体、劳动合同的形式,这一节也是本章的最后一节我们主要分析一下劳动合同效力的问题。劳动合同效力分为有效和无效两种,实践中我们很少遇到劳动合同无效的情况,那么劳动合同无效究竟包括哪些情形呢? 如果劳动合同无效的情形发生是全部无效还是部分无效呢?

首先,我们来看一下劳动合同无效的情形:(1)以欺诈、胁迫的手段或者乘人之危,使对方在违背真实意思的情况下订立或者变更劳动合同的;(2)用人单位免除自己的法定责任、排除劳动者权利的;(3)违反法律、行政法规强制性规定的。其次,对于劳动无效的情况认定由仲裁委或法院进行确认,用人单位和劳动者之间是不能确认的。最后,我们通过实践中常见的案例情况进一步分析劳动合同无效的情况以及相应的法律后果。

★ 014 常见的劳动合同无效条款问题

(一)现实场景

实践中,对于劳动合同无效的条款往往成了行业潜规则,并没有引起劳动者和用人单位的重视,如我们常见的有工作过程中发生事故,公司概不负责,在本单位工作期间内禁止谈恋爱、结婚、生孩子,劳动者必须服从本单位的一切规章制度等类似条款,还有的用人单位和劳动者约定“社会保险折合工资发放到工资中,本人单位不再缴纳社会保险,以上均是双方协商的结果”等对于社会保险问题的协议,那么这些协议条款是否会导致劳动合同无效或导致劳动合同部分无效呢?

(二)法律依据

1.《中华人民共和国劳动法》

第十八条　下列劳动合同无效:

(一)违反法律、行政法规的劳动合同;

(二)采取欺诈、威胁等手段订立的劳动合同。

无效的劳动合同,从订立的时候起,就没有法律约束力。确认劳动合同部分无效的,如果不影响其余部分的效力,其余部分仍然有效。

劳动合同的无效，由劳动争议仲裁委员会或者人民法院确认。

2.《中华人民共和国劳动合同法》

第二十六条　下列劳动合同无效或者部分无效：

（一）以欺诈、胁迫的手段或者乘人之危，使对方在违背真实意思的情况下订立或者变更劳动合同的；

（二）用人单位免除自己的法定责任、排除劳动者权利的；

（三）违反法律、行政法规强制性规定的。

对劳动合同的无效或者部分无效有争议的，由劳动争议仲裁机构或者人民法院确认。

第二十七条　劳动合同部分无效，不影响其他部分效力的，其他部分仍然有效。

第二十八条　劳动合同被确认无效，劳动者已付出劳动的，用人单位应当向劳动者支付劳动报酬。劳动报酬的数额，参照本单位相同或者相近岗位劳动者的劳动报酬确定。

第八十六条　劳动合同依照本法第二十六条规定被确认无效，给对方造成损害的，有过错的一方应当承担赔偿责任。

3.《最高人民法院关于审理劳动争议案件适用法律问题的解释（一）》

第四十一条　劳动合同被确认为无效，劳动者已付出劳动的，用人单位应当按照劳动合同法第二十八条、第四十六条、第四十七条的规定向劳动者支付劳动报酬和经济补偿。

由于用人单位原因订立无效劳动合同，给劳动者造成损害的，用人单位应当赔偿劳动者因合同无效所造成的经济损失。

（三）实践观点与分析

用人单位和劳动者在双方平等、自愿、协商一致的基础上签订劳动合同，劳动合同保护双方权利义务。如果劳动合同中出现，用人单位或劳动者免除自己的法定责任或法定义务导致劳动合同无效的情形，抑或说无论哪一方违反《劳动合同法》第 26 条规定的都会导致劳动合同出现无效的情形。那么劳动合同无效的情形出现就一定会导致劳动合同全部无效吗？答案是否定的，我们来看一则案例：某用人单位招录了某劳动者从事相关技术岗位工作，劳动者填写了相关入职信息表。双方第一次劳动合同履行到期后，续订了第二次劳动合同，后用人单位发现劳动者并不是其所填写的相关技术专业毕业具备学士学位,劳动者存在虚假填写入职资料的情况,据此,用人单位依据劳动者违反诚实信用原则与其解除劳动合同。劳动者认为,双方履行劳动合同已经长达 5 年,其工作认真负责,在招聘录用时用人单位并未对学历进行明确要求,因此用人单位是违法解除劳动合同,遂提起仲裁,仲裁委员会经审理后支持了劳动者的仲裁请求,后用人单位不服向法院提起诉讼,法院阶段用人单位主张劳动者在签订劳动合同时存在欺诈单位的情形,双方签订的劳动合同应为无效合同,用人单位解除劳动合同属于合法解除。后法院经审理认为,用人单位不能证明其在招聘阶段向劳动者明确了具备学士学位为相关的录用条件;且用人单位亦有权利对于劳动者的相关简历进行核实,而本案中用人单位长达 5 年,又与劳动者续订第二次劳动合同的基础上可以看出用人单位怠于行使权利,其本身存在过错;劳动者填写入职信息虽违反诚信原则,但并不能据此认定双方劳动合同无效。本案中,劳动者虽违反诚信原则提供虚假的证明获得了工作,其并未因学历问题导致工作出现问题,也未使用人单位遭受损失,在用人单位与劳动者进行续订劳动合同的行为上,可以认定用人单位是认可劳动者的相关工作情况的。

另外,无效的劳动合同条款常见的情形还有"用人单位和劳动者双方约定,已发放的工资中包括社保部分,对于社保部分劳动者同意不要求用人单位进行缴纳。以及试用期的期限超过法律规定的试用期期限的"等条款,类似条款就不一一列举,这种条款统称为属于违反法律法规强制性规定的无效条款。对于这种违反法律法规强制性规定的条款,即便是双方当事人都同意签订且已经实际履行,但仍为无效条款。劳动合同经仲裁委或法院确认为无效的后果,用人单位不得依据劳动合同无效而拒付劳动者工资,对于劳动者已经付出的劳动部分应当向劳动者支付相应的工资。

(四)实操指引

劳动合同无效情形出现,可能导致劳动合同部分条款无效,部分条款无效的时间是从劳动合同订立时。如果部分条款或劳动合同无效,由此造成的损失可以要求过错方承担,为了用人单位和劳动者均减少损失,那么就需要用人单位在招聘劳动者时应全面审查劳动者的相关背景情况,劳动者在向用人单位提供相应的材料时应如是陈述,以避免出现欺诈等情形导致劳动合同无效,若因用人单位导致劳动合同无效的,用人单位还需要承担劳动者因此所遭受的相应损失。

同时，对于劳动合同条款起草、订立时劳动合同的内容，用人单位和劳动者都应进行谨慎的审查义务，违背法律法规等强制性规定的条款，属于无效条款，无效条款并不能保护双方的具体权利义务关系。

第三章　竞业限制与服务期

第一节　竞业限制协议的认定

竞业限制,是指对用人单位对负有保密义务的劳动者,可以通过在劳动合同或者保密协议中与劳动者约定竞业限制条款,并约定在解除或者终止劳动合同后,在竞业限制期限内按月给予劳动者经济补偿。劳动者违反竞业限制约定的,应当按照约定向用人单位支付违约金。首先,这里的劳动者仅限于用人单位的高级管理人员、高级技术人员和其他负有保密义务的人员。其次,用人单位与劳动者可以对竞业限制的范围、地域、期限进行协商约定,但是竞业限制的约定不得违反法律、法规的规定。最后,竞业限制主要限制的是在劳动关系解除或者终止劳动合同后,劳动者不得到与本单位生产或者经营同类产品、从事同类业务的有竞争关系的其他用人单位,或者不得自己开业生产或者经营同类产品、从事同类业务。

以上是用人单位和劳动者约定的竞业限制义务,竞业限制义务包括约定形式还有法定形式,具体的法定形式体现为《公司法》《合伙企业法》等相关法律规定中对董事、监事、高级管理人员以及企业合伙人、管理人等人员的规定。其中《公司法》明确规定对董事、高级管理人员这两类人员不得自行经营或者为他人经营与本公司同类业务,不仅仅是对董事、高级管理人员竞业限制的一个约定,同时体现出董事、高级管理人员对公司忠实的义务。

关于竞业限制协议认定的问题,本节我们主要从三个方面分析一下:竞业限制主体、竞业限制的期限、竞业限制的内容及形式。

一、竞业限制主体

无论是法定竞业限制义务还是约定的竞业限制义务,都明确了竞业限制主体的情况，不难看出无论是法定竞业限制义务的主体还是约定竞业限制的主体可以归纳为董事、高级管理人员、高级技术人员和其他负有保密义务的人员，而这几类群体都有一个显著特征，都是公司的高级管理人员或者对公司有保密义务的人。

为何要明确将董事、高级管理人员、高级技术人员和其他负有保密义务的人员等列为竞业限制的主体，因为在整个公司运营以及管理体系中，公司各项秘密是公司运营体系的核心，公司的商业秘密、技术秘密等最容易接触到的群体就是公司的高级管理人员以及对公司负有保密义务的人，因此，法律明确规定了竞业限制的主体情况。那么判断一份竞业限制协议是否构成有效的竞业限制协议，首先要审查的就是竞业限制主体是否具有保密及竞业限制义务。

★ 015 竞业限制的主体是否影响竞业限制协议的效力？

（一）现实场景

实践中，用人单位为了保护单位的商业秘密、技术秘密等，有的用人单位会对所有新入职的劳动者全部采取签订竞业限制协议的方式，因此不仅包括了高级管理人员，也包括了没有职务的劳动者，那么对于不符合法定竞业限制主体或约定竞业限制主体资格的劳动者，与用人单位通过竞业限制协议约定了竞业限制义务，是否构成有效的竞业限制协议。本节我们主要分析关于竞业限制的主体是否影响竞业限制协议的效力问题。

（二）法律依据

1.《中华人民共和国劳动合同法》

第二十三条　用人单位与劳动者可以在劳动合同中约定保守用人单位的商业秘密和与知识产权相关的保密事项。

对负有保密义务的劳动者，用人单位可以在劳动合同或者保密协议中与劳动者约定竞业限制条款，并约定在解除或者终止劳动合同后，在竞业限制期限内按月给予劳动者经济补偿。劳动者违反竞业限制约定的，应当按照约定向用人单位支付违约金。

第二十四条第一款　竞业限制的人员限于用人单位的高级管理人员、高级技术人员和其他负有保密义务的人员。竞业限制的范围、地域、期限由用人单位与劳动者约定,竞业限制的约定不得违反法律、法规的规定。

2.《中华人民共和国公司法》

第一百四十八条　董事、高级管理人员不得有下列行为:

(一)挪用公司资金;

(二)将公司资金以其个人名义或者以其他个人名义开立账户存储;

(三)违反公司章程的规定,未经股东会、股东大会或者董事会同意,将公司资金借贷给他人或者以公司财产为他人提供担保;

(四)违反公司章程的规定或者未经股东会、股东大会同意,与本公司订立合同或者进行交易;

(五)未经股东会或者股东大会同意,利用职务便利为自己或者他人谋取属于公司的商业机会,自营或者为他人经营与所任职公司同类的业务;

(六)接受他人与公司交易的佣金归为己有;

(七)擅自披露公司秘密;

(八)违反对公司忠实义务的其他行为。

董事、高级管理人员违反前款规定所得的收入应当归公司所有。

3.《中华人民共和国合伙企业法》

第三十二条　合伙人不得自营或者同他人合作经营与本合伙企业相竞争的业务。除合伙协议另有约定或者经全体合伙人同意外,合伙人不得同本合伙企业进行交易。合伙人不得从事损害合伙企业利益的活动。

4.《中华人民共和国个人独资企业法》

第二十条　投资人委托或者聘用的管理个人独资企业事务的人员不得有下列行为:

……

(六)未经投资人同意,从事与本企业相竞争的业务;

(七)未经投资人同意,同本企业订立合同或者进行交易。

(三)实践观点与分析

竞业限制协议是否有效以及是否有履行竞业限制的相应义务,首先就是对竞业限制主体的审查,对竞业限制主体的审查分为两部分:一部分是法律规定的主体董事、高级管理人员、高级技术人员;另一部分是其他负有保密义务的人员。对于第一部分董事、高级管理人员、高级技术人员主体审查,一般是依据劳动者的工作岗位、工作内容就可以直接进行判断，而对于另一部分中的负有保密义务的人员审查，目前实践中就出现了分歧，有一种观点认为只要签订了竞业限制协议就应作为竞业限制的主体，无论其具体岗位情况如何，都应尊重竞业限制协议双方意思自治原则，意思自治原则作为民法的基本原则之一，而劳动法以及竞业限制又属于民事法律行为的一种，属于民法基本原则调整的范围内，因此在劳动者和用人单位双方签订了竞业限制协议的基础上，双方即应履行竞业限制协议中约定的权利义务。而实践中还有另一种观点认为，根据法律规定竞业限制主体无非就是董事、高级管理人员、高级技术人员和其他负有保密义务的人员，竞业限制主体范围固定应作缩小解释，在仲裁委或者法院审理竞业限制协议案件时，对于主体应作明确审查，劳动者是否负有保密义务应作重点审查，此时用人单位负有举证义务，证明劳动者是否有保密义务，而不能将所有人员全部归纳总结为对用人单位负有保密义务的人员，且判断劳动者是否有保密义务可以从劳动者的工作内容、工作岗位、工作时间等方面具体分析，从而最终认定劳动者是否符合对用人单位负有保密义务的人员。

由于实践中存在上述两种观点，因此实践中相关案例产生的相关结果也大相径庭。我们来看两个具体案例，审判实践中对于负有保密义务的人签订的竞业限制协议是否有效。

案例一：刘某入职某医药公司，任职岗位为销售人员，主要是依据销售业绩进行考核，其在入职时，在其劳动合同中约定了竞业限制条款。后因用人单位拖欠工资、绩效奖金等原因，刘某向用人单位邮寄了被迫解除劳动合同通知书。后刘某向仲裁委员会提起仲裁要求单位支付相应的工资、绩效、经济补偿金以及竞业限制补偿金。刘某认为，双方在劳动合同中约定了竞业限制条款，其在离职后也履行了竞业限制义务，为此其提供了相关的证据材料，因此用人单位应支付其竞业限制补偿金，仲裁支持了刘某的仲裁请求。后用人单位不服仲裁结果，向法院提起了诉讼，诉讼中用人单位认为刘某系销售人员，既不是本单位的董事、高级管理人员、高级技术人员也不属于其他负有保密义务的人员，且劳动合同为格式条款，双方对于格式条款发生争议时，应当作出不利于提供格式条款一方的解释，所以刘某与用人单位之间竞业限制条款并不生效，用人单位也无需支付竞业限制补偿金。法院经审理认为，依据双方劳动合同的约定，双方已在订立劳动合同时就竞业限制事宜进行了明确约定，上述约定系双方自愿签署，故对双方均具有法律约束力,因此对于用人单位主张的刘某不属于竞业限制主体的主张,不予支持。

案例二:李某与某科技公司建立劳动关系,从事销售业务工作,担任销售主管,后李某与科技公司签订了保密和竞业限制协议,协议约定了"劳动者在其任职期间内,或无论何种原因离职的2年内,无论在何地域,除非获得用人单位书面允许的情况下,不得直接或间接实施下列行为……与用人单位生产、经营同类产品或同类业务的……"等条款。李某因个人原因离职,用人单位发现李某违反竞业限制义务,故提起仲裁要求李某履行竞业限制义务并要求李某支付竞业限制违约金。用人单位不服仲裁裁决结果,诉至法院。在法院审理阶段,法院认为,法律仅规定对负有保密义务的劳动者,用人单位才可以在劳动合同或者保密义务中约定竞业限制条款,故在认定李某是否履行竞业限制义务时,应要审查李某是否负有保密义务,首先本案中李某仅是销售人员,并不是高级管理岗位;其次李某日常工作中掌握的信息以及工作情况仅是正常的业务往来情况并不涉及公司的经营秘密、产品秘密等,另外,李某工作时间仅有2年,工作时间较短、薪资较低,其薪资构成为基本工资和绩效提升,基本工资部分仅是本市最低工资标准,因此,其对于公司的经营秘密知情或掌握的可能性较小。综上几点分析法院认为,李某虽签有保密和竞业限制协议,但因李某并不符合竞业限制主体资格,双方签订的竞业限制协议无效,因此劳动者李某无需履行竞业限制义务,故驳回了某科技公司的诉讼请求。

对于"负有保密义务的人员"不难看出法律规定中以及实践中并没有明确的规定以及实践中用人单位和劳动者对于负有保密义务的认知存在明显偏差,尤其是劳动者对于是否有保密义务是十分不清楚的。对此笔者认为,对是否有保密义务一方面可以通过保密协议的形式体现,用人单位与劳动者通过签订保密协议的形式,约定保密义务,以此方面以认定劳动者为负有保密义务的人员;另一方面可以将劳动者的具体工作内容作为相应的证据,劳动者的工作内容可以接触到用人单位的经营秘密。但要注意的是保密协议并不等同于竞业限制协议,签订了保密协议并不代表要履行竞业限制义务,竞业限制义务是需要明确有效的竞业限制条款或竞业限制协议的方式。

(四)实操指引

通过上述两个案例可以看出,目前实践中对于竞业限制协议认定是否有效存在两种观点。其中一种观点认为："用人单位只要与劳动者有竞业限制约定，就可以推定劳动者在相关工作中掌握了该用人单位商业秘密或者其他有价值的知识产权信息，劳动者就负有竞业限制义务，如果用人单位认为劳动者工作中没有掌握该用人单位商业秘密或者其他有价值的知识产权信息也没有约定竞业限制的必要，其应当主动与劳动者解除竞业限制的约定。"

对此笔者认为，在劳动者与用人单位签订竞业限制协议时，用人单位此时已经处于强势地位，劳动者是否签订协议的选择性几乎为零，有时甚至会出现如果不签协议就要离职的尴尬境遇，在用人单位和劳动者处于不平等的地位时，仅从是否有签订协议的角度上，难免会出现对劳动者存在显失公平的情况。竞业限制协议认定是否有效不仅要看双方是否签订竞业限制协议，还要进一步具体审查劳动者符合哪一类竞业限制主体，如果劳动者既不属于董事、高级管理人员、高级技术人员也不属于其他负有保密义务的人，劳动者工作实践中也不会接触到公司的秘密，劳动者就无需履行竞业限制义务。

那么作为用人单位应该如何进行辨别是否与劳动者签订竞业限制协议或者如何进行竞业限制协议有效性方面的风险防范，作为劳动者是否需要考虑竞业限制协议的有效性还是签订了竞业限制协议就要履行竞业限制义务呢？在此笔者建议，用人单位在与劳动者签订竞业限制协议时，需要根据劳动者的相关工作岗位情况以及具体工作内容情况，进行具体分析后再确定劳动者是否有签订竞业限制协议的必要，对于工作年限较长的如无固定期限劳动合同的劳动者、薪资比较高的劳动者，可以优先选择签订竞业限制协议，因为此类人员工作时间较长或者工资较高，具备接触到用人单位相应的秘密时间和相应的条件；对于劳动者方面，在入职时或工作过程中要注意是否有接触到用人单位的商业秘密、技术秘密等情况或者在职期间是否有签订保密协议、竞业限制协议情况，以及在离职时，需要注意用人单位是否有履行竞业限制义务的要求。

二、竞业限制的期限

根据《劳动合同法》的规定，竞业限制期限可以双方自行协商确定，最长不得超过 2 年。实践中，关于竞业限制期限的问题主要涉及：有的劳动者认为竞业限制的期限自签订竞业限制协议时就开始起算；有的用人单位认为竞业限制的期限可以双方进行协商确定，只要用人单位支付竞业限制补偿金，劳动者就应履行竞业限制义务,就会导致如果发生劳动者和用人单位约定超过法律规定的 2 年抑或实际履行情况超过法律规定的 2 年情况,此时双方的竞业限制约定是否还有效?

★ 016 竞业限制期限该从何时起算以及竞业限制期限超过法定期限是否有效?

(一)现实场景

因法律规定竞业限制期限可以由用人单位和劳动者进行协商确定,但最长不得超过 2 年,在竞业限制条款或协议中劳动者和用人单位最长只能约定 2 年,但有的劳动者在用人单位工作年限久,深知单位的经营秘密、技术秘密,用人单位认为在劳动者离职后 2 年并不能使单位的经营秘密、技术秘密得到保障,可能会约定 3 年抑或 5 年的竞业限制期限。那么就用人单位约定的超过法律规定的竞业限制期限是否有效呢?

(二)法律依据

《中华人民共和国劳动合同法》

第二十四条第二款　在解除或者终止劳动合同后,前款规定的人员到与本单位生产或者经营同类产品、从事同类业务的有竞争关系的其他用人单位,或者自己开业生产或者经营同类产品、从事同类业务的竞业限制期限,不得超过二年。

(三)实践观点与分析

就关于竞业限制期限的约定超过 2 年的效力或履行实践中竞业限制期间超出了 2 年,就如何认定超出 2 年部分竞业限制协议的效力问题,实践中存在两种观点,一种观点认为,既然用人单位和劳动者签订了竞业限制协议,即双方亦应遵守协议内容的约定,因此竞业限制期限需按照协议约定的期限履行即便是存在超期的情况也是属于双方平等自愿的约定,需要根据协议履行;另一种观点认为,双方签订的竞业限制协议亦应受到法律、法规的强制性规定约束,如果双方约定的时间超过了法律规定的 2 年时间,超出部分属于违反法律规定的部分,属于无效部分,对于用人单位和劳动者均不发生法律效力,因此也无需履行。

对此《最高人民法院新劳动争议司法解释(一)理解与适用》一书中的观点

认为："对于超过 2 年的竞业限制条款的效力问题，我们认为，应当认定该条款部分无效，即超出 2 年的期限部分无效，主要理由在于：(1) 竞业限制义务对劳动者的择业自由权和生存权会产生影响。而劳动者的择业自由权和生存权在法益体系中至少不比合同自由位阶低；(2) 在劳动合同关系中，劳动者与用人单位缔约谈判的能力并不均衡；(3) 如果不认定超出 2 年期限部分的竞业限制条款无效，就难以通过其他手段达到《劳动合同法》所追求的将竞业限制期限制在合理范围内的立法目的。当然，如果双方当事人已经履行完毕超过 2 年期限的竞业限制义务，劳动者请求用人单位按约定支付经济补偿金的，自然应予支持，此时已无必要以该约定违反强制性规定为由认定其无效，而应通过其他手段制裁此种违反强制性规范的行为。"①

对此，北京市高级人民法院的观点是："劳动者与用人单位未约定竞业限制期限的，应由双方协商确定，经协商不能达成一致的，限制期最长不得超过两年。"笔者认为竞业限制期限的 2 年期限属于对劳动者就业权利的限制，对于就业基本权利的限制应受法律法规的强制性规定的约定，如果该部分权利被用人单位扩大化解释或适用，就会使得劳动者的就业权受到更多的损失，所以在就竞业限制期限上应作限制解释，最长仅为 2 年的期限，如果出现超出 2 年期限的则为无效部分。那么如果劳动者已经实际履行了，根据上述指导意见可以看出如果劳动者有证据证明已经实际履行了超出法律规定部分的竞业限制期限的，也应支持。笔者赞同此种观点，劳动者因履行竞业限制导致择业权利遭受了损失，如果劳动者履行了竞业限制义务的，用人单位则应支付相应的竞业限制补偿金。

对于竞业限制期限起算的具体时间问题，我们先来看一个案例。

案例：张某入职某公司，在签订劳动合同的同时签订了竞业限制协议，其中劳动合同的期限为 2 年，竞业限制协议约定的时间为 2 年，劳动合同期满后，张某提出不在与用人单位进行续签，故提出离职，用人单位批准了张某的离职。张某离职后的第一个月用人单位发现张某自行经营开设了与公司同类业务的企业，用人单位将张某诉至法院，法院审理阶段张某认为，双方建立劳动关系时约定了劳动合同期限为 2 年、竞业限制期限也为 2 年，其已经履行完毕竞业限制义

① 最高人民法院民事审判第一庭编著：《最高人民法院新劳动争议司法解释(一)理解与适用》，人民法院出版社 2021 年版，第 430 页。

务了,因此其无需履行竞业限制义务。法院经审理认为,竞业限制条款启动期限是在劳动合同解除或终止后,对劳动者就业权的限制,因此本案中张某自离职后开始履行竞业限制义务,在张某离职后其经营了与原单位相同或相近似的企业,因此张某违反了竞业限制协议的约定,需要向用人单位支付违反竞业限制违约金。

实践中,有些用人单位在竞业限制中约定:“自离职之日起,本协议开始执行。”这里的离职之日包括解除、终止劳动合同之日;而有些用人单位在竞业限制协议中约定:“自本协议签订之日起,劳动者即开始遵守竞业限制条款约定。”上述章节我们分析了根据法律规定,在解除或者终止劳动合同后,竞业限制期限不超过2年。就关于在职期间的问题:“在职期间劳动者到与本单位生产或者经营同类产品、从事同类业务的有竞争关系的其他用人单位工作,或者自己开业生产或者经营同类产品、从事同类业务的企业。”笔者认为,劳动者在职期间的竞业限制其本质是属于就业的职业道德原则,属于每个劳动者都应遵守的义务;而在离职之后即解除或终止劳动关系之后竞业限制期限才正式开始,从竞业限制本身的含义上是对劳动者择业权的限制层面看也可以印证这一点,在劳动者离职后才会开始进行新择业、就业。

另外,在竞业限制履行过程中,有的用人单位或者劳动者以要解除或违约等为由开始进行仲裁或诉讼,那么关于竞业限制期限是否要排除仲裁或诉讼的期限问题该如何理解？如果不排除仲裁或诉讼的期限仍以2年为期限,可能就会存在仲裁或诉讼结束,竞业限制期限也结束了;如果排除了竞业限制期限又是否会使竞业限制期限遥遥无期呢？

案例[①]:用人单位与劳动者签订《不竞争协议》,其中协议第3.3款约定:“……竞业限制期限从劳动者离职之日开始计算,最长不超过12个月,具体的月数根据用人单位向劳动者实际支付的竞业限制补偿费计算得出。但如因履行本协议发生争议而提起仲裁或诉讼时,则上述竞业限制期限应将仲裁和诉讼的审理期限扣除;即劳动者应履行竞业限制义务的期限,在扣除仲裁和诉讼审理的期限后,不应短于上述约定的竞业限制月数。”后劳动合同到期,双方劳动关系终止。同时,用人单位向劳动者发出《关于要求履行竞业限制义务和领取竞

① 最高人民法院指导性案例第184号案例。

业限制经济补偿费的告知函》，要求其遵守《不竞争协议》，全面并适当履行竞业限制义务。后用人单位认为劳动者违反竞业限制义务，要求确认劳动者违反竞业限制义务并双倍返还竞业限制补偿金、继续履行竞业限制义务、赔偿损失并支付律师费等请求提起仲裁，仲裁委经审理认为劳动者存在违反竞业限制义务的行为，因劳动者入职同类公司后又离职，时间为2个月，因此劳动者需返还2个月的竞业限制补偿金。后劳动者不服向法院提起诉讼，法院审理过程中，用人单位认为："根据双方签订的协议，劳动者应履行竞业限制义务的期限，在扣除仲裁和诉讼审理的期限后，不应短于上述约定的竞业限制月数。劳动者履行竞业限制的总时间中应扣除仲裁和法院诉讼审理过程中的期限。"法院审理认为："用人单位的约定实际上要求劳动者履行竞业限制义务的期限为仲裁和诉讼程序的审理期限以及实际支付竞业限制补偿金的月数（最长不超过12个月）。从劳动者择业自由权角度来看，虽然法律对于仲裁及诉讼程序的审理期限均有法定限制，但就实践中具体案件而言该审理期限并非具体确定且明确的期间，将仲裁或诉讼的期间作为竞业限制期限的约定内容，不符合竞业限制条款中竞业限制期限应明确具体的立法目的。且劳动争议案件的特殊性，相当数量的案件需要经过'一裁两审'程序，上述约定使得劳动者一旦与用人单位发生竞业限制争议，则其竞业限制期限将被延长至不可预期且相当长的一段期间，实际履行期限甚至已经超过2年。这实质上造成了劳动者的择业自由权在一定期间内处于极其不稳定的状态。且从劳动者司法救济权角度来看，对于劳动者一方，如果其因履行《不竞争协议》与用人单位发生争议并提起仲裁和诉讼，依照该竞业限制协议第3.3款约定，仲裁及诉讼审理期间内劳动者仍需履行竞业限制义务，即出现其竞业限制期限被延长的结果。如此便使劳动者陷入'寻求司法救济则其竞业限制期限被延长'或'不寻求司法救济则其权益受损害'的两难境地，在一定程度上对劳动者的司法救济权利进行了约定的限制；而对于用人单位一方，该协议第3.3款使得用人单位无需与劳动者进行协商，即可通过提起仲裁和诉讼的方式单方地、变相地延长劳动者的竞业限制期限，一定程度上免除了其法定责任。综上，《不竞争协议》第3.3款中关于竞业限制期限应将仲裁和诉讼的审理期限扣除的约定，即'但如因履行本协议发生争议而提起仲裁或诉讼时……劳动者应履行竞业限制义务的期限，在扣除仲裁和诉讼审理的期限后，不应短于上述约定的竞业限制月数'的部分，属于劳动合同法第二十六条第一款第二项规定的

‘用人单位免除自己的法定责任、排除劳动者权利’的情形，应属无效。而根据该法第二十七条规定，劳动合同部分无效，不影响其他部分效力的，其他部分仍然有效。故本案中，《不竞争协议》第3.3款中部分约定仍是有效约定，对于竞业限制期限为最长不超过12个月仍为有效约定，因此劳动者仍需要履行12个月的竞业限制协议。”

因此，竞业限制期限需要明确具体，在劳动者择业自由受到限制的基础上，不能再因为期限的问题使得竞业限制的期限遥遥无期，从而使得劳动者择业陷入极不稳定的状态。同时，也不能因为具体履行期限的不确定性，使得用人单位对于竞业限制的权利进行扩大化适用。

（四）实操指引

通过上述分析不难看出，竞业限制协议属于自行约定、双方协商确定的条款，但是从主体上、时间上并不是可以随便约定或随便进行协商的，还应当遵守法律法规的强制性规定。对于用人单位方面，在与劳动者订立竞业限制条款或者协议时，应遵守法律法规的强制性规定，明确写明2年时间，一方面能够避免如果超出2年期限超出部分条款无效的问题，另一方面能够避免因超出期限部分劳动者有证据证明履行用人单位还需多支付经济补偿所对应的损失。对于劳动者方面，在订立有关竞业限制条款时，应做到谨慎义务，如遇到超出法律规定期限的条款，可以随时要求确认无效或根据上述指导意见也可以要求相应的经济补偿，但也应综合考虑自身情况以及在要求用人单位支付相应的经济补偿所需要的经济成本和时间成本上进行综合考虑。

三、竞业限制的内容及形式

竞业限制的内容主要是限制劳动者的择业权，分为限制劳动者任职权利以及劳动者经营权利两部分，即劳动者不得到生产同类产品或者经营同类产品、从事同类业务的有竞争关系的其他用人单位任职，或者自己经营与原单位生产或者经营同类产品、从事同类业务的企业。对于同类产品或同类业务如何进行界定，或者通过何种方式进行界定，有的用人单位经营业务可以通过公司名称进行区分，如某某科技公司、某某技术公司，但随着公司经营业务的多样化，仅凭公司名称可能很难对公司具体经营内容进行区分。最直接显示公司经营业务的就是工商登记信息中经营范围部分，通过对公司登记的经营范围来判断是否有同类产品或同类业务，如经营范围中的计算机软硬件研发、销售及维护，因此在对经营同类产品、从事同类业务的企业经营范围、经营内容进行区分时，可以通过调取相应的工商部门登记的经营信息作为相应的认定依据。

竞业限制的表现形式主要有两种，可以通过在劳动合同中约定竞业限制条款的形式也可以通过明确的竞业限制协议的形式，两者均可以体现竞业限制的事宜，在劳动合同中通常通过个别条款进行体现，因为条款有限往往对于竞业限制的时间以及启动或解除的问题表述不够清晰，为了避免不清晰的情况，也可以通过完整且具体的竞业限制协议形式体现。除了上述两种竞业限制的表现形式，那么是否还可以通过其他形式体现呢？

★ 017 用人单位在规章制度中约定了竞业限制，劳动者是否需要履行竞业限制义务？

（一）现实场景

如何分辨在劳动者离职后，是否入职了与原用人单位存在经营同类业务的企业或者劳动者自行经营了与原用人单位相同或相近似的业务，如果用人单位认为劳动者违反竞业限制协议，根据“谁主张，谁举证”的原则，用人单位需承担举证责任证明劳动者存在违反竞业限制的行为，此时用人单位往往通过工商部门登记的企业经营范围进行举证，那么用人单位提交的企业营业登记信息中关于经营范围的标准是否可以作为认定相同营业范围的标准？在实践中，用人单位在规章制度中约定了竞业限制规定，此种表现形式对劳动者是否构成有效的竞业限制规定，劳动者是否需要履行竞业限制义务？

（二）法律依据

《中华人民共和国劳动合同法》

第二十四条　竞业限制的人员限于用人单位的高级管理人员、高级技术人员和其他负有保密义务的人员。竞业限制的范围、地域、期限由用人单位与劳动者约定，竞业限制的约定不得违反法律、法规的规定。

在解除或者终止劳动合同后，前款规定的人员到与本单位生产或者经营同类产品、从事同类业务的有竞争关系的其他用人单位，或者自己开业生产或者经营同类产品、从事同类业务的竞业限制期限，不得超过二年。

（三）实践观点与分析

实践中，劳动者在解除或终止劳动关系后，其竞业限制条款启用，用人单位在发现劳动者离职后存在违反竞业限制协议时，用人单位会提起仲裁要求劳动者支付竞业限制违约金，而此时用人单位需要对劳动者违反竞业限制约定的事实进行举证，用人单位通常提交的相关材料有本单位的经营情况以及劳动者新入职单位的经营情况，以此种对比的形式能够明确显示两个用人单位的经营情况。但在实践中对于经营相同或相类似的经营内容区分存在两种观点：一种观点认为，通过用人单位与用人单位之间的横向对比，即只要在企业工商登记经营范围内存在重合就构成经营范围相同或相类似；另一种观点认为，如果企业工商登记经营范围内不存在重合，但是通过纵向对比如果经营范围内容中，有属于本企业上游或下游相关产业链的相应产品，也构成经营范围相同或相类似。对此笔者认为，两种观点中可能都会存在认定不清，如技术类公司，在横向对比中经营范围可能都会存在技术咨询、技术服务等，无法具体辨别是否属于同类经营内容，因此两种观点可以同时作为用人单位的证据，用以经营相同或相类似的经营内容。

在此还需要注意的是，自己经营或者为他人经营与其所任职公司、企业同类的营业的可能存在刑事犯罪的风险。关于非法经营同类营业罪的相关规定，主体为国有公司、企业的董事、经理的人员，利用职务上的便利经营同类营业业务的可能构成刑事犯罪。

我们来看两个案例，通过案例具体来看一下实践中对经营相同或相类似企业的认定情况：

案例一：李某原系某教育公司员工，担任教师岗位工作，在职期间签有竞业限制协议，后李某离职自行成立公司。原单位教育公司在发放李某竞业限制补偿金时，发现李某独立经营新的公司，其经营与本公司经营同类业务，某教育公司认为李某违反竞业限制协议，提起仲裁。因仲裁委员会驳回了教育公司的仲裁请求，后起诉至法院，法院审理阶段，某教育公司提交了李某所经营公司的工商企业信息，同时提交了本单位的经营范围为教育咨询；因私出入境中介服务；承办展览展示；自费出国留学中介服务；组织文化艺术交流等，在上述经营范围中双方属于完全重合的部分，法院审理认为，李某与教育公司签有竞业限制协议，且教育公司支付了李某竞业限制补偿金，李某离职后成立的公司在经营范围上与教育公司存在相同的情形，因此李某属于经营相同及相类似企业，属于违反竞业限制协议，需支付教育公司违约金。

案例二：赵某在科技公司担任销售一职，工作期间与公司签订竞业限制协议。离职后，科技公司在尚未支付赵某竞业限制补偿金时发现赵某进入一家策划公司，科技公司认为赵某入职的策划公司属于科技公司存在利益关系的下游公司，因此赵某属于违反了双方签订的竞业限制协议，用人单位要求赵某支付违反竞业限制违约金。后法院经审理认为，虽然科技公司主张与策划公司之间存在利益关系，但并未提供相应的证据材料能够证明策划公司与科技公司存在同类或相类似的经营内容，因此赵某并未违反竞业限制协议的约定，故驳回了科技公司的请求。

通过上述案例，我们不难看出因为劳动者违反竞业限制协议约定，用人单位主张劳动者违约时承担主要的举证责任，需证明的主要待证事实为劳动者到与本单位生产或者经营同类产品、从事同类业务的有竞争关系的其他用人单位工作的事实，或者劳动者自己开业生产或者经营同类产品、从事同类业务的企业的事实。公司经营产品情况以及经营范围主要是通过公开的工商信息进行查询，对于劳动者入职新单位岗位情况以及在新单位从事相关工作情况存在举证困难，因此对用人单位举证证明，用人单位存在事实上的举证困难，劳动者存在违约的事实达到高度盖然性即可。

另外，关于竞业限制的表现形式，通常为劳动合同中的竞业限制条款以及单独的竞业限制协议形式，但有的用人单位通过规章制度进行约定竞业限制的情况，用人单位认为劳动者在本单位工作，应遵守本单位的规章制度，因此应遵守竞业限制约定，那么此种做法是否有效呢？

案例：张某入职某技术公司，担任技术工程师，入职时并未签订竞业限制协议，后张某离职，某技术公司认为张某离职后未遵守竞业限制约定，应支付用人单位竞业限制违约金，而张某认为双方未在劳动合同中约定竞业限制条款，也没有签订竞业限制协议，因此无需履行竞业限制义务。用人单位为证明张某需要履行竞业限制义务，提供了《员工手册》以及赵某签收的《员工手册》签收页情况。用人单位认为张某签收了并学习了《员工手册》，在《员工手册》相关条款中对竞业限制进行了明确约定，因此赵某应履行竞业限制义务，法院经审理后驳回了科技公司的请求。

首先，从竞业限制协议适用的原则方面，竞业限制的约定属于用人单位和劳动者双方协商确定的内容,亦应遵守以协商为前提的原则,而规章制度、员工手册并不能体现出是用人单位和劳动者本人一对一协商确定的结果;其次,从竞业限制的相对主体方面,竞业限制属于用人单位针对高级管理人员以及负有保密义务的劳动者单独协商确定的,并不具有普适性即不是对所有员工全部生效,而规章制度、员工手册等制度性文件在用人单位具有普适性,属于用人单位对所有劳动者进行公开的制度,用人单位所有劳动者亦应遵守用人单位的基本准则;最后,从竞业限制协议适用的时间方面,竞业限制协议对劳动者适用的时间是在用人单位与劳动者解除或终止劳动关系后,启用竞业限制条款,劳动者开始遵守竞业限制的约定。而规章制度、员工手册等用人单位制度性文件,是劳动者在与本用人单位建立劳动关系期间、在职工作期间适用。而劳动者在离职后,用人单位的制度性文件适用并不具有延续的适用性,因此无论是在适用的原则上、相对主体方面还是时间方面竞业限制约定和用人单位的规章制度性文件存在明显的区别,因此,规章制度中约定的竞业限制条款属于无效约定,不能通过在规章制度中约定劳动者的竞业限制。

(四)实操指引

结合上述案例以及相关法律规定,可以看出劳动者与用人单位对竞业限制的约定可通过竞业限制条款或竞业限制协议形式,而不能通过规章制度的形式,因此笔者建议用人单位如发生在规章制度中存在竞业限制条款的,还是需要另行签订竞业限制协议,以充分体现和劳动者协商确定竞业限制的基本原则。对于竞业限制内容方面,劳动者如离职后入职其他单位或自行经营企业的,需注意两点:第一,是否有与原单位履行竞业限制的情况;第二,入职的新单位或者自行经营企业是否有与原单位存在经营项目或经营业务冲突的情况。另外,笔者不建议劳动者在入职新用人单位时,需注意新用人单位是否有与原用人单位存在上下游等关联企业的情况,毕竟关联业务公司会存在业务交叉或冲突等情况发生,不能完全排除用人单位在经营中或交易过程中,劳动者存在违反竞业限制的情况。在用人单位方面对有竞业限制约定的劳动者离职后,应做好后续伴随工作,可以采取定期与劳动者进行谈话的方式,随时留意劳动者的相关工作以及经营情况,同时,用人单位对于竞业限制的劳动者要注意竞业限制经济补偿金的发放情况,以避免出现向劳动者主张违反竞业限制违约金时,劳动者通过因用人单位未支付竞业限制经济补偿金进行抗辩。

第二节　竞业限制协议的履行

竞业限制协议属于用人单位和劳动者经过协商确定的权利义务关系，虽在解除或终止劳动关系后对劳动者的择业权进行了限制，在竞业限制协议履行的过程中为了弥补择业限制对劳动者带来的损失，法律规定用人单位需支付劳动者竞业限制补偿金来弥补劳动者的损失。对于竞业限制协议履行过程中经常出现的问题，关于竞业限制的补偿金存在两种情况：约定竞业限制补偿金的情况和没有约定竞业限制补偿金的情况。如果约定了竞业限制补偿金按照意思自治原则，劳动者履行了竞业限制协议的，用人单位则需根据双方约定竞业限制补偿金的情况支付竞业限制补偿，竞业限制补偿金该如何约定？如果没有约定竞业限制补偿金的是否会导致竞业限制协议无效？本节主要对在竞业限制协议履行过程中，如何约定竞业限制补偿金以及未约定竞业限制补偿金的两个方面具体分析。

一、约定竞业限制补偿金

★ 018 如何约定竞业限制补偿金？

（一）现实场景

实践中，用人单位对于支付劳动者竞业限制补偿金有各种不同的约定方式，有的用人单位通过在劳动者工作期间，在其工资中已经支付过了竞业限制补偿金因此无需在劳动者离职后另行支付；有的用人单位认为，因双方没有对竞业限制补偿金进行约定，因此竞业限制条款属于约定不完整的无效约定。那么，对于竞业限制补偿金约定与否以及未约定竞业限制补偿金时，竞业限制义务是否应履行问题，下面我们通过实践中的案例具体分析。

（二）法律依据

1.《中华人民共和国劳动合同法》

第二十三条　用人单位与劳动者可以在劳动合同中约定保守用人单位的商

业秘密和与知识产权相关的保密事项。

对负有保密义务的劳动者,用人单位可以在劳动合同或者保密协议中与劳动者约定竞业限制条款,并约定在解除或者终止劳动合同后,在竞业限制期限内按月给予劳动者经济补偿。劳动者违反竞业限制约定的,应当按照约定向用人单位支付违约金。

第九十条 劳动者违反本法规定解除劳动合同,或者违反劳动合同中约定的保密义务或者竞业限制,给用人单位造成损失的,应当承担赔偿责任。

2.《最高人民法院关于审理劳动争议案件适用法律问题的解释(一)》

第三十六条 当事人在劳动合同或者保密协议中约定了竞业限制,但未约定解除或者终止劳动合同后给予劳动者经济补偿,劳动者履行了竞业限制义务,要求用人单位按照劳动者在劳动合同解除或者终止前十二个月平均工资的30%按月支付经济补偿的,人民法院应予支持。

前款规定的月平均工资的30%低于劳动合同履行地最低工资标准的,按照劳动合同履行地最低工资标准支付。

(三)实践观点与分析

让我们先通过案例了解一下,为何要明确约定竞业限制补偿金的情况。

案例:刘某在某通讯公司工作,担任高级管理人员,双方签订竞业限制协议,后刘某提出离职。离职后用人单位一直没有支付刘某竞业限制补偿金,刘某向仲裁委员会提起仲裁,刘某主张因用人单位未支付竞业限制经济补偿金,因此要求解除竞业限制协议。仲裁阶段,用人单位主张:"一方面,用人单位同意劳动者离职后应承担相应的保密义务、竞业限制义务,认可应向其支付保密和竞业限制补偿金;另一方面,对于劳动者的竞业限制补偿情况,已经包含在用人单位支付劳动者每月的工资报酬中,且用人单位在支付劳动者每月的工资报酬时,已考虑了劳动者离职后需要承担的保密及竞业限制义务,已随同每月工资一并发放,故无需在劳动者离职时(后)另外支付保密及竞业限制费用。"对于用人单位的主张,劳动者表示不认可,劳动者认为竞业限制补偿金应在其离职后单独发放,且其在职期间工资中并不包含竞业限制补偿金的相应项目。对此仲裁委员会要求用人单位对劳动者的工资进行明确说明,每个月的哪一笔款项属于对劳动者的竞业限制补偿款,后因用人单位无法举证证明竞业限制补偿金的款项情况,因此仲裁委员会认为用人单位并没有支付劳动者竞业限制补偿金的事实,支持了刘某的仲裁请求。

通过上述案例可以看出，用人单位和劳动者明确约定了竞业限制补偿金的支付方式，但根据竞业限制补偿金支付的相关法律规定，应在解除或终止劳动关系后向履行了竞业限制的劳动者支付，如果发生在劳动者工作期间支付的情形，需要用人单位与劳动者明确支付情况，以及支付款项备注情况。除明确和劳动者确定某笔款项费用为竞业限制补偿款外，否则很难被仲裁委或法院支持认定已经支付过竞业限制补偿。同时注意的是，如果用人单位与劳动者约定了每月支付的竞业限制补偿金金额，但低于劳动合同履行地最低工资标准的，也属于无效约定，竞业限制的补偿约定不得低于最低工资标准，属于最低底线保护劳动者的就业权利。

二、未约定竞业限制补偿金

★ 019 未约定竞业限制补偿金的是否会导致竞业限制协议无效？

（一）现实场景

未约定竞业限制补偿金的主要情况有以下三种：

1. 未约定竞业限制补偿金，但是劳动者已经履行竞业限制义务的；

2. 未约定竞业限制补偿金，劳动者也没有履行竞业限制义务的；

3. 未约定竞业限制补偿金，但用人单位已经支付了相应的竞业限制补偿金的。

首先，根据目前司法解释及相关法律规定，可以看出用人单位与劳动者约定了竞业限制补偿条款，但没有约定竞业限制补偿金的支付情况的属于有效条款或有效协议，不存在未约定竞业限制补偿金导致条款或协议无效的情形。具体补偿金的支付标准，可以参照法律规定的标准情况进行支付，即按照劳动者在劳动合同解除或者终止前12个月平均工资的30%按月支付劳动者经济补偿。

其次，基于没有约定竞业限制补偿金的不影响竞业限制条款生效的原则，因此即便是没有约定劳动者仍需要履行竞业限制义务。但如果在竞业限制生效期间，劳动者存在违反竞业限制义务的，用人单位可以要求劳动者支付违反竞业限制违约金，虽未确定用人单位支付劳动者竞业限制补偿金的前提，但并不影响用人单位和劳动者履行竞业限制的权利和义务。且根据目前法律规定用人单位在要求劳动者支付违约金情形的同时,还可以要求劳动者继续履行竞业限制协议。那么在用人单位未支付竞业限制补偿金的前提下,劳动者是否享有解除竞业限制协议的解除权呢?关于竞业限制协议解除权的行使问题,我们在下一节具体分析。

最后,在竞业限制协议中没有约定竞业限制补偿金的情形,但是用人单位通过实际行动支付了竞业限制补偿金的,可以看出用人单位已经在履行竞业限制约定,劳动者亦应遵守契约精神履行竞业限制的约定。

(二)实践观点与分析

对于竞业限制补偿金支付金额多少的问题,在2009年北京市高级人民法院的相关会议纪要中进行了具体明确:"用人单位与劳动者在劳动合同或保密协议中约定了竞业限制条款,但未就补偿费的给付或具体给付标准进行约定,不应据此认定竞业限制条款无效,双方在劳动关系存续期间或在解除、终止劳动合同时,可以通过协商予以补救,经协商不能达成一致的,可按照双方劳动关系终止前最后一个年度劳动者工资的20%~60%确定补偿费数额。用人单位明确表示不支付补偿费的,竞业限制条款对劳动者不具有约束力。"2013年发布的《最高人民法院关于审理劳动争议案件适用法律若干问题的解释(四)》(已失效)中约定了竞业限制补偿金的金额标准为30%且不低于最低工资标准的情况。因此在2009年至2013年,对于竞业限制补偿金虽未约定但双方可以进行协商,若协商未达成一致的,采取的标准会出现20%~60%的标准,但在2013年之后最高人民法院出台了相关司法解释,但在相关司法解释中没有表明协商的前提,而是直接认定没有约定标准的,标准采取30%且不低于最低工资标准的情况,因此在2009年至2013年关于补偿金的标准相关案例裁判结果是存在一定差异的。后在2020年新颁布的《最高人民法院关于审理劳动争议案件适用法律问题的解释(一)》中该条款并未进行修改,继续沿用了:"按照劳动者在劳动合同解除或者终止前十二个月平均工资的30%的标准支付劳动者竞业限制补偿金。"这里的劳动合同解除或者终止前12个月平均工资标准情况该如何统计,根据2017年北京地区相关会议纪要中关于劳动者解除或者终止前12个月平均工资标准情况规定为:"在计算劳动者解除劳动合同前十二个月平均工资时,应当包括计时工资或者计件工资以及奖金、津贴和补贴等货币性收入。其中包括正常工作时间的工资,还包括劳动者延长工作时间的加班费。劳动者应得的年终奖或年终双薪，计入工资基数时应按每年十二个月平均分摊。《劳动合同法》第四十七条规定的计算经济补偿的月工资标准应依照《中华人民共和国劳动合同法实施条例》第二十七条规定予以确定；《中华人民共和国劳动合同法实施条例》第二十七条中的‘应得工资’包含由个人缴纳的社会保险和住房公积金以及所得税。”仍需注意的是，竞业限制补偿金是有最低金额的限制，虽适用劳动合同解除或者终止前12个月平均工资的30%的标准，但如果劳动者平均工资的30%的标准低于劳动合同履行地最低工资标准，需按照劳动合同履行地最低工资标准支付劳动者竞业限制补偿金。

来看一个经典案例，该案例明确体现两点：没有约定竞业限制补偿金的以及经核算后竞业限制补偿金的金额低于最低工资标准的情形。

案例：吴某入职某销售公司，入职时从事市场销售的工作，后销售公司对其相关岗位进行了调整，调整为高级负责人，月工资为5000元。吴某和用人单位签订了《竞业限制协议》，约定：“吴某在工作期间以及离职之日起2年内，不得与销售公司或销售公司关联的公司有竞争关系的单位内任职或以任何方式为其服务，也不得自己生产、经营与销售公司及销售公司关联公司有竞争关系的同类产品或业务，但未约定竞业限制补偿金的给付以及具体金额。”吴某自行离职，销售公司未支付吴某竞业限制补偿金。吴某提起申请仲裁，但仲裁委员会并未支持吴某的仲裁请求。后吴某提起诉讼，要求销售公司支付吴某已经履行竞业限制期间的竞业限制补偿金。案件审理过程中，吴某主张虽然《竞业限制协议》没有明确约定销售公司支付竞业限制补偿金及具体金额，但是自己在离职后严格遵守竞业限制规定，理应获得竞业限制补偿金。销售公司认为在吴某离职时，单位并未明确告知吴某的竞业限制协议已经启动，且双方未约定竞业限制补偿金，因此吴某无需履行竞业限制义务，双方的竞业限制协议并未生效。法院经审理后认为，吴某与销售公司签订了《竞业限制协议》，该协议合法有效属于双方真实意思表示，在销售公司未举证证明吴某违反了竞业限制义务的情况下，销售公司应该支付吴某竞业限制补偿金。鉴于双方在竞业限制协议中并未明确约定竞业限制补偿金的金额，故根据法律规定，应按照吴某离职前12个月平均工资的30%计算，但由于该数额低于同期劳动合同履行地最低工资标准，故按同期劳动合同履行地最低工资标准计算吴某的经济补偿金。

(三)实操指引

竞业限制约定属于用人单位和劳动者通过协商达成的一致约定,竞业限制补偿条款作为整个竞业限制约定的一部分,并不影响整体竞业限制约定的生效,且竞业限制属于对劳动者择业权的限制,为了弥补劳动者的损失,通过法律的强制性规定对本就处于劳动关系履行中的弱势群体劳动者加以保护。因此关于竞业限制补偿问题,根据上述案例以及相关法律规定可以看出,无论是否进行约定,如果用人单位需要劳动者履行竞业限制义务或劳动者履行了竞业限制的义务,用人单位就需要支付劳动者竞业限制补偿金。

用人单位需要注意的是:(1)用人单位与劳动者竞业限制条款的启用时间是在劳动关系解除或终止后,竞业限制条款和补偿的条款是具有独立性的,最好不要约定在相关的规章制度中,约定在相关规章制度中被认定无效的可能性很大,且需要通过书面形式约定,如果没有通过书面形式约定的,还需要通过其他证据进行补充认定。(2)如果用人单位和劳动者约定在职期间支付竞业限制补偿金,或者在劳动者的工资中包括竞业限制补偿金的,用人单位在向劳动者支付工资时,需进行明确标注竞业限制补偿金的款项情况,避免出现重复支付的情况。(3)用人单位在与劳动者没有约定竞业补偿金的前提下,并不影响竞业限制条款的生效,因此如果劳动者主张履行了竞业限制义务,用人单位没有证据证明劳动者违反竞业限制约定的前提下,用人单位则需要支付劳动者竞业限制补偿金,同时根据北京市高级人民法院的相关会议纪要规定:用人单位与劳动者在劳动合同或保密协议中约定了竞业限制条款,用人单位如在此后认为劳动者不必履行竞业限制约定的,应当明确告知劳动者。在用人单位告知前劳动者已按约定履行了义务,因此要求用人单位支付履行期间经济补偿的,应予支持。所以如果用人单位认为劳动者在解除或终止劳动关系后无需履行竞业限制义务的,在劳动者办理解除或终止劳动关系时,应通过书面形式告知劳动者。(4)用人单位在与劳动者约定竞业限制补偿金时,具体的金额可以参考平均工资的30%作为竞业限制经济补偿金,需要注意的是如果平均工资的30%低于劳动合同履行地最低工资标准的,应以最低工资标准为准,故建议用人单位与劳动者如果约定竞业限制补偿金首选为平均工资的30%,其次为最低工资标准。

对于劳动者方面:(1)在竞业限制补偿金没有约定的前提下,竞业限制协议属于有效协议,不影响劳动者履行竞业限制义务;(2)在计算竞业限制补偿金的标准时，首先看用人单位和劳动者是否有明确约定，其次如果没有明确约定的在计算平均工资的标准时，要注意平均工资是包括代扣代缴个人所得税以及社会保险部分；(3)在解除或终止劳动关系后，劳动者根据竞业限制约定履行了竞业限制义务的，可以要求用人单位支付竞业限制补偿金且竞业限制补偿金的最低金额不少于劳动合同履行地最低工资标准。

第三节　竞业限制协议的解除

前面我们分析了竞业限制协议的效力和履行问题，本节是关于竞业限制协议的解除。竞业限制协议约束用人单位和劳动者，因此对于竞业限制协议的解除双方可以协商一致解除、可以劳动者提出解除，也可以用人单位提出解除。首先，用人单位和劳动者在协商一致的基础上订立的竞业限制协议，因此用人单位和劳动者可以在协商一致解除竞业限制协议。其次，劳动者可以在用人单位不支付竞业限制补偿金的基础上，劳动者主动提出解除竞业限制协议。但要注意的是这里的用人单位不支付竞业限制补偿金的时间是3个月。最后，用人单位作为用工主体、经营秘密需要保护的主体可以随时提出解除竞业限制协议，明确告知劳动者无需履行竞业限制协议。

★ 020 竞业限制解除由劳动者解除和用人单位解除的区别

(一)现实场景

对于竞业限制协议的解除，用人单位和劳动者都可以提出解除，但双方提出解除的理由明显不同，关于用人单位提出解除竞业限制协议常见的现实情形：有的用人单位会在解除劳动合同的时候认为竞业限制协议一并解除了，因此无需另行通知劳动者单独解除竞业限制协议；有的用人单位认为竞业限制协议，需要进行明确的告知之后才会启动竞业限制条款，因此竞业限制条款没有启动也不存在解除的问题；有的用人单位认为竞业限制协议用人单位可以随时解除，无需提前告知等；关于劳动者提出解除竞业限制协议常见的现实情形：有的劳动者认为只要用人单位不支付竞业限制补偿金，就可以不用履行竞业限制义务；有的劳动者认为竞业限制条款在解除时，用人单位应当支付竞业限制补偿金等。对于上述现实中常见的问题,下面我们来看一下实践中的裁判观点。

(二)法律依据

《最高人民法院关于审理劳动争议案件适用法律问题的解释(一)》

第三十八条　当事人在劳动合同或者保密协议中约定了竞业限制和经济补偿,劳动合同解除或者终止后,因用人单位的原因导致三个月未支付经济补偿,劳动者请求解除竞业限制约定的,人民法院应予支持。

第三十九条　在竞业限制期限内,用人单位请求解除竞业限制协议的,人民法院应予支持。

在解除竞业限制协议时,劳动者请求用人单位额外支付劳动者三个月的竞业限制经济补偿的,人民法院应予支持。

(三)实践观点与分析

实践中,在劳动争议案件的审理范围中对于竞业限制协议解除的相关裁决案件情况相对占比较少,根据裁判文书网相关数据统计以北京地区为例,科技类、技术类公司较多的区域竞业限制协议解除引发的争议相对较多。例如,海淀区、朝阳区中关于竞业限制协议解除所涉及的争议,相对比是其他区县的几倍。但随着近年来技术领域的不断创新,互联网行业的快速发展,用人单位在运营中的核心技术与相应的技术人员紧密相连,如果发生技术人员离职,有的用人单位相应技术核心内容也不得不随之更换,这样给用人单位带来的经营成本也会随之上涨,而技术人员又是通过其自身的专业技术水平和频繁地更换工作进而赚取更多的劳动报酬,用人单位和劳动者就形成了一个要离职,一个因为保护技术不批准离职的矛盾对立面,为了缓解用人单位和劳动者就此产生的矛盾,双方可以通过签订竞业限制协议协议的方式,用人单位针对掌握核心技术的人员通过签订竞业限制协议方式保护了单位的经营核心,劳动者通过签订竞业限制协议的方式对自己的择业有了一定保障,又能达到尽快办理相应离职手续的目的。由于技术人员在不断更换工作的过程中,会出现对竞业限制协议解除或违约引发的相应的法律问题。实践中常见的相关案例:

案例一:劳动者入职某科技公司,担任高级管理人员,在双方订立劳动合同的同时签订了《竞业限制协议书》,其中第1条约定:劳动者在用人单位工作期间遵守本合同的前提下,在用人单位与劳动者约定的竞业限制期间,即与科技公司劳动关系解除或者终止后2年内,科技公司每月向劳动者按其离职前一年从企业获得的平均月报酬的30%的标准支付津贴作为补偿。自劳动者正式离职日开始,按月支付。……第3条约定:出现下列情况之一的,本协议自动终止:……2.科技公司无正当理由不履行本协议第1.1条的义务,拒绝向劳动者支付首期竞业限制补偿费的。后劳动者因个人原因离职,离职后劳动者一直遵守竞业限制协议,用人单位并未支付竞业限制补偿金,后劳动者向仲裁委员会提起仲裁,要求解除竞业限制协议并要求用人单位支付竞业限制补偿金,后仲裁委员会经审理认为用人单位不仅需要支付劳动者已经履行期间的竞业限制补偿金,还需要额外支付3个月的竞业限制补偿。后用人单位不服仲裁裁决起诉至法院,用人单位认为根据双方签订的竞业限制协议条款,如因用人单位拒绝履行首期竞业限制补偿金的,竞业限制协议自动终止,自劳动者离职后,用人单位从未支付过劳动者竞业限制补偿金,因此用人单位与劳动者签订的竞业限制协议已经在首期没有履行的基础上自动终止,所以不存在支付劳动者竞业限制补偿金的情况,也不存在用人单位主动解除竞业限制补偿的情形。后经法院审理认为,用人单位在劳动者离职后并未明确劳动者是否应履行竞业限制义务,而是通过用人单位自身行为的方式表示不履行,使得劳动者在没有明确通知的前提下已经履行竞业限制义务,因此用人单位需要劳动者竞业限制补偿金;对于劳动者要求额外支付3个月的竞业限制补偿金属于用人单位提出解除的情形,而本案中属于劳动者要求解除,故对于额外3个月的竞业限制补偿金不支持。综上,在劳动者离职后已经履行了竞业限制义务,劳动者在离职1个月后提起仲裁要求解除竞业限制协议支付竞业限制补偿金请求是可以支持的,额外要求支付3个月的竞业限制补偿金是不予支持的。

案例二:劳动者与用人单位于2020年3月31日建立劳动关系,担任高级技术人员,同时签订《保密及竞业限制协议》,其中协议第10条约定:“未经用人单位事先书面同意,劳动者不得在离职后1年内,在与用人单位存在商业竞争关系或其他利害关系的用人单位内任职或者自己生产、经营与用人单位有竞争关系的同类产品或业务。”劳动者于2021年8月10日自行离职,于2021年9月1日申请仲裁,主张用人单位仅支付了2021年8月的竞业限制补偿金,故要求用人单位支付直至案件开庭之日的竞业限制补偿金,后在审理过程中,用人单位认为已经在2021年10月8日通过邮政快递向劳动者邮寄了解除竞业限制通知书,但快递单上已经写明了文件内容为《解除竞业限制通知书》，虽劳动者在2021年10月10日拒绝签收邮政快递，但双方竞业限制协议于2021年10月10日解除。法院经审理认为，一方面劳动者在离职后1个月内就提起仲裁，尚未达到支付周期，而后用人单位也已经进行相应的补发；另一方面用人单位在劳动者离职后2个月向劳动者发送了解除竞业限制协议通知书，劳动者可以要求用人单位支付额外3个月的竞业限制经济补偿金作为补偿，通过额外3个月竞业限制补偿金的形式使劳动者的竞业限制权利得到了相应补偿。

案例三：劳动者与用人单位建立劳动关系，担任高级技术人员，在双方签订的劳动合同第37条约定："劳动者承诺并保证在其任职期内，或无论因何种原因离开用人单位企业2年内，在任何地域，除非获得用人单位书面许可，将不会直接或间接实施下列行为：(一)单独或联同任何其他个人、企业、公司或组织，聘用或唆使或诱导任何用人单位员工离开企业。(二)单独或联同其他个人、企业、公司或组织进行可能与用人单位的任何业务发生竞争的行为，或唆使或诱导任何在劳动者受聘期内曾与用人单位接触或交易过的客户成为第三方的客户，或终止或重大减少与用人单位的业务往来等。"第38条约定："劳动者无论何种原因离开用人单位2年内，因劳动者承担本合同项下限制竞业义务而造成劳动者的一定经济损失，双方商定，用人单位给予劳动者竞业限制补偿费，其标准为：按照劳动者在离开工作岗位时的最后一个月的基本工资的标准向劳动者支付12个月。劳动者认同该补偿方案的合理性并接受。"后因劳动者违反单位规章制度，用人单位向劳动者发送解除劳动合同通知书，次日用人单位向劳动者送达了《竞业限制协议解除通知书》，其中载明："在你劳动合同终止的同时，你与公司签署的竞业限制协议予以解除。本通知自发出之日起1个月后生效。"劳动者认为关于竞业限制解除协议在1个月后生效，因此在其离职后1个月内用人单位需要支付竞业限制补偿金，后劳动者提起仲裁，仲裁委员会支持了劳动者要求竞业限制补偿金的相关请求。后用人单位不服向法院提起诉讼，用人单位认为关于"通知自发出之日起1个月后生效"的表述系因忘记修改格式内容造成的一个笔误，在解除劳动合同通知中已通知劳动者竞业限制自其离职之日即已解除。对此劳动者不予认可，称已按照竞业限制通知书遵守了竞业限制的约定，因此用人单位应支付解除竞业限制的补偿金。案件审理过程中，用人单位提交了相应的解除劳动合同通知书邮件，在解除劳动合同通知书的邮件中用人单位明确表示双方将正式解除与您的劳动关系，同时公司与您的竞业限制协议解除，不再要求您履行相关竞业限制义务，特此通知。后法院审理认为用人单位已经在解除劳动合同通知时，明确通知了劳动者不用履行竞业限制义务，至于此后“通知自发出之日起1个月后生效”一句并不影响之前的意思表示。且劳动者对于解除劳动合同通知书的邮件已经明确表示收到，因此本案中用人单位和劳动者的竞业限制协议已经在解除劳动合同之日一并解除。

通过上述三个案例，用人单位与劳动者在建立劳动关系的基础上，双方约定竞业限制条款或协议，而解除竞业限制协议的主体在提出解除的时间层面、解除的方式层面所对应的解除结果也是不尽相同。

在时间层面：

(1)从用人单位角度出发关于竞业限制协议的解除有三种方式也可以称为“三个时间”。第一个时间，在劳动关系解除或终止的时间，此时竞业限制协议并不同时解除或终止，在此时用人单位可以一并通知劳动者解除竞业限制协议，此时与劳动者解除竞业限制协议是无需支付劳动者竞业限制补偿金，劳动者也无需履行竞业限制业务。第二个时间，因为在劳动关系解除或终止后竞业限制协议则开始正式履行，在竞业限制协议正式开始履行时，用人单位也可以根据法律规定行使单方解除权，单方解除竞业限制协议，但此时需要注意的是因竞业限制协议已经开始履行，如劳动者履行了竞业限制协议的相应义务，用人单位在此时解除不仅需要支付劳动者竞业限制补偿金，还需要额外支付3个月的补偿金。第三个时间，在竞业限制协议履行开始后，用人单位发现劳动者违反竞业限制协议约定时，用人单位可以要求劳动者解除或继续履行竞业限制协议，如果用人单位要求解除或继续履行竞业限制协议，可以要求劳动者退还已经支付的竞业限制补偿金并要求劳动者承担相应的违约责任。因此在上述三个时间，用人单位提出解除竞业限制协议的结果是不同的，不难看出上述三个时间都是用人单位可以行使单方解除权的行为，此时的单方解除权的主要依据有两点：①劳动合同属于民事法律行为的一种亦应遵守《民法典》之规定，用人单位和劳动者双方意思表示一致建立劳动合同关系，竞业限制协议属于劳动合同附属条款或构成劳动合同的附件，对于解除时可以遵从民事法律行为的相关规定由协议中的一方提出，如提出方的提出导致发生违约的，需对由此造成的违约承担相应的违约责任，此时对应的上述在时间层面的第二个时间层面，用人单位在劳动者履行了竞业限制协议后，此时再提出解除竞业限制协议虽法律赋予了用人单位此时可以解除，但需要额外支付3个月的补偿，此处的补偿是具有一定的违约金的性质，故劳动者和用人单位在协商一致的基础上建立竞业限制约定，一方已经履行而另一方提出解除，因此提出解除一方需额外支付竞业限制补偿作为违约金弥补履约方的损失；②《劳动合同法》中规定，用人单位可以提出与劳动者解除劳动关系，具体解除劳动关系的理由以及依据这里就不进行详细分析，竞业限制协议作为劳动合同中的一部分、劳动关系履行中的一部分，因此在用人单位对劳动关系解除或终止时，可以一并对竞业限制协议作出相应的处理，此点对应的正是上述第一个时间，在解除或终止劳动关系的同时解除竞业限制协议。

(2)从劳动者角度出发，在竞业限制协议解除的相关法律规定中，可以看出劳动者要求解除竞业限制协议是十分被动的，只有在用人单位不支付竞业限制补偿金的前提下才能要求解除竞业限制协议，且对于用人单位不支付竞业限制补偿金的时间是有明确要求的，在用人单位3个月不支付竞业限制补偿金的基础上，劳动者才可以要求解除。而此时的"3个月"就成了用人单位和劳动者双方争议的焦点，有的用人单位认为此"3个月"的时间为间断"3个月"只要有"3个月"没有支付即可；有的用人单位认为此处的"3个月"是必须连续的"3个月"时间。实践中也存在两种观点：一种观点认为，根据《民法典》中关于违约金的规定，违约金可以由双方协商确定，只要一方不履行义务则可能构成违约，因此用人单位如果存在不支付劳动者竞业限制补偿金的行为，即构成违约，因此就要支付劳动者额外的竞业限制补偿金作为违约金；另一种观点认为，劳动关系需区别于民商事法律关系，为了平衡劳动者和用人单位之间的权利义务关系，需要给用人单位一定的缓冲期限，对于缓冲期限法律规定了3个月的时间，那就要把3个月的时间履行期满。此时，用人单位在连续满3个月的基础上不履行竞业限制义务时，则劳动者可以要求用人单位解除竞业限制协议，支付竞业限制补偿金以及额外3个月的补偿。对此在《最高人民法院关于审理劳动争议案件适用法律问题的解释(一)》理解和适用中赞同第二种观点，且明确提出："'3个月未支付经济补偿'中的3个月指的是累计3个月。"同时还要注意的是，此3个月的起算时间点是自劳动关系解除或终止后即竞业限制履行开始后，才开始起算3个月的时间。所以，在竞业限制协议履行开始后，劳动者在因用人单位原因累计3个月未支付经济补偿的前提下才享有解除权。

在解除的方式层面：

1. 从用人单位角度出发，以及通过上述三个案例也可以看出，用人单位在与劳动者解除竞业限制协议的方式上，通常采取的就是通知的方式，而不能采取默认的方式作为解除的方式，需以劳动者知道或明确知道的方式。上述案例中可以看出虽劳动者拒绝签收了关于解除竞业限制通知的邮件，但在相关的邮件快递单上有明确的文件内容，同时根据北京市高级人民法院相关会议纪要精神，如在劳动关系解除或终止时，如用人单位无需劳动者履行竞业限制义务，需明确告知劳动者无需履行。对于若是通过仲裁或诉讼的方式解除竞业限制协议，用人单位则需要主张劳动者无需履行竞业限制，而无需履行竞业限制协议属于消极的履行义务，对于消极事实的举证用人单位存在明显举证困难。

2. 从劳动者角度出发，劳动者解除竞业限制协议可以采取通知的方式也可以采取诉讼或仲裁的方式，通过上述案例也可以看出，劳动者要求解除竞业限制协议的可以在仲裁提起之日或仲裁裁决书送达用人单位之日。

针对竞业限制协议解除的方式，无论是劳动者还是用人单位在解除竞业限制协议的方式上都可以采取通知的形式。

（四）实操指引

实践中，竞业限制协议的解除在不同的时间、不同的方式导致的结果也会不同，对此用人单位需要注意的是：(1)根据上述的"三个时间"，在劳动关系解除或终止时一并与劳动者解除竞业限制协议，可在解除或终止劳动关系通知书中写明或通过另行通知书的方式明确通知劳动者解除竞业限制协议，无需履行竞业限制义务；在劳动关系履行或终止后，竞业限制协议开始履行，用人单位如果需要解除或终止竞业限制协议不仅需要明确通知劳动者还需要额外支付劳动者3个月的补偿金；(2)用人单位在向劳动者发送解除竞业协议通知时，需要以劳动者明确知道或应当知道的方式通知，如果通过快递通知需明确表明发送文件情况或通过其他材料能够证明劳动者已经收到或知晓竞业限制协议解除的情形；(3)竞业限制解除案件在仲裁阶段或法院审理阶段，如因劳动者提出要求解除，用人单位也需向仲裁委或法院明确是否要求解除的意思。

劳动者需要注意的是：(1)在劳动关系解除或终止的时候需注意竞业限制协议是否存在一并解除的情况；(2)在开始履行竞业限制协议后，劳动者要求解除竞业限制协议的条件只有因用人单位原因的前提下不支付竞业限制补偿金累计在3个月以上才可以要求解除；(3)因用人单位不支付竞业限制补偿金劳动者要求解除竞业限制协议的可以通过通知、仲裁、诉讼的方式解除。

第四节　服务期与竞业限制期的区别

根据《劳动法》的相关规定，从事专业技术工作的劳动者，上岗前必须进行相应的培训制度，用人单位对本单位的劳动者进行职业培训是就业培训也可以称为岗前培训，也是进行专业、专项的培训。我们常见的如飞行员、医生等专业性较强的工作岗位，劳动者在上岗前都进行了相应的专业培训。然而在针对专业性较强的工作岗位，用人单位花了大量的时间和经济成本对劳动者进行相应的培训后，也不能避免劳动者离职的情形。为了降低用人单位对专业技术人员流失的经济成本，法律规定了如果用人单位与劳动者有相关的专业培训，双方可以约定服务期，即要求劳动者对用人单位服务一定的工作年限，这样既能保障劳动者的就业培训权利，又保护了用人单位的人员流失风险。对于服务期是由于用人单位为劳动者提供专项培训并支付了相应的培训费用，对于劳动者进行了相关专业培训的，可以与该劳动者订立协议，约定服务期，如果在此基础上劳动者违反服务期约定的，劳动者需要向用人单位支付违约金。

一、服务期协议

服务期协议是在用人单位对劳动者专项技术培训以及用人单位支付了专项培训费用的基础上，用人单位与劳动者进行的相关约定。服务期协议的内容一般包括服务期约定的相关理由、服务期的期限以及相应的违约金情况，本节我们来看一下关于服务期约定的理由和服务期的期限对服务期协议效力的影响。

★ 021 关于服务期的约定原因

(一)现实场景

用人单位对于劳动者岗前培训往往是用人单位的必要部分，也是用人单位和劳动者相互了解的一个机会，那么是否所有的岗前培训都是专业技术培训，该如何区分专业技术培训和岗前培训。有的岗前培训也支付了相应培训费用是否都可以约定服务期。同时，目前实践中北京、上海、广州等城市将户籍政策、购房政策与服务期相关联，将服务期的约定进行扩大，扩大到了不仅仅是专业技术培训有关的内容等问题，让我们通过实践中的案例逐一分析。

（二）法律依据

1.《中华人民共和国劳动合同法》

第二十二条第一款　用人单位为劳动者提供专项培训费用，对其进行专业技术培训的，可以与该劳动者订立协议，约定服务期。

2.《中华人民共和国劳动合同法实施条例》

第十六条　劳动合同法第二十二条第二款规定的培训费用，包括用人单位为了对劳动者进行专业技术培训而支付的有凭证的培训费用、培训期间的差旅费用以及因培训产生的用于该劳动者的其他直接费用。

第十七条　劳动合同期满，但是用人单位与劳动者依照劳动合同法第二十二条的规定约定的服务期尚未到期的，劳动合同应当续延至服务期满；双方另有约定的，从其约定。

（三）实践观点与分析

★ 022 关于服务期的约定原因，即服务期的约定理由

根据上述法律规定可以看出，因“专项技术培训”的可以约定服务期，对于专项技术培训法律规定并没有进一步明确，具体某种类型的培训可以认定为专项技术培训，对于专项技术培训情况由用人单位进行掌握，从而也就导致了有些用人单位与所有参加培训的劳动者均签订服务期协议。

案例：用人单位与劳动者签订了劳动合同，双方约定工作岗位为销售人员，劳动者入职后用人单位安排了劳动者 1 个月的岗前培训，并要求劳动者签订了相应的服务期协议，约定服务为 5 年，如果因劳动者原因违反服务期约定，劳动者需支付用人单位违约金 50 万元。后劳动者工作 3 年后主动离职，劳动者离职后用人单位认为劳动者违反双方签订的服务期协议约定工作未满 5 年，据此用人单位起诉要求劳动者支付违约金。后法院经审理认为，用人单位与劳动者对于服务期的约定属于无效约定。

上述案例中，服务期的协议属于无效协议，主要理由：一方面劳动者作为销

售人员并不属于专项技术人员，以及用人单位对于销售人员的相关培训并非专项技术类培训；另一方面，相关培训内容并不能看出具有相应的专业技术性质，因此双方对服务期的约定属于无效约定。

★ 023 关于服务期协议的期限问题

服务期协议是在劳动关系为基础项下成立的法律关系，其与劳动关系从横向看属于并行的两条法律关系线，劳动关系存在、服务期亦存在；劳动关系终止、服务期亦终止。但服务协议与劳动合同又是独立的两个法律关系，从纵向看服务期内发生违约的需根据服务期的违约责任进行承担，以及劳动者和用人单位在签订服务期协议，进行约定的期限，可以区别于劳动合同期限。根据相关法律规定，劳动合同期满而服务期未到期的，此时劳动合同期限要顺延至服务期期限届满之日，由此服务期的期限和劳动合同期限就会出现如下两种情形：

(1)服务期的期限和劳动合同期限约定相同时：在劳动合同履行过程中服务期协议处于并行状态，在劳动合同到期终止时，服务期也同时终止，这种服务期协议的独立性并不明显，看不出服务期协议的履行和劳动合同履行的差异性。常见情形有通过劳动合同条款表述的以及通过服务期协议形式表述的。

案例一：劳动者和用人单位在签订劳动合同时，双方约定劳动合同期限为7年，担任高级技术人员岗位，在劳动合同条款中同时明确约定了服务期条款，并注明："服务期期限同劳动合同期限一致。"

案例二：李某入职某服务公司，双方订立了为期5年的劳动合同，约定李某从事专项咨询师工作，同时双方又签署了一份《服务期协议》，协议约定：服务期为5年，服务期满后方可离职，未满服务期内离职的需支付用人单位违约金50万元。

(2)服务期的期限和劳动合同期限约定不同的：此时劳动合同和服务期的履行分别为两条线，有可能劳动合同约定的期限超出服务期的期限长；也有可能劳动合同的期限少于服务期的期限。一方面，就劳动合同约定的期限超出服务期的期限，此时在劳动合同履行期限内，服务期届满终止，也就不需要另行就服务期单独履行，此时劳动合同期限相当于吸收了服务期的期限；另一方面，就劳动合同期限少于服务期的期限的，劳动合同已经期满终止，而仍剩余部分服务期尚未履行完毕，此时是否还需要履行还是随同劳动合同期限的终止一并终止，对此实践中用人单位的做法不一，有的用人单位选择劳动合同终止时一并终止，有的用人单位选择将劳动关系的存续期间延续至服务期期满，那么此两种做法是否符合法律规定，用人单位如果终止是否要承担相应的法律责任，我们来看两个常见案例：

案例一：陈某与某技术公司签订了劳动合同，劳动合同期限为2016年8月1日至2021年7月31日，约定每月10日前发放上个月工资。其中在双方劳动合同中明确约定了："劳动者承诺为公司的服务期最少为5年，自2016年8月至2021年7月，劳动合同期满，服务期尚未到期的，本合同延续至服务期满。"本案中，虽对服务期没有明确约定，但根据相关法律规定如劳动合同期限在服务期满前到期的，劳动合同顺延至服务期届满，此时服务期届满的时间为劳动合同终止时间。

案例二：刘某于2018年6月1日入职某科技公司，从事科技研发工作，双方订立了3年期的劳动合同。2018年11月1日，某科技公司与刘某签订《培训协议》，约定将刘某送到国外进行专项技术培训2个月，并约定刘某培训结束后至少再为公司服务5年，如刘某违反服务期约定须向公司支付违约金。2021年4月底，某科技公司告知刘某，因公司业务调整，其与刘某所订立的劳动合同在2021年5月31日到期后不再延续，刘某无需再继续履行《培训协议》中约定的服务期。刘某认为，其劳动合同期限应当延续至服务期届满，某科技公司终止劳动合同的行为属于违法终止，故提出仲裁申请，要求某科技公司支付违法终止劳动合同赔偿金。仲裁委员会审理后，裁决驳回了刘某的仲裁请求。本案中，属于服务期期间劳动合同到期，而此时服务期尚未届满，用人单位终止劳动合同问题。根据《劳动合同法实施条例》第17条的规定，劳动合同期满，但是用人单位与劳动者依照《劳动合同法》第22条的规定约定的服务期尚未到期的，劳动合同应当续延至服务期满。那么就上述规定中，如果用人单位根据劳动合同到期采取未顺延至服务期期限，而是立即终止劳动合同是否构成违法终止劳动合同呢？实践中存在两种不同观点：一部分观点认为，根据相关法律规定写明的是："劳动合同应当续延至劳动合同期满"，这里法律表述的是"应当"，因此用人单位和劳动者的劳动关系并不根据劳动合同到期终止，用人单位是有义务和劳动者根据服务期进行续延，劳动合同期间届满时间以服务期届满之日为准，如果用人单位采取终止劳动合同并终止服务期协议属于违法终止双方劳动关系，用人单位应承担违法终止的赔偿责任；另一部分观点认为，以上海地区为例，上海地区相关规定中："劳动合同期满而约定的服务期未到期的处理，服务期是用人单位以给付一定培训费用为代价，要求接受对价的劳动者为用人单位相应提供服务的约定。用人单位依约支付相应对价后，即已完全履行自己的合同义务，是否要求劳动者履行提供服务则成为用人单位的权利。基于民事权利都可以放弃的原则，在劳动合同期满后，用人单位放弃对剩余服务期要求的，应当准许。此时，劳动合同可以终止，但用人单位不得向劳动者追索服务期的赔偿责任；用人单位继续提供工作岗位并要求劳动者履行服务期约定的，双方当事人应当继续履行。继续履行合同期间，用人单位不提供工作岗位的，视为其放弃对剩余服务期的要求，劳动合同终止。"

就上述两种观点中，笔者倾向上海的相关观点，根据民事主体对民事权利可以放弃的原则，用人单位和劳动者民事法律关系是建立在劳动合同的基础上，在劳动合同期满后，双方民事法律关系履行期限届满。根据劳动合同关系建立的服务期法律关系，用人单位提供专项费用并对劳动者进行专业技术培训，使劳动者通过提升专业技能而提升自身价值，目的是保护用人单位对劳动者进行相应专业培训后，劳动者经培训后能够在相对较长时间内为用人单位提供更有价值的劳动。

防止劳动者擅自离职减少用人单位的培训的相应损失，是对用人单位的保护。可以看出用人单位对服务期是有决定权的，对于是否续延劳动合同至服务期届满是用人单位的权利而非义务，用人单位可以决定是否延长服务期，故可以采取放弃的方式对剩余服务期的履行。若用人单位采取终止与劳动者的劳动合同关系，也选择终止服务期的履行的，用人单位就不得再因服务期违约问题向劳动者主张服务期的赔偿责任。

★ 024 用人单位对于不是专项技术培训是否可以与劳动者约定服务期？

实践中，对于约定服务期是有特殊情形的，由于北京、上海、广州等大型城市或一些对于人才有特殊需求的城市，通过采取人才引进方式吸引劳动者，有的城市会采取落户的方式、有的城市会采取安置住房等方式，在此基础上通过相应的福利待遇与劳动者签订服务期协议，约定相应的服务期。通过此种方式对于服务期进行约定的，北京地区的认定意见为北京市高级人民法院相关会议纪要的规定，“用人单位为其招用的劳动者办理了本市户口，双方据此约定了服务期和违约金，用人单位以双方约定为依据要求劳动者支付违约金的，不应予以支持。确因劳动者违反了诚实信用原则，给用人单位造成损失的，劳动者应当予以赔偿”。此时，服务期协议还体现出了诚实信用原则，用人单位基于服务期协议为劳动者提供了相应的福利待遇等条件，对应的劳动者亦应依据诚信原则履行双方签订的服务期协议。

案例一：2018 年 5 月，李某入职某技术服务公司，签订 3 年期劳动合同，担任技术服务工作人员，同时双方签订服务期协议，约定某技术服务公司为李某办理本市户口，李某承诺服务期为 5 年，服务期限内因任何个人原因离职，即视为违约，应承担违约责任并缴纳违约金。违约金按照不满服务期的年限计算，每年需缴纳违约金 5 万元。2019 年 8 月李某将其个人档案转入至技术服务公司通知的档案管理中心，后双方在 2019 年 9 月又签订了《集体户口管理协议》，2020 年 9 月李某向技术服务公司提出离职，离职原因是因个人原因，无法承担工作和经济压力离职。技术服务公司 2020 年 10 月未批准其离职。2020 年 9 月后李某不再为技术服务公司进行工作。技术服务公司认为李某未履行双方签订的服务期协议就擅自离职，已经构成严重违约并给单位造成恶劣影响，故起诉要求李某支付服务期违约金。后法院经审理认为，本市户口属于稀缺资源，技术服务公司根据李某的申请及非京籍留学回国人员在京就业落户的相关政策，技术服务公司为李某办理了本市户口，且李某与技术服务公司签订书面劳动合同以及服务期协议，系双方真实意思表示，因此双方均应遵守诚信原则，李某明知技术服务公司已经为其办理完毕户口事宜，且明知双方签有服务期承诺协议，其应履行服务期承诺，而李某仍提出离职违背诚实信用原则，因此应承担相应的违约责任，具体违约金以及相应的经济损失由法院进行酌定。本案是充分体现了非因专项技术培训约定服务期以及相应的违约金的经典案例，李某在明知签有竞业限制的前提下仍提出离职，此时法院的裁判依据是诚实信用原则，用人单位和劳动者因为办理户口转移手续签订服务期协议，有用人单位办理户口事宜，劳动者履行工作服务年限，均为双方真实意思表示，且在用人单位已经办理完毕后劳动者提出离职，属于劳动者明显违约，法律对此种行为虽未规定明确的违约责任的具体依据以及承担责任的具体方式，但用人单位和劳动者双方在服务协议中约定了违约责任，根据约定法院判决劳动者应承担违约责任于法有据。

案例二:孙某与某技术服务公司建立劳动关系,孙某与技术服务公司关于就业落户问题签订了协议书,其中协议约定:“1. 用人单位为劳动者办理本市户口事宜,同时劳动者提供相应材料予以配合,如因劳动者弄虚作假等原因未办理成功的,由劳动者承担相应的违约责任;2. 因户口名额有限,公司根据公平公正的条件决定获得户口资格者,因此劳动者承诺服务期限为 5 年,同时劳动者需向单位交纳 10 万元保证金,保障服务期顺利履行完毕;3. 无论何种原因劳动者本人提出解除劳动合同的,须向公司缴纳损失赔偿金,赔偿金的计算方式为每提前一个月离职支付赔偿金 5 万元;4. 赔偿金以补偿因本人违反诚信原则给公司带来的各项损失,包括但不限于诉讼费、律师费等费用;5. 本协议是双方真实意思,自双方签字盖章后生效。”现孙某因个人原因提出离职,并向技术服务公司提出要求退还服务期保证金 10 万元,后技术服务公司不予退还,孙某以及技术服务公司均提起诉讼。诉讼中技术服务公司认为,(1)双方签订就业落户协议书,孙某属于违反协议书约定因此需要支付用人单位违约金;(2)孙某支付的 10 万元保证金属于保证服务期履行的性质的款项,现在因为违约导致协议无法履行,因此孙某交纳的保证金应不予退还。孙某认为关于违约金的事情可以支付给单位,但单位应退还服务期保证金 10 万元。后法院审理后认为,双方依据就业落户问题可签订协议,且协议属于双方真实意思表示属于有效协议,现因孙某提前解除劳动合同导致服务期提前终止,因此孙某应支付用人单位违约金;就关于服务期保证金问题,在孙某支付违约金的基础上,无须另行支付保证金,孙某已经就其违约的行为支付违约金作为惩罚,无需再通过扣保证金的形式进行第二次评价,同时用人单位与孙某约定保证金事宜无任何法律依据,基于以上两点用人单位应退还孙某保证金。本案中,用人单位与劳动者不仅约定了服务期以及服务期违约金同时要求劳动者交纳了保证金,需要注意的是保证金和违约金此时用人单位不能同时进行主张。

(四)实操指引

关于服务期协议,首先应注意的是服务期协议的有效性,其次是要注意服务期协议的期限和劳动合同期限的关系。对于服务期约定的有效性方面,用人单位需要注意的是服务期约定的原因是构成服务期协议有效性重要审查的方向,注意防止滥用服务期权利从而损害劳动者权益的情况出现,以及关于服务期期限具体约定的问题,如遇劳动合同期限和服务期不同时如何处理劳动关系的情况；劳动者需要注意的是与用人单位签订服务期协议后，用人单位展开培训的情况是否专项培训以及如果不是专项培训的是否有其他福利待遇等情况；另外，劳动者在签订服务期协议时，还需要注意服务期协议的期限和劳动合同期限具体时间，如果存在服务期的期限超过劳动合同期限的，此时存在的风险是劳动合同到期终止时，用人单位会一并终止劳动合同关系和服务期的情况。

二、服务期违约金

前述章节我们分析了有效的服务期协议以及服务期期限的问题，同时，在一份有效的服务期协议或者服务期条款中，用人单位为了保护自身利益，一般会约定违约金条款，如因劳动者提前离职或违反服务期约定的需要向用人单位支付违约金。那么对于服务期的违约金该如何约定，让我们看一下实践中关于服务期违约金的情况。

★ 025 服务期违约金如何约定？

（一）现实场景

用人单位为劳动者进行相关专业技术培训后，劳动者明知与用人单位签订了服务期协议，仍提出因个人原因离职，属于违反服务期约定，用人单位据此可以要求劳动者支付相应的违约金以及因对劳动者进行专业培训所花费的相关费用。具体违约金的支付情况可以依据双方协议确定的金额支付，也可以根据用人单位因为劳动者进行专项技术培训等支出的费用作为违约金计算的标准，那么实践中对于违约金的金额具体应该如何计算，通过下述案例进一步分析。

（二）法律依据

1.《中华人民共和国劳动合同法》

第二十二条第二款　劳动者违反服务期约定的，应当按照约定向用人单位支付违约金。违约金的数额不得超过用人单位提供的培训费用。用人单位要求劳动者支付的违约金不得超过服务期尚未履行部分所应分摊的培训费用。

2.《中华人民共和国劳动合同法实施条例》

第二十六条　用人单位与劳动者约定了服务期，劳动者依照劳动合同法第三十八条的规定解除劳动合同的，不属于违反服务期的约定，用人单位不得要求劳动者支付违约金。

有下列情形之一，用人单位与劳动者解除约定服务期的劳动合同的，劳动者应当按照劳动合同的约定向用人单位支付违约金：(一)劳动者严重违反用人单位的规章制度的；(二)劳动者严重失职，营私舞弊，给用人单位造成重大损害的；(三)劳动者同时与其他用人单位建立劳动关系，对完成本单位的工作任务造成严重影响，或者经用人单位提出，拒不改正的；(四)劳动者以欺诈、胁迫的手段或者乘人之危，使用人单位在违背真实意思的情况下订立或者变更劳动合同的；(五)劳动者被依法追究刑事责任的。

(三)实践观点与分析

关于实践中，用人单位和劳动者约定服务期的，违约的情形通常为因劳动者个人原因提出离职导致服务期协议提前解除的，据此劳动者的离职触犯违约条款，用人单位因劳动者违约行为提起相应的诉讼程序主张劳动者支付服务期违约金。通常用人单位的主张存在以下几种常见情形：(1)主张要求劳动者支付培训期间的培训费用，如飞行员行业，航空公司对于飞行员的培养周期约在10年，对于飞行员长期的培训过程决定了对于飞行员的培训费用较高；(2)主张要求劳动者根据服务期协议约定金额支付违约金，用人单位认为双方签订了服务期协议，协议是双方真实意思表示，因此双方亦应遵守协议约定，根据协议约定金额支付违约金。那么对于用人单位的主张是否都能得到支持，对于服务期违约金法院是如何认定的，我们看一下参考案例：

案例一：陈某于2018年入职某医院。2019年3月，双方签订《进修协议》约定医院派陈某到某医院进修3个月，费用由医院承担，期满后陈某必须为本医院服务满3年，否则陈某要退回进修期间发放的工资、补助、进修费等一切费用，同时少服务1年应赔偿违约金3万元以及其他相应损失。陈某此次进修共花费1万元，医院按相关规定向陈某发放了进修期间的工资。陈某进修结束后回到某医院工作，于2022年1月提出辞职。医院遂申请劳动仲裁要求陈某退回进修期间一切费用并支付违约金。法院审理认为，《进修协议》中关于服务期未满须退回进修期间一切费用的约定违反了《劳动合同法》的相关规定，故医院要求陈某退还进修期间的一切费用，依据不足。陈某提出离职时离服务期满还差48天，故应向医院支付该48天对应的培训费用作为违约金。

案例二：李某入职某销售公司，公司为培训李某等五名员工花费培训费用情况：公司于4月至8月外聘讲师为包括李某在内的五名员工进行新员工培训，培训内容为员工制度、基础知识、销售技巧、主营业务等，讲师费用每月20,000元，讲授近4个月，讲师费近8万余元。该笔讲师培训费用由五名员工均摊，李某的服务期即劳动合同期限，现因李某提前离职，故应按工作日折算支付其公司讲师培训费。为证明该主张，销售公司提交以下证据予以证明：(1)《培训服务协议》，该协议显示甲方为公司，乙方为某讲师，委托事项为甲方委托乙方担任策略顾问讲师。服务内容：甲方要求乙方在服务期内主要负责（包括但不限于）作为外聘讲师对新员工进行培训……甲方次月15日前向支付乙方上月劳务报酬人民币20,000元……(2)《劳动合同》，该劳动合同显示甲方为公司，乙方为李某……第二十条、服务期：服务期期限同劳动合同期限一致，因劳动者提前离职的，劳动者需支付公司违约金10万元……(3)证人证言，该份证言为公司员工证明和李某一并参加了相应培训。对于上述证据以及双方当事人陈述，法院经审理认为：根据一般常理，用人单位对员工进行培训系为员工业务能力的提升而由用人单位支出相关费用而进行的培训。公司未与李某就培训事宜进行约定，公司提交的证人证言，证人与其公司存在一定的利害关系，在无其他证据佐证的情况下，仅凭该证人证言无法有效证实劳动者参加了相应培训。且公司提交的与培训讲师的《培训服务协议》亦无法体现与本案劳动者之关联，在劳动者对公司所持的培训内容不予认可的情况下，公司未就对劳动者进行过专业技术培训以及约定培训费事宜进行举证，应当承担举证不能的法律后果，故法院驳回了公司的全部诉讼请求。

案例三：李某与某航空公司于2010年起建立劳动关系，担任飞行员。李某因个人原因在2021年向某航空公司提出离职，通过邮寄的形式邮寄了《解除劳动合同通知书》，并在通知书中注明提出要求航空公司出具相应的离职文件证明及安保评价，并协助办理劳动人事档案及相关技术档案的移交手续。后某航空公司提起诉讼认为李某违反其公司内部相关飞行人员管理办法要求李某支付违约金。审理中，李某认为双方劳动关系已依法解除。双方没有基于专项培训签订专业技术培训合同，约定服务期，因此航空公司要求支付违约金没有事实依据和法律依据。后经法院审理关于李某提前解除劳动合同，是否应赔偿相应损失问题因飞行员职业的特殊性，在双方劳动关系存续期间航空公司需要持续不断地为飞行员提供培训服务，为此支付巨大的培训费用和时间成本。李某亦认可航空公司提交相应证据材料,以及参加过为其安排的培训活动,因此,李某提前解除劳动合同,理应合理赔偿航空公司的培训费损失。对于航空公司所主张的培训费支出数额无法准确核实并作进一步确认,结合本案事实并参考中国民用航空局等相关规定确定李某赔偿费用。

通过上述案例可以看出,用人单位与劳动者约定服务期的,在劳动者提前离职,违反服务期约定时,根据用人单位与劳动者专项培训协议约定培训费用相关扣减情况,是依据劳动者履行期限以及双方约定违约金情况作出相应扣减。但是用人单位主张违约金也存在不被支持的可能,抑或用人单位对于专项培训没有约定明确的服务期的,根据相关行业规定对于培训费用亦存在支持的可能性。

值得注意的是,用人单位与劳动者关于服务期违约的主要理由是劳动者未满服务期离职,而很少因服务期未满用人单位提出与劳动者解除劳动关系的情况,其实在用人单位与劳动者约定服务期后,用人单位解除劳动者面临一定风险,如劳动者签有服务期协议但因为工作期间严重违反单位规章制度,如用人单位根据《劳动合同法》等相关规定与劳动者解除劳动关系,此时劳动者并不存在违反服务期的情况,那么双方对服务期协议约定以及违约责任的约定相当于空白约定,因此用人单位对于签有服务期的劳动者管理问题还需注意。

(四)实操指引

对于服务期违约金需要注意的是,对于用人单位方面签订了服务期协议约定了服务期违约金是否会被支持还要看:(1)关于服务期协议的有效性;(2)根据相关法律规定是依据专项培训进行支出的专项培训费用,对于专项培训费用要进行明确;(3)没有进行专项培训的,要求劳动者支付违约金的情况需根据双方签订服务期协议约定情况。对于劳动者方面:(1)如发生服务期协议约定的违约行为,则需要支付违约金;(2)违约金金额支付的情况可参考工作时间、工作期间工资、后续工作工资等事实情况;(3)倡导劳动者履行服务期约定,因违反服务期协议约定涉及违反诚实信用原则。

三、服务期和竞业限制的区别

表 3－1　服务期和竞业限制期限的区别

	服务期	竞业限制期限
1. 定义及保护目的	服务期是因用人单位对劳动者进行专项培训后,并支付专项培训费的,可以与劳动者约定服务期。既保护用人单位因对劳动者进行培训所支付的相关费用,又保护了劳动者就业培训的权利	竞业限制是用人单位与高级管理人员、负有保密义务的人进行的约定。保护了用人单位的经营秘密以及同时约定了补偿金对劳动者的择业自由限制并进行了相应的补偿
2. 主体情况	服务期的用人单位:对劳动者进行专业技术的培训并以支付培训费用为前提,或为劳动者提供相应的福利待遇的,无需另行支付补偿。 服务期的劳动者主体:支付专业培训费用并进行专业技术培训的劳动者	竞业限制的用人单位:根据用人单位的经营业务保密情况可与劳动者订立竞业限制协议,但需支付劳动者竞业限制补偿金。 竞业限制的劳动者主体:限于用人单位的高级管理人员、高级技术人员和其他负有保密义务的人员
3. 起始时间和终止时间	起始时间:通常和劳动合同订立时间一致或劳动者与用人单位订立服务期协议约定时间;自双方签订协议后即生效。 终止时间:根据双方服务期协议约定或根据双方劳动合同关系时间确定,有时同劳动合同关系终止时间一致,有时在劳动合同关系期间内终止	起始时间:自劳动关系解除或终止后竞业限制协议开始履行,开始竞业限期。如因用人单位认为无需履行竞业限制协议的需明确告知劳动者。 终止时间:根据法律规定,最长不得超过 2 年
4. 与劳动合同的关系	服务期基于劳动合同关系建立,服务期同劳动合同关系同时存在,例外,当劳动合同期限终止时,服务期未满,用人单位存在终止服务期协议同时终止劳动合同关系	竞业限制基于劳动合同关系建立,竞业限制期限自劳动合同关系解除或终止时开始生效

续表

	服务期	竞业限制期限
5. 违约金	服务期违约金基于培训费用产生，不得超过用人单位提供的培训费用且不得超过服务期尚未履行部分所应分摊的培训费用。服务期违约金计算参考依据：劳动者履行劳动合同的期限、劳动者工资、服务期剩余期限、服务期违约金约定情况等	竞业限制违约金，因劳动者违反竞业限制限制协议的，用人单位可以向劳动者主张竞业限制违约金。竞业限制违约金计算参考依据：根据双方的竞业限制协议违约金约定情况、劳动者工资、劳动者违约造成的相应损失、劳动者获利情况等
6. 涉及相关法律规定	《劳动合同法》第 22 条、《劳动合同法实施条例》第 16 条	《劳动合同法》第 23 条、第 90 条

第四章　工作时间与休息休假

工作时间与休息休假是企业用工过程中所涉及的基础法律问题之一。虽然是基础法律问题,却是非常重要且容易被忽视的问题。工作时间与休息休假不仅仅局限于法律规定的工时制度类型、工时时长的要求、休息休假的安排,同时关系到加班的认定、劳动报酬的支付标准,以及在符合法律规定的前提下灵活使用工时制度以满足企业经营需求和保护劳动者休息的权利。所以,熟悉和掌握工作时间与休息休假的规定,企业 HR 能够更加合理有效地进行用工管理,劳动者能够知晓和维护自身权益。

第一节　工作时间

工作时间,是指法律规定的劳动者在 1 个昼夜或者 1 周内从事生产或工作的时间,即劳动者每天应工作的时数或每周应工作的天数。

工作时间,是指依据我国法律的规定和劳动合同的约定,劳动者在企业的指示、管理或约束下从事包括工作或与工作相关的活动的时间。就当下我国法律规定,主要根据劳动者在 1 个昼夜、1 周内或者一特定周期内从事生产或工作的时间进行划分,将工作时间分为 4 类工时制度:标准工时制、不定时工时制、综合计算工时制和非全日制工作时间。

一、标准工时制

(一)现实场景

标准工时制是在我国企业用工过程中最常使用的工时制度:每日工作 8 小

时，每周工作40小时。最常见的形式：周一至周五每天工作8小时，周六、周日休息。关于标准工时，律师经常会被问及以下几个问题：

1. “做六休一”，合法吗？

2. 每周工作7天，每周工作不超过40小时，合法吗？

3. “工作时间”是否仅指实际工作时间，是否包括某些非实际工作时间，如工间歇息时间、实际工作前的准备时间等？

（二）法律依据

1.《中华人民共和国劳动法》

第三十六条 国家实行劳动者每日工作时间不超过八小时、平均每周工作时间不超过四十四小时的工时制度。

第三十八条 用人单位应当保证劳动者每周至少休息一日。

2.《国务院关于职工工作时间的规定》

第三条 职工每日工作8小时、每周工作40小时。

第七条 国家机关、事业单位实行统一的工作时间，星期六和星期日为周休息日。

企业和不能实行前款规定的统一工作时间的事业单位，可以根据实际情况灵活安排周休息日。

3.《劳动部关于职工工作时间有关问题的复函》（劳部发〔1997〕271号）

一、企业和部分不能实行统一工作时间的事业单位，可否不实行“双休日”而安排每周工作六天，每天工作不超过6小时40分钟？

根据《中华人民共和国劳动法》和《国务院关于职工工作时间的规定》（国务院令第174号）的规定，我国目前实行劳动者每日工作8小时，每周工作40小时这一标准工时制度。有条件的企业应实行标准工时制度。有些企业因工作性质和生产特点不能实行标准工时制度，应保证劳动者每天工作不超过8小时、每周工作不超过40小时、每周至少休息一天。

二、用人单位要求劳动者每周工作超过40小时但不超过44小时，且不作延长工作时间处理，劳动行政机关可否认定其违法并依据《劳动法》第九十、九十一条和劳部发〔1994〕489、532号文件的规定予以处罚？

《国务院关于职工工作时间的规定》（国务院令第174号）是依据《劳动法》第三十六条的规定，按照我国经济和社会发展的需要，在标准工时制度方面进一步作出的规定。如果用人单位要求劳动者每周工作超过40小时但不超过44小时，且不作延长工作时间处理，劳动行政机关有权要求其改正。

（三）实践观点与分析

根据上述列举我国现行关于“标准工时制”的规定（如前述第2点有关规定的总结），可以清晰地得出“标准工时制”指每日工作不超过8小时，每周工作不超过40小时，每周至少休息一天。基于“标准工时制”的规定，就可以分析和解答在第1点“现实场景”中提到的三点问题。

★ 026 “做六休一”，合法吗？

根据上述“标准工时制”定义分析，显然“做六休一”并未违反每周至少休息一天的要求，所以“做六休一”并不违反法律规定。但是，虽然可以执行“做六休一”工作时间安排，但仍应当满足每日工作不超过8小时，每周工作不超过40小时的条件，否则劳动者有权要求用人单位支付加班工资。

★ 027 每周工作7天，每周工作不超过40小时，合法吗？

根据上述“标准工时制”定义分析，“每周工作7天”违反了《劳动法》第38条“用人单位应当保证劳动者每周至少休息一日”的规定。因此，安排连续工作7天属于违法（但实行综合计算工时工作制和不定时工作制的除外）。

★ 028 “工作时间”是否仅指实际工作时间，是否包括某些非实际工作时间，如工间歇息时间、实际工作前的准备时间等？

目前并未有明确的规定对工作时间界定，因此需要结合理论和实践进行分析。我国认为“工作时间”作为法律范畴，既包括劳动者的实际工作时间，也包括劳动者某些非实际工作时间。例如，劳动者工作前的准备时间，下班前后的交接时间，工作间歇时间，排除动力、设备故障的短暂停工时间，女职工哺乳未满1周岁婴儿的哺乳时间，依法参加各种社会活动的时间等。[①] 我国台湾地区学者认为，工作时间一般系指劳工于雇主指挥命令下的“受拘束时间”，包括待命时间，但不包括休息时间。基于理论观点并结合当下实践，可以发现“工作时间”

---

① 关怀、林嘉主编：《劳动法》（第五版），中国人民大学出版社2016年版，第140页。

不仅仅指实际工作时间，若处于用人单位的管理、指挥和约束的情况下，即使未实际提供劳动仍应属于工作时间。所以，在判断哪些情形属于工作时间，应当首先基于现有法律法规下有无特殊的规定，如女职工哺乳未满1周岁婴儿的哺乳时间；其次，是否处于用人单位的指挥、管理和约束的情形。

（四）实操指引

若用人单位实行标准工时制，且用人单位非国家机关、事业单位，则非必须实行周一至周五为工作日，周六和周日为休息日的规定，可根据实际情况灵活安排周休日。但用人单位在实行标准工时制时，首先，应当遵守"每日工作不超过8小时，每周工作不超过40小时，每周至少休息一天"的规定；其次，用人单位应当科学、合理地安排工作时间，并且依据法律规定为特殊劳动者缩短工作时间。

二、不定时工时制

（一）现实场景

不定时工作制，是指没有固定上下班时间限制的工作制度。主要适用于法律法规规定的特殊人员，以及其他因生产特点、工作特殊需要或职责范围的关系需要而适合采用不定时工作制的情形。不定时工作制赋予了企业更加弹性管理权力，但企业不能任意实行不定时工作制，须符合法律法规规定的情形和程序要求。

1. 不定时工作制适用的情形和对象。

2. 实行不定时工作制的程序要求。

3. 实行不定时工作制是否适用延长工作时间发放加班工资的规定。

（二）法律依据

1.《中华人民共和国劳动法》

第三十九条　企业因生产特点不能实行本法第三十六条、第三十八条规定的，经劳动行政部门批准，可以实行其他工作和休息办法。

2.《劳动部关于企业实行不定时工作制和综合计算工时工作制的审批办法》（劳部发〔1994〕503号）

第三条　企业因生产特点不能实行《中华人民共和国劳动法》第三十六条、第三十八条规定的，可以实行不定时工作制或综合计算工时工作制等其他工作和休息办法。

第四条　企业对符合下列条件之一的职工，可以实行不定时工作制。

（一）企业中的高级管理人员、外勤人员、推销人员、部分值班人员和其他因工作无法按标准工作时间衡量的职工；

（二）企业中的长途运输人员、出租汽车司机和铁路、港口、仓库的部分装卸人员以及因工作性质特殊，需机动作业的职工；

（三）其他因生产特点、工作特殊需要或职责范围的关系，适合实行不定时工作制的职工。

第六条　对于实行不定时工作制和综合计算工时工作制等其他工作和休息办法的职工，企业应根据《中华人民共和国劳动法》第一章、第四章有关规定，在保障职工身体健康并充分听取职工意见的基础上，采用集中工作、集中休息、轮休调休、弹性工作时间等适当方式，确保职工的休息休假权利和生产、工作任务的完成。

第七条　中央直属企业实行不定时工作制和综合计算工时工作制等其他工作和休息办法的，经国务院行业主管部门审核，报国务院劳动行政部门批准。

地方企业实行不定时工作制和综合计算工时工作制等其他工作和休息办法的审批办法，由各省、自治区、直辖市人民政府劳动行政部门制定，报国务院劳动行政部门备案。

3.《北京市企业实行综合计算工时工作制和不定时工作制办法》

第十一条　不定时工作制是指因企业生产特点、工作特殊需要或职责范围的关系，无法按标准工作时间安排工作或因工作时间不固定，需要机动作业的职工所采用的弹性工时制度。

不定时工作制适用于从事下列工种或者岗位的人员：

（一）高级管理人员；

（二）外勤、推销人员；

（三）长途运输人员；

（四）长驻外埠的人员；

（五）非生产性值班人员；

（六）可以自主决定工作、休息时间的特殊工作岗位的其他人员。

第十二条　对于实行不定时工作制的职工，企业应当根据标准工时制度合理确定职工的劳动定额或其他考核标准,保障职工休息权力。

第十三条 企业对实行综合计算工时工作制或不定时工作制的职工,应依法落实国家和本市关于女职工和未成年工的相关保护规定,合理调整其工作时间和生产定额。

第十四条 企业实行综合计算工时工作制或不定时工作制,应当与工会、职工代表大会或劳动者协商,企业的工作和休息制度,应向职工公示。

第十五条 企业实行综合计算工时工作制和不定时工作制,应向企业营业执照注册地的区、县劳动和社会保障局申报……

第十六条 ……企业中的高级管理人员实行不定时工作制,不办理审批手续。

4.《工资支付暂行规定》

第十三条 用人单位在劳动者完成劳动定额或规定的工作任务后,根据实际需要安排劳动者在法定标准工作时间以外工作的,应按以下标准支付工资:

……

实行不定时工时制度的劳动者,不执行上述规定。

(三)实践观点与分析

根据我国关于不定时工作制的规定以及地方性法规(以北京为例)可以理解,不定时工作制是适用于因企业生产特点、工作特殊需要或职责范围的关系,无法按标准工作时间安排工作或因工作时间不固定,需要机动作业的职工所采用的弹性工时的制度;但不定时工作制是需经行政机关审批,具体审批要求和程序规定需参考《劳动部关于企业实行不定时工作制和综合计算工时工作制的审批办法》和企业所在地省、自治区、直辖市人民政府劳动行政部门制定的法规。

★ 029 不定时工作制适用的情形和对象

根据《劳动部关于企业实行不定时工作制和综合计算工时工作制的审批办法》的规定,企业可以对符合以下条件之一的劳动者实行不定时工作制:

(1)企业中的高级管理人员、外勤人员、推销人员、部分值班人员和其他因工作无法按标准工作时间衡量的职工;

(2)企业中的长途运输人员、出租汽车司机和铁路、港口、仓库的部分装卸人员以及因工作性质特殊,需机动作业的职工;

(3)其他因生产特点、工作特殊需要或职责范围的关系,适合实行不定时工作制的职工。

★ 030 实行不定时工作制的程序要求

根据《劳动部关于企业实行不定时工作制和综合计算工时工作制的审批办法》的规定,若实行不定时工作制企业须向劳动行政部门进行申请,且经审批通过后方可实行。因不定时工作制的审批办法由各省、自治区、直辖市人民政府劳动行政部门制定,所以各地方企业(中央直属企业除外)在实行不定时工作制时应关注地方性特殊规定。例如,北京地区的企业对于公司高级管理人员实行不定时工作制,无需办理审批手续。

★ 031 实行不定时工作制是否适用延长工作时间发放加班工资的规定?

实行不定时工作制无需执行有关延长工作时间发放加班工资的规定,可以理解为无需支付加班工资。由于不定时工作制在于弥补不能适应标准工时制的特殊情形,所以不受标准工时制的限制,即不受《劳动法》第 41 条规定的延长工作时间标准和月延长工作时间标准的限制。此外,《工资支付暂行规定》第 13 条明确规定了实行不定时工作制的劳动者不执行有关法定标准工作时间外的工资规定。但需要注意的是,一些地方对于安排法定节假日工作是否需要支付加班工资的问题有特殊的规定,如上海地区则规定实行不定时工时制的劳动者,在法定休假节日由企业安排工作的,企业应按工资的 300% 支付。[①]

虽然用人单位实行不定时工作制可以受标准工作制的限制,但企业应当确保不定时工作制的合理性,保障职工合理休息的权利,同时执行和落实有关女职工、未成年工以及其他特殊职工相关保护的规定。

(四)实操指引

企业实行不定时工作制应符合法律法规的情形以及程序要求,应当听取企业工会的意见或职工意见,保障职工休息的权利和提供必要的工作条件。对于

---

① 《上海市企业工资支付办法》(沪人社综发〔2016〕29 号)第 13 条第 4 款规定:“经人力资源社会保障行政部门批准实行不定时工时制的劳动者,在法定休假节日由企业安排工作的,按本条第(三)项的规定支付加班工资。”

实行不定时工作制的企业，一定要关注企业所在地相应的法律法规。例如，实行不定时工作制是否需要支付加班工资的问题，根据《工资支付暂行规定》的规定，一般是无需支付加班工资的；但《上海市企业工资支付办法》第13条第3款规定，即使实行不定时工作制，但安排劳动者法定节假日工作依然要支付法定节假日加班工资。所以，企业在实行不定时工作制时要因地制宜，关注所在地的地方性规定。

三、综合计算工时制

（一）现实场景

综合计算工时制，是指企业根据生产经营的工作特点（如因工作性质特殊、需连续作业或受季节及自然条件限制，以及由于外界因素影响，生产任务不均衡）采用以周、月度、季度或年度等为周期以综合计算劳动者的工作时间的一种形式。综合计算工时制是为了满足企业在生产工作中的特点和需求，允许实行每日超过8小时、每周超过40小时的标准工作时间的要求；但同时为保障劳动者休息的基本权利，企业在实行综合计算工时制时，劳动者在周期内其平均日工作时间和平均周工作时间应与法定标准工作时间基本相同。此时，在进一步了解综合计算工时之前，需要掌握标准工作时间，具体为：

年工作日：365天－104天（休息日）－11天（法定节假日）＝250天；

季工作日：250天÷4季＝62.5天/季；

月工作日：250天÷12月＝20.83天/月；

工作小时数的计算：以月、季、年的工作日乘以每日的8小时。[①]

企业在实行综合计算工时制时应注意以下几点：

1. 哪些企业职工可以实行综合计算工时制？

2. 企业实行综合计算工时制应履行哪些程序？

3. 企业是否必须保证执行审批综合计算工时制的劳动者“每周至少休息一天”和“每日实际工作时间不得超过11小时”？

---

① 《劳动和社会保障部关于职工全年月平均工作时间和工资折算问题的通知》（劳社部发〔2008〕3号）一、制度工作时间的计算。

（二）法律依据

1.《中华人民共和国劳动法》

第三十九条　企业因生产特点不能实行本法第三十六条、第三十八条规定的，经劳动行政部门批准，可以实行其他工作和休息办法。

2.《劳动部关于企业实行不定时工作制和综合计算工时工作制的审批办法》

第五条　企业对符合下列条件之一的职工，可实行综合计算工时工作制，即分别以周、月、季、年等为周期，综合计算工作时间，但其平均日工作时间和平均周工作时间应与法定标准工作时间基本相同。

（一）交通、铁路、邮电、水运、航空、渔业等行业中因工作性质特殊，需连续作业的职工；

（二）地质及资源勘探、建筑、制盐、制糖、旅游等受季节和自然条件限制的行业的部分职工；

（三）其他适合实行综合计算工时工作制的职工。

第六条　对于实行不定时工作制和综合计算工时工作制等其他工作和休息办法的职工，企业应根据《中华人民共和国劳动法》第一章、第四章有关规定，在保障职工身体健康并充分听取职工意见的基础上，采用集中工作、集中休息、轮休调休、弹性工作时间等适当方式，确保职工的休息休假权利和生产、工作任务的完成。

3.《劳动部关于职工工作时间有关问题的复函》（劳部发〔1997〕271号）

五、在综合计算周期内，某一具体日（或周）的实际工作时间可以超过8小时（或40小时），但综合计算周期内的总实际工作时间不应超过总法定标准工作时间，超过部分应视为延长工作时间并按《劳动法》第四十四条第一款的规定支付工资报酬，其中法定休假日安排劳动者工作的，按《劳动法》第四十四条第三款的规定支付工资报酬。而且延长工作时间的小时数平均每月不得超过36小时。

九、实行综合计算工时工作制是从部分企业生产实际出发，允许实行相对集中工作、集中休息的工作制度，以保证生产的正常进行和劳动者的合法权益。因此，在审批综合计算工时工作制过程中不宜再要求企业实行符合标准工时工作制的规定。但是，在审批综合计算工时工作制过程中应要求企业做到以下两点：

1. 企业实行综合计算工时工作制以及在实行综合计算工时工作制中采取何种工作方式,一定要与工会和劳动者协商。

2. 对于第三级以上(含第三级)体力劳动强度的工作岗位,劳动者每日连续工作时间不得超过11小时,而且每周至少休息一天。

(三)实践观点与分析

根据我国关于综合计算工时制的法律法规的规定,综合计算工时制的目的是解决因工作性质特殊、需连续作业或受季节及自然条件限制的企业在用工方面的需求,从而对该类企业的部分职工采取以周、月、季、年等为周期综合计算工作时间的一种工时制度。虽然综合计算工时制度不受每日工作8小时和每周40小时的工作限制,即一具体日(或周)的实际工作时间可以超过8小时(或40小时),但在周期内的总实际工作时间不应超过总法定标准工作时间,周期内的"平均"日工作时间和"平均"周工作时间应与标准工时保持基本一致。例如,一家企业经批准以季度为周期综合计算工时,(季工作日:250天÷4季=62.5天/季,6.25天×8小时/天=500小时/季度),故季度周期内总时长不应超过500小时(季度内平均每天8小时,平均周工作时间40小时)。那么,经工会和劳动者同意,安排职工在该季度的第一、第二个月完成500小时工作,第三个月休息,则视为合法且不属于延长工作时间的情形。在实行综合计算工时制时,需要注意以下几个问题。

★ 032 哪些企业职工可以实行综合计算工时制?

如上所述,综合计算工时制的目的是解决因工作性质特殊、需连续作业或受季节及自然条件限制的企业在用工方面的需求。那么主要集中在交通、铁路、邮电、水运、航空、渔业等行业中因工作性质特殊,并在该类行业中工作需要连续作业的职工;地质、石油及资源勘探、建筑、制盐、制糖、旅游等受季节和自然条件限制的行业的部分职工;亦工亦农或由于受能源、原材料供应等条件限制难以均衡生产的乡镇企业的职工等。具体详见《劳动部关于企业实行不定时工作制和综合计算工时工作制的审批办法》第5条。

除此之外,对于在市场竞争中,由于外界客观因素影响导致生产任务不均衡的企业的部分职工,企业也可以参照综合计算工时制的标准实施。

★ 033 企业实行综合计算工时制应履行哪些程序？

实行综合计算工时制应当由企业向劳动行政部门申请，经审批后才能执行，企业不能自主决定或采用与劳动者约定的方式实行综合计算工时制。对于综合计算工时制的申请和审批程序，各地方均有相应明确的有关综合计算工时制的行政许可办法规定。一般来说，需要准备的申报材料包括申请表、营业执照材料、实施方案（包括实行综合计算工时制的原因，以及岗位、人数、周期、工作方式的和休息制度的方案）、工会意见或涉及职工的联名意见。

此外，《〈国务院关于职工工作时间的规定〉问题解答》（劳部发〔1995〕187号）和《关于职工工作时间有关问题的复函》（劳部发〔1997〕271号）均提出了实行综合计算工时制应当充分听取职工意见，应经过工会和劳动者的同意。在实践中，各地方一般均要求企业在申请实行综合计算工时制时提供工会和/或劳动者的书面意见。因此，企业应当注意协商和听取意见的程序要求。

★ 034 企业是否必须保证执行审批综合计算工时制的劳动者“每周至少休息一天”和“每日实际工作时间不得超过 11 小时”？

实行综合计算工时制一般无须遵守“每周至少休息一天”和“每日实际工作时间不得超过 11 小时”的限制。［详见《关于职工工作时间有关问题的复函》（劳部发〔1997〕271 号）］

但企业应充分听取职工意见并以与职工协商为基础，在保障职工身体健康的前提下采取集中工作、集中休息、轮休调休、弹性工作时间等适当的工作和休息方式，确保职工的休息休假权利和生产、工作任务的完成。对于特殊员工或特殊工作岗位应当缩短工时，如第三级以上（含第三级）体力劳动强度的工作岗位，劳动者每日连续工作时间不得超过 11 小时，而且每周至少休息一天。

（四）实操指引

综合计算工时制属于标准工时制外的特殊工作时间安排，给予了企业一定的自主安排工作时间的权利，但企业在实行综合计算工时制时应当符合法律法规有关综合计算工时制的行业、岗位、工作性质以及经营生产等方面要求；严格执行综合计算工时制的申请和审批的程序要求，根据各地方的规定要求提交相应材料；应切实保障职工的身体健康，并充分听取职工的意见，并取得工会和职工的同意。

此外,若安排职工法定节假日工作的,则实行综合计算工时制的职工仍然享有要求企业支付法定节假日加班工资的要求,且实行综合计算工时制过程中若需延长工作时间的,仍应遵守平均每月不得超过36小时的要求。对于符合带薪年休假条件的劳动者,企业可安排其享受带薪年休假。

四、非全日制工作时间

(一)现实场景

非全日制工作时间适用于非全日工作制,是指以小时计酬为主,劳动者在同一用人单位一般平均每日工作时间不超过4小时,每周工作时间累计不超过24小时。在日常生活中比较熟悉的"兼职",实际上就是属于非全日工作制用工。

非全日制用工是为了满足在经济快速发展下企业与劳动者用工形式的新的需求,是一种灵活就业和用工的方式。需要注意的是,非全日制用工在劳动法上属于特殊和例外的用工方式,若称前述提到的实行标准工时制、不定时工时制和综合计算工时制为全日制工作制,则非全日制用工在很多规定方面存在非常大的区别。

(二)法律依据

1.《中华人民共和国劳动合同法》

第六十八条　非全日制用工,是指以小时计酬为主,劳动者在同一用人单位一般平均每日工作时间不超过四小时,每周工作时间累计不超过二十四小时的用工形式。

第六十九条　非全日制用工双方当事人可以订立口头协议。

从事非全日制用工的劳动者可以与一个或者一个以上用人单位订立劳动合同;但是,后订立的劳动合同不得影响先订立的劳动合同的履行。

第七十条　非全日制用工双方当事人不得约定试用期。

第七十一条　非全日制用工双方当事人任何一方都可以随时通知对方终止用工。终止用工,用人单位不向劳动者支付经济补偿。

第七十二条　非全日制用工小时计酬标准不得低于用人单位所在地人民政府规定的最低小时工资标准。

非全日制用工劳动报酬结算支付周期最长不得超过十五日。

2.《劳动和社会保障部关于非全日制用工若干问题的意见》（劳社部发〔2003〕12号）

第十一条　从事非全日制工作的劳动者可以个人身份参加基本医疗保险，并按照待遇水平与缴费水平相挂钩的原则，享受相应的基本医疗保险待遇。参加基本医疗保险的具体办法由各地劳动保障部门研究制定。

第十二条　用人单位应当按照国家有关规定为建立劳动关系的非全日制劳动者缴纳工伤保险费。

3.《北京市工资支付规定》

第十八条　从事非全日制工作的劳动者，实行小时工资制。小时工资由用人单位与劳动者协商确定，但不得低于本市规定的非全日制从业人员小时最低工资标准。

用人单位招用非全日制工作的劳动者，可以不执行本规定第十四条的规定，但用人单位安排其在法定休假日工作的，其小时工资不得低于本市规定的非全日制从业人员法定休假日小时最低工资标准。

非全日制从业人员小时最低工资标准和法定休假日小时最低工资标准由市劳动保障部门确定、调整和公布。

4.《江苏省高级人民法院劳动争议案件审理指南》

第四章“工资争议案件的实务问题”第三条第（五）款“非全日制用工加班工资准则处理”：经协商一致，劳动者从事非全日制工作的，无论是法定休息日，还是法定节假日工作的，均不认定是加班。

（三）实践观点与分析

★ 035 非全日制用工与全日制用工的区别

根据《劳动合同法》以及非全日制用工相关规定，非全日制用工有明确的工作时间限制要求，即平均每日工作时间不超过4小时，每周工作时间累计不超过24小时。需要注意的是，《劳动合同法》实施前，《劳动和社会保障部关于非全日制用工若干问题的意见》（劳社部发〔2003〕12号）规定平均每日工作时间不超过5小时累计周工作时间不超过30小时。根据位阶以及新法优于旧法的原则，则均应以《劳动合同法》的规定为准，并且前述工作时间限制的要求均指在同一用工单位工作的时间。

除此之外，非全日制用工与标准工时制、不定时工作制、综合计算工时制还有以下区别：

1. 采用非全日制工时制的企业可以与劳动者订立口头协议，不要求必须签订书面《劳动合同》；

2. 采用非全日制工时制的企业和劳动者，双方可以随时通知对方终止用工，且用人单位不需要向劳动者支付经济补偿；

3. 采用非全日制工时制的企业，只需为劳动者缴纳社保种类中的工伤保险，其他社会保险种类按各地方规定由劳动者个人进行缴纳；

4. 实行非全日制工时制的劳动者，企业向其发薪周期最长不得超过 15 日。

★ 036 实行非全日制工作时间的劳动者加班的问题

我国《劳动合同法》以及其他相关劳动法律法规等并未有统一的规定，各地方区域对于是否需要支付加班费的问题会出现规定上的差异。从各地方现行有效的规定和司法实践经验看，基本上认为实行非全日制工作时间的劳动者不执行《劳动合同法》第 44 条有关加班工资支付的规定（但应当支付提供劳动所对应的标准劳动报酬）。但对于安排劳动者法定节假日工作是否需要按《劳动合同法》第 44 条第 3 款支付加班工资的问题，各地方规定存在差异。如北京地区规定，要求安排其在法定休假日工作的，其小时工资不得低于本市规定的非全日制从业人员法定休假日小时最低工资标准①（该标准亦未执行法定节假日 300% 的工资标准）；江苏地区对于该问题，在《江苏省高级人民法院劳动争议案件审理指南》第四章"工资争议案件的实务问题"第 3 条第 5 款中明确说明了，无论是法定休息日还是法定节假日工作的，均不认定是加班。所以，关于安排劳动者法定节假日工作是否需要按《劳动合同法》第 44 条第 3 款支付加班工资的问题，企业需要结合用工所在地的具体规定以执行相应的薪酬支付标准，以避免违反地方规定。

（四）实操指引

虽然以小时计算劳动报酬的用工形式突破了原有传统全日制用工模式，并已经发展到了一定阶段，尤其体现在零售行业。但非全日制用工相较于传统全

① 《北京市工资支付规定》第 18 条。

日制用工仍然停留在特定的行业或业务范围内，相关法律法规的规定不容易全面和系统地了解和掌握。若企业拟采用非全日制用工方式，建议企业重点注意劳动者每日和每周的工作时间要求、工资结算的周期以及工伤保险的缴纳。

此外，建议企业在采用非全日制用工方式时要严格和谨慎执行劳动者每日和每周的工作时间要求。在这一点上，企业因为未严格执行非全日制工作时间限制容易导致被司法裁判机关认定企业与劳动者之间构成全日制用工关系；若企业与劳动者的用工关系被认定为全日制用工关系，则企业将承担远大于非全日制用工的企业用工主体责任，其中可能包括未签订书面劳动合同2倍工资补偿、加班工资、经济补偿金/赔偿、缴纳/补缴未缴社会保险等。所以，再次强调企业应严格和谨慎执行有关劳动者每日和每周的工作时间要求。

最后，关于安排劳动者法定节假日支付工资的问题。前述已经介绍了相关规定和实践观点，但笔者个人希望企业可以按照《劳动合同法》第44条第3款的标准支付法定节假日加班工资。非全日制用工是为了实现用工的灵活，如综合计算工时制也是为了满足企业特定的用工需求，这种灵活性和用工需求主要体现和作用于休息日的调休。而对于法定节假日来说，它是全体公民的假日，通常不应予以剥脱该休息的权利。此外，从成本和增加劳动者积极性的角度出发，实行非全日制用工的劳动者的工资通常低于类似岗位的全日制用过的劳动者，因此提高法定节假日期间的工资以提高员工的积极性，从成本上看是性价比不错的做法。

第二节　加班与休息休假

一、加班

（一）现实场景

因公司企业的生产经营需要，会出现需要劳动者在法律规定工作时间外提供劳动，延长工作的时间。所以，安排职工加班是公司企业生产、经营、发展过程中不可避免会出现的情形。但为避免公司企业片面追求利润，保护职工休息的权利，我国法律对安排职工加班作出了规定，既要满足公司企业正常的生产经营需求，又要有效保障劳动者有足够的休息时间，消除疲劳、恢复体力，使公司企业与职工处于科学、合理和和谐的关系之中。

法律规定的加班，是指劳动者的工作时间超过法律规定的标准工作时间。最常见的三种情形：工作日 8 小时外加班（通常表述为“延时加班”）、休息日加班和法定节假日加班。对于加班规定普遍的了解是“延时加班”加班工资为工资的 150%、“休息日加班”加班工资为工资的 200%、“法定节假日”加班工资为工资的 300%。但对于加班问题，公司企业仅了解加班工资标准不足以对加班进行合规管理，还有其他规定需要注意。

（二）法律依据

1.《中华人民共和国劳动法》

第四十一条　用人单位由于生产经营需要，经与工会和劳动者协商后可以延长工作时间，一般每日不得超过一小时；因特殊原因需要延长工作时间的，在保障劳动者身体健康的条件下延长工作时间每日不得超过三小时，但是每月不得超过三十六小时。

第四十二条　有下列情形之一的，延长工作时间不受本法第四十一条规定的限制：

（一）发生自然灾害、事故或者因其他原因，威胁劳动者生命健康和财产安全，需要紧急处理的；

（二）生产设备、交通运输线路、公共设施发生故障，影响生产和公众利益，必须及时抢修的；

（三）法律、行政法规规定的其他情形。

第四十四条　有下列情形之一的，用人单位应当按照下列标准支付高于劳动者正常工作时间工资的工资报酬：

（一）安排劳动者延长工作时间的，支付不低于工资的百分之一百五十的工资报酬；

（二）休息日安排劳动者工作又不能安排补休的，支付不低于工资的百分之二百的工资报酬；

（三）法定休假日安排劳动者工作的，支付不低于工资的百分之三百的工资报酬。

第九十条　用人单位违反本法规定，延长劳动者工作时间的，由劳动行政部门给予警告，责令改正，并可以处以罚款。

2.《中华人民共和国劳动合同法》

第三十一条　用人单位应当严格执行劳动定额标准，不得强迫或者变相强迫劳动者加班。用人单位安排加班的，应当按照国家有关规定向劳动者支付加班费。

3.《劳动部贯彻〈国务院关于职工工作时间的规定〉的实施办法》

第七条　有下列特殊情形和紧急任务之一的，延长工作时间不受本办法第六条规定的限制：

（一）发生自然灾害、事故或者因其他原因，使人民的安全健康和国家资财遭到严重威胁，需要紧急处理的；

（二）生产设备、交通运输线路、公共设施发生故障，影响生产和公众利益，必须及时抢修的；

（三）必须利用法定节日或公休假日的停产期间进行设备检修、保养的；

（四）为完成国防紧急任务，或者完成上级在国家计划外安排的其他紧急生产任务，以及商业、供销企业在旺季完成收购、运输、加工农副产品紧急任务的。

4.《工资支付暂行规定》

第十三条　用人单位在劳动者完成劳动定额或规定的工作任务后，根据实际需要安排劳动者在法定标准工作时间以外工作的，应按以下标准支付工资：

……

实行不定时工时制度的劳动者，不执行上述规定。

5.《北京市工资支付规定》

第十四条　用人单位依法安排劳动者在标准工作时间以外工作的，应当按照下列标准支付劳动者加班工资：

（一）在日标准工作时间以外延长工作时间的，按照不低于小时工资基数的150%支付加班工资；

（二）在休息日工作的，应当安排其同等时间的补休，不能安排补休的，按照不低于日或者小时工资基数的200%支付加班工资；

（三）在法定休假日工作的，应当按照不低于日或者小时工资基数的300%支付加班工资。

第十八条　从事非全日制工作的劳动者，实行小时工资制。小时工资由用人单位与劳动者协商确定，但不得低于本市规定的非全日制从业人员小时最低工资标准。

用人单位招用非全日制工作的劳动者,可以不执行本规定第十四条的规定,但用人单位安排其在法定休假日工作的,其小时工资不得低于本市规定的非全日制从业人员法定休假日小时最低工资标准。

非全日制从业人员小时最低工资标准和法定休假日小时最低工资标准由市劳动保障部门确定、调整和公布。

(三)实践观点与分析

根据《劳动合同法》以及《劳动部贯彻〈国务院关于职工工作时间的规定〉的实施办法》等法律规定,企业在安排职工加班时应遵守关于加班时限的要求,并且要具有必要的法定程序要求,如与工会协商和劳动者协商,不能强迫劳动。对于企业安排职工加班,我们将列举以下情形并进行分析,以相对全面地分析有关加班的法律规定。

★ 037 企业安排加班时长是否有一定限度?

为保障劳动者休息的权利,不可以无限制地安排劳动者加班,因此《劳动法》就加班时长规定为一般每日加班不得超过 1 小时,特殊情况下每日加班不得超过 3 小时,每月不得超过 36 小时。

但在特殊情形或紧急情况下,企业可以不受“每日 3 小时”“每月 36 小时”的限制,具体情况如下:

(1)发生自然灾害、事故或者因其他原因,使人民的安全健康和国家资财遭到严重威胁,需要紧急处理的;

(2)生产设备、交通运输线路、公共设施发生故障,影响生产和公众利益,必须及时抢修的;

(3)必须利用法定节日或公休假日的停产期间进行设备检修、保养的;

(4)为完成国防紧急任务,或者完成上级在国家计划外安排的其他紧急生产任务,以及商业、供销企业在旺季完成收购、运输、加工农副产品紧急任务的;

(5)法律、行政法规规定的其他情形。

★ 038 企业能否自主决定和安排职工加班?

在日常用工管理和劳动过程中,普遍的观点和认知认为用人单位可以自主决定和安排职工加班，在企业实际用工过程中公司企业一般都没有征询职工的意见，但实践中用人单位与劳动者由此发生比较大的争议和分歧。其中原因来源于用人单位与劳动者之间客观地位不平等，劳动者隶属于用单位，受用人单位的监督、管理和安排，很多情况下劳动者出于个人的发展、能力提升、继续在公司以及避免被排挤辞退等目的，只能接受公司加班的安排。那么，企业在客观上安排加班更具有主导权和优势。

虽然企业在安排职工加班具有主导权和优势，但从企业用工合规的角度，须遵循两个法定条件：(1)由于企业生产经营的需要而安排劳动者加班；(2)须与工会和劳动者协商。关于协商，企业可以在与职工的劳动合同或在公司管理制度中约定“因工作需要，企业可以安排乙方加班，按国家法律规定即公司管理制度执行”。在此约定或公司制度情形下，实际上解决了每次安排职工加班的“协商”的程序要求。

所以，企业并非绝对享有自主决定和安排职工加班的权利，需要通过法定的要求和程序才能更好地进行加班管理。

★ 039 职工自愿加班能否要求企业支付加班工资？

《劳动法》第44条以及《工资支付暂行规定》第13条均明确表述为“安排劳动者……”根据文义解释对法律条款进行分析，“用人单位安排”应当属于支付加班费的一项前提条件，即劳动者延长工作时间应当是用人单位原因造成的。因此，劳动者自愿加班则不属于“用人单位安排”，也并非用人单位原因造成，所以企业无需向劳动者支付加班工资。

但对于“用人单位安排”需要注意，前述提到“非用人单位原因造成”是判断是否属于“用人单位安排”的一项要素。若用人单位给劳动者安排大量的工作并要求限时完成，但该工作无法在法定标准工作时间内实际完成，则属于变相地安排加班，企业应当支付加班工资。所以，对于复杂情形，应合理运用“非用人单位原因造成”标准衡量是否属于“劳动者自愿加班”的情形。

★ 040 标准工时制、不定时工时制、综合计算工时制、非全日制工作制，安排执行不同工时制度的员工延长工作时间，是否都需要支付加班工资？

(1)在标准工时制下

每日工作8小时外或约定每日工作时间外均属于延长工作时间，每日延长最多不得超过3小时。用人单位须按不低于工资150%支付延时加班报酬。企业安排休息日工作属于加班，劳动者休息日加班后可以安排调休，若不能安排调休或补休的则需要按不低于工资200%支付休息日加班报酬。企业安排法定节假日工作的，企业不能通过安排调休或补休而免予支付加班报酬(关于法定节假日，会在下一节介绍哪些属于法定节假日)。所以，若安排劳动者法定节假日工作的，则企业必须按不低于工资300%支付法定节假日加班报酬。

(2)在不定时工时制

在不定时工时制下，企业一般是不需要向劳动者支付加班工资的，包括延时加班工资、休息日加班工资和法定节假日加班工资。但需要注意的是，一些地方对于安排法定节假日工作是否需要支付加班工资的问题有特殊的规定，如上海地区则规定实行不定时工时制的劳动者，在法定休假节日由企业安排工作的，企业应按工资的300%支付法定节假日工作报酬。

(3)综合计算工时制

在前一章已经介绍了综合计算工时制，即允许实行每日超过8小时、每周超过40小时的标准工作时间的要求，但企业在实行综合计算工时制时，劳动者在周期内其平均日工作时间和平均周工作时间应与法定标准工作时间基本相同。所以在综合计算工时制下，如果劳动者工作时间超过了综合工时周期的总工作时间，则超过部分的工作时间应当视为延时加班，故企业应当向劳动者按不低于工资150%支付延时加班报酬。

另外，由于综合计算工时制是为企业生产经营的工作特点，不区分工作日和休息日，所以不存在“休息日加班”的情形，均视为延时加班。但是，法定节假日是劳动者法定休息日，虽然执行综合计算工时制，但劳动者仍享有在法定节假日休息的权利。所以，如果企业安排劳动者在法定节假日工作的，则企业应按工资的300%支付法定节假日工作报酬。

(4)非全日制工作制

关于实行非全日制工作时间的劳动者加班的问题,我国《劳动合同法》以及其他相关劳动法律法规等未有统一的规定,各地方区域对于是否需要支付加班费的问题出现规定上的差异。从各地方现行有效的规定和司法实践经验看,基本上认为实行非全日制工作时间的劳动者不执行《劳动合同法》第44条有关加班工资支付的规定(但应当支付提供劳动所对应的标准劳动报酬)。但对于安排劳动者法定节假日工作是否需要按《劳动合同法》第44条第3款支付加班工资的问题,各地方规定存在差异。例如,北京地区规定,要求安排其在法定休假日工作的,其小时工资不得低于本市规定的非全日制从业人员法定休假日小时最低工资标准[①](该标准亦未执行法定节假日300%的工资标准);江苏地区对于该问题,在《江苏省高级人民法院劳动争议案件审理指南》第四章"工资争议案件的实务问题"第3条第5款中明确说明了,无论是法定休息日还是法定节假日工作的,均不认定是加班。所以,关于安排劳动者法定节假日工作是否需要按《劳动合同法》第44条第3款支付加班工资的问题,企业需要结合用工所在地的具体规定以执行相应的薪酬支付标准,以避免违反地方规定。

★ 041 值班与加班的区别

我国《劳动法》和《劳动合同法》并未对"值班"作明确规定,所以"值班"并非一个具体的法律概念。在企业日常用工管理过程中,因"值班"而主张加班工资的案件时有发生,对于该问题的裁判标准也存在差异。

"加班"与"值班"在实践中的相同点在于都是在工作时间外,但区别在于"加班"是从事生产或工作,而"值班"是因单位安全、消防、假日等需要单位安排的与本职工作无关的事项。相较于"加班",值班工作强度要远小于正常工作;执行的制度要求也与正常工作的制度不同,相对宽松;同时,值班可以休息和自由安排时间。

另外,"值班"只需根据企业的制度规定确定"值班津贴",劳动者不能要求按法律规定加班标准支付报酬。

为避免出现企业通过"值班"变相安排劳动者加班,各地方建立一定的裁判

① 《北京市工资支付规定》第18条。

观点。例如,《北京市高级人民法院、北京市劳动争议仲裁委员会关于劳动争议案件法律适用问题研讨会会议纪要》第22点规定,"下列情形中,劳动者要求用人单位支付加班工资的,一般不予支持:(1)用人单位因安全、消防、节假日等需要,安排劳动者从事与本职工作无关的值班任务;(2)用人单位安排劳动者从事与其本职工作有关的值班任务,但值班期间可以休息的。在上述情况下,劳动者可以要求用人单位按照劳动合同、规章制度、集体合同等支付相应待遇"。目前各地方关于"值班"是否属于"加班"基本趋于一致,如果与本职工作无关或者虽然有关但可以休息的,则不认定为"加班",企业应按约定、制度规定或者集体合同标准支付待遇,不要求按加班标准处理。

(四)实操指引

加班关乎劳动者休息的权利,法律保护劳动者休息休假的权利,因此企业遵守法律有关加班的规定和要求。若企业未按规定执行加班要求,则会面临来自劳动行政部门的警告、整改和罚款,同时可能会被要求加付赔偿金的风险。我们建议:

第一,企业应当建立完善、合规的加班制度,对不同工时制度的劳动者进行分类管理,并将制度规定的内容告知劳动者。

第二,在订立劳动合同和制定公司制度时,应当与劳动者就企业安排员工工作和加班的事宜进行约定,既征得劳动者的同意,又便于企业日常的用工安排。

第三,企业在日常管理中应当建立考勤和加班审批制度,并依据制度规定执行考勤和加班的管理。良好的考勤制度有助于员工实际工作时间和效率的量化管理,采用的方式可以为电子软件打卡、周/月考勤签字确认等。审批制度避免因员工在自愿加班而发生争议,避免因管理上而承担赔偿责任。

第四,各地区对于企业用工过程中加班的认定及支付加班报酬的标准互有差异,企业应根据各地区的一般规定和特别规定而因地制宜地制定相应制度、采取符合地区要求的用工方式。

二、休息休假

(一)现实场景

我国《宪法》第43条第1款规定,中华人民共和国劳动者有休息的权利。休息权是公民法定的基本权利之一。在企业用工过程中或劳动法相关法律下，休息休假包括每天休息的时间、每周休息的时间、节假日、年休假、探亲假、产假、婚假等。

1. 休息日

对于休息日普遍的认识是指周六、周日，这是源于1995年《国务院关于职工工作时间的规定》第7条第1款“国家机关、事业单位实行统一的工作时间，星期六和星期日为周休息日”这一规定。标准工时制一直是企业常用的用工方式，自此每周一至周五每天工作8小时、周六周日为休息日的惯用方式一直沿用至今。在上一章内容有讲述关于标准工时制、不定时工时制、综合计算工时制等，法律上休息日实际上并非绝对为“周六和周日”，如标准工时制为每天不超过8小时、每周不超过40小时，每周至少休息1天。因此，休息日可以为1天或者2天，可以是周1至周日的任意1天或2天，具体安排用人单位可以根据实际情况灵活安排。

标准工时制下，用人单位安排劳动者加班的，可以安排补休，如果不能安排的，应该按照不低于工资200%的标准支付加班工资。但执行其他工时制的劳动者，则无需支付休息日加班工资。

2. 法定节假日

法定节假日，是指由国家法律统一规定的用于开展庆祝、纪念活动的休息时间。《劳动法》第40条规定，用人单位应当依法安排劳动者休假的法定节假日为元旦、春节、国际劳动节、国庆节、法律法规规定的其他休假节日。

第一，全体公民放假的节日。包括：新年放假1天(1月1日)；春节，放假3天(农历正月初一、初二、初三)；清明节，放假1天(农历清明当日)；劳动节，放假1天(5月1日)；端午节，放假1天(农历端午当日)；中秋节，放假1天(农历中秋当日)；国庆节，放假3天(10月1日、2日、3日)。

第二，部分公民放假的节日。包括：妇女节(3月8日)，妇女放假半天；青年节(5月4日)，14周岁以上的青年放假半天；儿童节(6月1日)不满14周岁的少年儿童放假1天；中国人民解放军建军纪念日(8月1日)，现役军人放假半天。

第三，少数民族的节日，由各少数民族聚居地区的地方人民政府，按照各该民族习惯，规定放假日期。

用人单位在全体公民放假的节日安排劳动者工作的，则应按照不低于工资

300%的标准支付工资报酬。在部分公民放假的节日期间,对参加社会或单位组织庆祝活动和照常工作的职工,单位应支付工资报酬,但不支付加班工资。如果该节日恰逢星期六、星期日,单位安排职工加班工作,则应当依法支付休息日的加班工资。

全体公民放假的假日,如果适逢星期六、星期日,应当在工作日补假。部分公民放假的假日,如果适逢星期六、星期日,则不补假。

3. 年休假

年休假,是指法律规定的职工满一定工作年限后每年享有的带薪休假。根据我国《劳动法》及《职工带薪年休假条例》规定,劳动者连续工作1年以上的,享受带薪年休假。具体标准为职工累计工作已满1年不满10年的,年休假5天;已满10年不满20年的,年休假10天;已满20年的,年休假15天。

公司企业可以根据公司的经营、生产实际情况,同时考虑劳动者的意愿安排年休假。这里需要注意,用人单位并非必须在本年度安排劳动者休年休假,也并非必须一次性全部休完。换一种方式理解,年休假可以分几次安排,如A员工当年享有10天年休假,A员工可以分5次休完10天的年休假,并非必须只能休一次、一次10天。其次,考虑到企业经营、生产的特殊情况,当年的年休假若未在该年度休完,也可以在次年度休年休假。

4. 事假

事假,是指员工因私人原因向用人单位请假。目前对于事假的待遇、事假标准并没有统一的规定,用人单位可以根据企业自身经营管理的需求进行安排和管理。目前,关于事假的审批权力和待遇问题基本原则:第一,用人单位就劳动者事假申请享有审批权,即有权同意或拒绝劳动者事假的申请;第二,虽然用人单位对劳动者请事假享有审批权,但拒绝劳动者事假申请应当具有合理的理由;第三,关于事假期间的工资待遇,一般用人单位可以不支付事假期间的工资,但公司制度规定或地方性规定存在例外规定的除外。

5. 病假

病假,是指劳动者因患病或非因公负伤,需要停止工作接受治疗或休养的期间。患病或非因公负伤造成客观上无法工作的,则劳动者享用接受治理和休息的权利。但对于劳动者因患病或非因工负伤停止工作治病休息,法律规定就用人单位不得解除劳动合同规定了时限,即医疗期。医疗期的标准:实际工作年限

10 年以下的，在本单位工作年限 5 年以下的为 3 个月，5 年以上的为 6 个月；实际工作年限 10 年以上的，在本单位工作年限 5 年以下的为 6 个月；5 年以上 10 年以下的为 9 个月；10 年以上 15 年以下的为 12 个月；15 年以上 20 年以下的为 18 个月；20 年以上的为 24 个月。医疗期按周期累计计算，其中：3 个月的按 6 个月内累计病休时间计算；6 个月的按 12 个月内累计病休时间计算；9 个月的按 15 个月内累计病休时间计算；12 个月的按 18 个月内累计病休时间计算；18 个月的按 24 个月内累计病休时间计算；24 个月的按 30 个月内累计病休时间计算。

医疗期期间的工资待遇，各地方规定并不统一。如北京地区规定，病假工资不得低于本市最低工资标准的 80%；上海地区规定，按照连续休假的时间以及连续工龄区分了不同的病假工资标准（具体详见《上海市劳动和社会保障局关于病假工资计算的公告》）。

6. 产假

产假，是指女职工因生育而享有的假期。《女职工劳动保护特别规定》规定，女职工生育享有不少于 98 天的产假，其中产前可以休息 15 天，产后休息 83 天。难产的，增加产假 15 天；生育多胞胎的，每多生育 1 各婴儿，增加产假 15 天。98 天是国家规定产假最低天数，具体天数由各地区地方性规定予以确定，如北京地区规定，按规定生育子女的夫妻，女方除享受国家规定的产假外，享受延长生育假 60 日，男方享受陪产假 15 日；广东地区规定，符合法律、法规规定生育子女的夫妻，女方享受 80 日的奖励假，男方享受 15 日的陪产假。

女职工产假期间的工资待遇由生育保险基金支付，标准为用人单位上年度职工月平均工资，未参加生育保险的，按照女职工产假前工资的标准由用人单位支付。

7. 婚假

婚假，是指劳动者本人结婚时依法享有的假期。婚假由单位酌情给予 1～3 天（惯用执行 3 天）。但根据各地方规定，各地方规定延长婚假的期间至 3～10 天，最高 30 天。

表4-1　婚假各地规定

地区	天数	文件依据
北京	10天	《北京市人口与计划生育条例》第16条规定,依法办理结婚登记的夫妻,除享受国家规定的婚假外,增加假期7天
上海	10天	《上海市人口与计划生育条例》第31条第1款规定,符合法律规定结婚的公民,除享受国家规定的婚假外,增加婚假7天
天津	10天	《天津市人口与计划生育条例》第18条第1款规定,依法办理结婚登记的公民,享受婚假10日
重庆	15天	《重庆市人口与计划生育条例》第23条第1款规定,依法办理结婚登记的夫妻享受婚假15天
山东	3天	按照《关于国营企业职工请婚丧假和路程假问题的通知》执行
广东	3天	《广东省企业职工假期待遇死亡抚恤待遇暂行规定》第3条规定,职工本人结婚,可享受婚假3天
浙江	3天	按照《关于国营企业职工请婚丧假和路程假问题的通知》执行
江苏	13天	《江苏省人口与计划生育条例》第24条第1款规定,依法办理结婚登记的夫妻,在享受国家规定婚假的基础上,延长婚假10天
安徽	13天	《安徽省人口与计划生育条例》第31条规定,符合法律规定结婚的职工,在享受国家规定婚假的基础上,延长婚假10天。婚假期间,其享有的工资、奖金、福利待遇不变
河南	21天+7天(参加婚前医学检查的)	《河南省人口与计划生育条例》第25条第1款规定,依法办理婚姻登记的夫妻,除国家规定的婚假外,增加婚假18日,参加婚前医学检查的,再增加婚假7日
河北	18天	《河北省人口与计划生育条例》第25条规定,依法办理结婚登记的公民,除享受国家规定的婚假外,延长婚假15天
山西	30天	《山西省人口和计划生育条例》第25条第1款规定,依法办理结婚登记的夫妻可以享受婚假30日
陕西	3天+10天(在结婚登记前参加婚前医学检查的)	《陕西省人口与计划生育条例》第45条第1款规定,依法办理结婚登记的夫妻在结婚登记前参加婚前医学检查的,在国家规定婚假的基础上增加假期10天

续表

地区	天数	文件依据
湖北	3天	《湖北省人口与计划生育条例》第31条第2款规定，符合法律规定结婚的夫妻，可以在享受国家规定的婚假外延长婚假，具体办法由省人民政府制定
湖南	3天	按照《关于国营企业职工请婚丧假和路程假问题的通知》执行
江西	18天	《江西省人口与计划生育条例》第31条规定，符合法律、行政法规和本条例规定结婚、生育的夫妻，除享受国家规定的假期外，增加婚假15日
安徽	13天	《安徽省人口与计划生育条例》第31条规定，符合法律规定结婚的职工，在享受国家规定婚假的基础上，延长婚假10天
四川	3天	按照《关于国营企业职工请婚丧假和路程假问题的通知》执行
福建	15天	《福建省人口与计划生育条例》第24条第1款规定，依法办理结婚登记的夫妻享受婚假15日
云南	18天	《云南省人口与计划生育条例》第18条第1款规定，机关、企业事业单位、社会团体和其他组织的工作人员登记结婚的，在国家规定的婚假外增加婚假15天
广西	3天	按照《关于国营企业职工请婚丧假和路程假问题的通知》执行
宁夏	10天+3天（参加婚检的）	《宁夏回族自治区人口与计划生育条例》第38条规定，符合法律、法规规定，办理婚姻登记、生育子女的夫妻，享受下列福利待遇：享受10天婚假，参加婚检的，增加3天婚假
甘肃	30天	《甘肃省人口与计划生育条例》第18条第1款规定，依法办理结婚登记的夫妻可以享受婚假30日
辽宁	10天	《辽宁省人口与计划生育条例》第19条第1款规定，依法办理婚姻登记的夫妻，除享受国家规定的婚假外，增加婚假7日
吉林	15天	《吉林省人口与计划生育条例》第42条第2款第1项规定，依法办理结婚登记的职工，享受婚假15天
黑龙江	15天+10天（参加婚前医学检查的）	《黑龙江省人口与计划生育条例》第34条第1款规定，依法办理结婚登记的夫妻享受婚假15日，参加婚前医学检查的，增加婚假10日，假期工资照发

续表

地区	天数	文件依据
青海	15 天	《青海省人口与计划生育条例》第 16 条第 1 款规定,依法办理结婚登记的夫妻可以享受婚假 15 日
新疆	23 天	《新疆维吾尔自治区人口与计划生育条例》第 20 条第 1 款规定,公民依法办理结婚登记后,除国家规定的婚假外,增加婚假 20 天
内蒙古	18 天	《内蒙古自治区人口与计划生育条例》第 30 条第 1 款规定,依法办理结婚登记的夫妻增加婚假 15 日
海南	13 天	《海南省人口与计划生育条例》第 26 条规定,依法登记结婚的夫妻,除享受国家规定的婚假外,增加婚假 10 天
贵州	13 天	《贵州省人口与计划生育条例》第 33 条规定,国家机关工作人员、企业事业单位职工依法登记结婚的,除享受国家规定的婚假外,增加婚假 10 天
西藏	3 天	按照《关于国营企业职工请婚丧假和路程假问题的通知》执行

上述规定为国家层面的规定,有些地区单独规定了本地区的婚假天数,有些地区在国家规定的婚假基础上,增加几日婚假,各地的具体执行标准以各地区规定为准。

(二)法律依据

1.《中华人民共和国劳动法》

第三十八条　用人单位应当保证劳动者每周至少休息一日。

第四十条　用人单位在下列节日期间应当依法安排劳动者休假:

(一)元旦;

(二)春节;

(三)国际劳动节;

(四)国庆节;

(五)法律、法规规定的其他休假节日。

第四十五条　国家实行带薪年休假制度。

劳动者连续工作一年以上的,享受带薪年休假。具体办法由国务院规定。

2.《全国年节及纪念日放假办法》

第一条　为统一全国年节及纪念日的假期,制定本办法。

第二条　全体公民放假的节日:

(一)新年,放假1天(1月1日);

(二)春节,放假3天(农历正月初一、初二、初三);

(三)清明节,放假1天(农历清明当日);

(四)劳动节,放假1天(5月1日);

(五)端午节,放假1天(农历端午当日);

(六)中秋节,放假1天(农历中秋当日);

(七)国庆节,放假3天(10月1日、2日、3日)。

第三条　部分公民放假的节日及纪念日:

(一)妇女节(3月8日),妇女放假半天;

(二)青年节(5月4日),14周岁以上的青年放假半天;

(三)儿童节(6月1日),不满14周岁的少年儿童放假1天;

(四)中国人民解放军建军纪念日(8月1日),现役军人放假半天。

第四条　少数民族习惯的节日,由各少数民族聚居地区的地方人民政府,按照各该民族习惯,规定放假日期。

第五条　二七纪念日、五卅纪念日、七七抗战纪念日、九三抗战胜利纪念日、九一八纪念日、教师节、护士节、记者节、植树节等其他节日、纪念日,均不放假。

第六条　全体公民放假的假日,如果适逢星期六、星期日,应当在工作日补假。部分公民放假的假日,如果适逢星期六、星期日,则不补假。

3.《劳动和社会保障部办公厅关于部分公民放假有关工资问题的函》(劳社厅函〔2000〕18号)

关于妇女节、青年节等部分公民放假的规定,在部分公民放假的节日期间,对参加社会或单位组织庆祝活动和照常工作的职工,单位应支付工资报酬,但不支付加班工资。如果该节日恰逢星期六、星期日,单位安排职工加班工作,则应当依法支付休息日的加班工资。

4.《职工带薪年休假条例》

第三条　职工累计工作已满1年不满10年的,年休假5天;已满10年不满

20年的，年休假10天；已满20年的，年休假15天。

国家法定休假日、休息日不计入年休假的假期。

第四条　职工有下列情形之一的，不享受当年的年休假：

（一）职工依法享受寒暑假，其休假天数多于年休假天数的；

（二）职工请事假累计20天以上且单位按照规定不扣工资的；

（三）累计工作满1年不满10年的职工，请病假累计2个月以上的；

（四）累计工作满10年不满20年的职工，请病假累计3个月以上的；

（五）累计工作满20年以上的职工，请病假累计4个月以上的。

第五条　单位根据生产、工作的具体情况，并考虑职工本人意愿，统筹安排职工年休假。

年休假在1个年度内可以集中安排，也可以分段安排，一般不跨年度安排。单位因生产、工作特点确有必要跨年度安排职工年休假的，可以跨1个年度安排。

单位确因工作需要不能安排职工休年休假的，经职工本人同意，可以不安排职工休年休假。对职工应休未休的年休假天数，单位应当按照该职工日工资收入的300%支付年休假工资报酬。

5.《北京市工资支付规定》

第二十二条　劳动者在事假期间，用人单位可以不支付其工资。

6.《女职工劳动保护特别规定》

第七条　女职工生育享受98天产假，其中产前可以休假15天；难产的，增加产假15天；生育多胞胎的，每多生育1个婴儿，增加产假15天。

女职工怀孕未满4个月流产的，享受15天产假；怀孕满4个月流产的，享受42天产假。

（三）实践观点与分析

1.休息日

由于我国企业通常采用“做五休二”的一周双休制度，即周一至周五工作，周六周日休息，所以，普遍理解休息日指“周六、周日”。但需要注意，一周双休制度通常一般在执行标准工时制为前提，如在执行不定时工作制和综合工作制时，虽然也有休息日但并非指“周六和/或周日”，而且在这两种制度下也不按休息日加班工资的标准支付加班报酬。

所以，在遇到有关休息日的法律问题时，应当先考虑劳动者执行是否为标准工时制或者是哪种工时制，从而正确地理解“休息日”的概念。

2. 法定节假日

关于法定节假日，我们日常普遍理解可能是元旦 3 天、春节 7 天、清明 3 天……但法定节假日并非实际放假天数，或者说实际放假天数中包括调休的休息日，我国法定节假日（全体公民放假的节日）每年一共只有 11 天：

新年放假 1 天(1 月 1 日)；

春节，放假 3 天（农历正月初一、初二、初三）；

清明节，放假 1 天（农历清明当日）；

劳动节，放假 1 天(5 月 1 日)；

端午节，放假 1 天（农历端午当日）；

中秋节，放假 1 天（农历中秋当日）；

国庆节，放假 3 天(10 月 1 日、2 日、3 日)。

我们强调法定节假日的原因在于，这关乎计算法定节假日工作的加班工资的问题。很多时候如 10 月 4 日会被误以为是法定节假日，认为应当按照法定节假日的有关标准和规定执行（如加班工资、不能调休等）。比如，用人单位安排你的同事在 10 月 1 日加班，安排你在 10 月 4 日加班，那么这种情况下你的加班工资按法律规定计算为不低于工资的 200%，而在 10 月 1 日加班的同时加班工资标准则不低于工资的 300%。虽然在同一假期中，但仍存在法定节假日和休息日差别，加班费的标准也存在不同。所以，对于法律规定的法定节假日与放假日要有区分，不能混为同一概念使用。

3. 年休假

★ 042 关于劳动者享有带薪年休假的条件

根据《企业职工带薪年休假实施办法》的规定，劳动者连续工作满 12 个月以上的享受带薪年休假。因此劳动者享有带薪年休假的前提是连续工作满 12 个月以上。但如何理解和适用“连续工作”在实践中会产生一定的困惑或误区。比如：

连续工作 12 个月是否必须满足在同一用人单位后才享有带薪年休假的权利。

或者,是否必须在同一用人单位连续工作满 12 个月才能在该用人单位享有带薪年休假。

就“连续工作 12 个月是否必须满足在同一用人单位后才享有带薪年休假的权利”的理解和适用,在 2009 年人力资源和社会保障部办公厅作出了回复性规定,即“职工连续工作满 12 个月以上”,既包括职工在同一用人单位连续工作满 12 个月以上的情形,也包括职工在不同用人单位连续工作满 12 个月以上的情形。比如,一劳动者在 A 公司工作了 7 个月,离职后在 B 公司工作超过 5 个月后即享有带薪年休假。但此情形仍需要注意,从第一家公司工作到第二家公司中间是否必须不间断地连续,或者说是否可以存在间隔以及间隔是否有期限限制。目前对此情况就“连续”的认定会存在一定争议,并没有统一的规定。如重庆地区规定,“职工连续工作满 12 个月以上”可以是在同一单位或者不同单位连续工作的时间,但其中在同一单位或者不同单位之间的工作时间不得间断超过 1 个月。超过的,其连续工作时间重新计算。即间断期间不得超过 1 个月,给予劳动者 1 个月的间断期间。但就其他未作明确规定的地区,可能劳动者则不享有间断期。

关于“是否必须在一用人单位连续工作满 12 个月才能在该用人单位享有带薪年休假”。根据 2009 年人力资源和社会保障部办公厅作出了回复性规定,关于“连续工作 12 个月以上”的规定可以在不同的用人单位,那么自然不要求劳动者必须在同一家单位工作满 12 个月以上才享有带薪年休假,并且在满足“连续工作 12 个月以上”后,无论是否中断就业,劳动者都享用带薪年休假的权利。例如,劳动者在 A 公司连续工作 2 年后,休息了 1 年未再就业,后又入职 B 公司 5 个月,虽然该职工工作时间间断 1 年,但因为曾经满足过“连续工作满 12 个月”条件,因此,该职工入职 B 公司即有权申请带薪年休假。

★ 043 关于劳动者享有带薪年休假的天数

根据我国《劳动法》及《职工带薪年休假条例》的规定,劳动者连续工作 1 年以上的,享受带薪年休假。具体标准:

职工累计工作已满 1 年不满 10 年的,年休假 5 天;

已满 10 年不满 20 年的,年休假 10 天;

已满 20 年的,年休假 15 天。

那么这里需要着重注意“累计”的理解和适用。首先，累计工作年限可以是不在同一工作单位，如在 A 公司工作 7 个月，在 B 公司工作 17 个月，则累计工作年限为 2 年(24 个月)，并且不需考虑从 A 公司到 B 公司期间是否存在间断的问题。

其次，2009 年人力资源和社会保障部办公厅作出了回复性规定，“‘累计工作时间’，包括职工在机关、团体、企业、事业单位、民办非企业单位、有雇工的个体工商户等单位从事全日制工作期间，以及依法服兵役和其他按照国家法律、行政法规和国务院规定可以计算为工龄的期间(视同工作期间)”。从规定的文义理解，非全日制工作的工作期间不作为计算年休假累计计算的工作年限。但除了全日制工作期间外，依法服兵役的期间也可以视同工作期间并作为累计计算的期间。

★ 044 带薪年休假是否必须在本年度内休，跨年度后带薪年休假是否失效？

第一，带薪年休假年度休息次数、天数和跨年度安排：

√ 年休假可以在 1 个年度内集中安排。例如，劳动者享有本年度 10 天年休假，则劳动者可以休息一次，一次 10 天的年休假；

√ 年休假可以分段安排。例如，劳动者享有本年度 10 天年休假，则劳动者可以休息多次，合计 10 天；

√ 职工年休假一般不跨年安排，但因用人单位生产、工作特点有必要跨年度安排年休假的，可以跨 1 个年度安排，即职工本年度的年休假可以在下一个年度安排。

所以，职工带薪年休假是可以跨 1 个年度安排的。这样的规定意味着，主张未休年假工资时的仲裁时效起算时间从劳动关系解除或相应年度年休假的下个年度的 1 月 1 日起算。例如，职工 2018 年享有 10 天年休假，用人单位最晚可以在 2019 年年底前安排职工休 2018 年的 10 天年休假。如果用人单位未在 2019 年年底前安排职工休 2018 年 10 天年休假，则 2018 年度 10 天年休假的仲裁时效起算时间为 2020 年 1 月 1 日。因劳动仲裁的仲裁时效为 1 年，劳动者若主张 2018 年度年休假应在 2020 年 12 月 31 日前向劳动仲裁机构提起诉讼(当然，若出现仲裁时效中断的情形，则可超过仲裁时效 1 年的时限)。

第二，法定节假日、产假、婚假等是否可以折抵年休假？

根据法律规定，法定节假日、产假、婚假等劳动者享有的法定休息的日期，用人单位不应折抵年休假。法定的假期和年休假均是劳动者享有休息权利的体现，是劳动者基本权利，用人单位不能剥夺劳动者该权利，若用人单位将法定节假日、产假、婚假等折抵年休假违反法律规定，应属无效。

在现实中，用人单位经常在其规章制度、员工手册、劳动合同中规定“员工享受了产假、婚丧假或其他假期待遇就无权享受当年的年休假”，此种规定明显违反法律、损害员工权益的规定或约定无效。

第三，法定年休假和福利年休假？

除法定年休假外，企业还会为职工提供福利年休假，即除了享有法定年休假外，职工还可以享受企业提供的假期。福利年休假属于企业为职工提供的额外的福利待遇，因此目前司法实践观点对此均持开放的态度，在不违反法律规定的情况下尊重企业自主决定的权利。福利年休假是基于用人单位的规章制度规定产生的，用人单位对福利年休假的享受条件具有自主决定权，可在规章制度中规定福利年休假过期作废，其不违反法律强制性规定，应属有效条款。

4. 事假

事假，是员工因私向用人单位申请，并经过用人单位的批准而获得的假期。

★ 045 事假期间的工资待遇

目前对于事假期间工资待遇并没有统一的规定，但实践形成的基本统一的观点：事假期间，用人单位可以不向员工支付工资，但若用人单位与劳动者另有约定或者用人单位规章制度规定了相应待遇标准的，则按照约定或规章制度执行。

★ 046 员工因受行政拘留而导致无法到岗工作，员工向公司请假（事假）是否应获得批准？

案例：北京市第二中级人民法院（2019）京02民终15456号劳动争议纠纷案

吴某于2018年1月1日因言语冲突对韩某、许某进行殴打，经公安机关处罚决定给予吴某行政拘留7日。吴某所在的公司依据公司的《员工手册》规定，以吴某1个月内旷工达到3日以上严重违反公司规章制度为由，解除与吴某的劳动合同。吴某不服公司的解除决定提起仲裁。案件经仲裁、一审、二审法院审理后均认为，公司以旷工为由解除劳动合同符合法律规定。

第一，未履行请假手续，无论劳动者是否有正当理由，均可以认定为旷工。

在司法实践中，员工向公司请假均应履行请假手续或请假程序。其中请假的程序要求一般依据公司的请假制度，或者在缺少请假制度情形下应当依据惯例方式执行请假流程。若未履行请假手续，目前司法实践均认为，可以认定为旷工。

第二，用人单位对于员工因自身原因受到行政拘留的行为是否容忍或接受应由用人单位选择。

由于事假通常普遍具有突发性、偶然性等特点，公司在对事假行使审批权限时应基于合理性和正当性。就本案例而言，造成员工不能上班需向公司请假的原因是由其殴打他人从而违反治安处罚相关法律法规导致，故这种情况不能认为属于非本人原因造成不能上班。因此，以员工其违反法律法规的行为作为请假的理由不具有合理性和正当性，用人单位有权不同意其请假理由，可以认定为旷工。所以，用人单位认定员工旷工并根据公司制度以此解除劳动合同并不违反法律规定。但是，若用人单位批准员工该请假，则用人单位不能据此解除劳动合同。

5. 病假

病假，是员工客观上需要治疗休息而无法到岗工作的一种假，法律保护劳动者因患病或非因工负伤而接受治疗和休息的权利。

★ 047 医疗期的期限

根据员工实际参加工作年限和在本单位工作年限确定医疗期。

表 4－2 医疗期的规定

实际工作年限	本单位工作年限	医疗期
10 年以下	5 年以下	3 个月
	5 年以上	6 个月
10 年以上	5 年以下	6 个月
	5 年以上 10 年以下	9 个月
	10 年以上 15 年以下	12 个月
	15 年以上 20 年以下	18 个月
	20 年以上	24 个月

★ 048 医疗期的计算

上述医疗期的期限非劳动者在本单位在职期间的固定全部期限。具体解释为，若员工连续休病假，则连续计算医疗期至上述相应规定的医疗期满；若员工非连续病假，而是间断性地休病假，则应进行累计计算医疗期。累计计算的具体方法为(《企业职工患病或非因工负伤医疗期规定》)：

医疗期 3 个月的，按 6 个月内累计病休时间计算；

医疗期 6 个月的，按 12 个月内累计病休时间计算；

医疗期 9 个月的，按 15 个月内累计病休时间计算；

医疗期 12 个月的，按 18 个月内累计病休时间计算；

医疗期 18 个月的，按 24 个月内累计病休时间计算；

医疗期 24 个月的，按 30 个月内累计病休时间计算。

关于医疗期需要注意的是，医疗期采用自然日进行计算，即休息日、法定节假日、公休日均包含在内。

★ 049 特殊疾病医疗期的适用

《关于贯彻〈企业职工患病或非因工负伤医疗期规定〉的通知》第 2 条规定，“根据目前的实际情况，对某些患特殊疾病(如癌症、精神病、瘫痪等)的职工，在 24 个月内尚不能痊愈的，经企业和劳动主管部门批准，可以适当延长医疗期”。对于该规定中的“特殊疾病”，没有相关规定对于具体疾病名称或者严重程度予以明确；同时，若属于特殊疾病是否就当然享有“24 个月”的医疗期，各地方对此观点存在一定差异。

如广东、浙江、山东地区规定，特殊疾病的职工不能直接适用 24 个月医疗期，仍应当按照实际工作年限和本单位工龄计算医疗期，在该医疗期期满后尚不能痊愈的情况下，可以申请延长。

如北京、江苏地区实践或观点，若劳动者患有某特殊疾病（如癌症、精神病、瘫痪等），则一般适用 24 个月医疗期的标准。

6. 产假

★ 050 产假期间的工资标准应当与产前假女员工正常提供劳动的标准支付工资

需要注意，这里提到的产假期间是指《女职工劳动保护特别规定》中的 98 天产假，对于一些地区规定的产前假期间情形，由于属于地方性规定，可以按地方性规定的工资标准发放。

★ 051 生育津贴即产假工资，生育津贴低于本人工资标准的由用人单位补足

若企业为女职工依法缴纳了生育保险，则女职工产假期间的工资有生育保险基金以生育津贴的形式支付。根据《社会保险法》以及《女职工劳动保护特别规定》等规定，生育津贴的标准按照女职工所在用人单位的上一年度全部职工的月平均工资计发。关于生育津贴的标准各地方会存在一定差异，如北京地区规定，生育津贴以参保职工本人终止妊娠之月所在用人单位月缴费平均工资除以 30 再乘以产假天数计发。而且，可能存在用人单位未依法缴纳或未足额缴纳生育险，因此，生育津贴的标准并非女职工的正常工资标准，可能出现低于或高于其本人工资标准的情况。在此情况下，目前各地方总体采用的原则——生育津贴高于本人产假工资标准的，用人单位不得克扣；生育津贴低于本人产假工资标准的，差额部分由用人单位补足。

（四）实操指引

1. 休息日

关于休息日，用人单位在用工管理过程中需要注意以下两点：

第一，在执行标准工时制时，用人单位应注意每周至少安排劳动者休息

一天。

第二，用人单位若在休息日安排劳动者工作的，则应当按照法律规定支付不低于工资标准200%的加班工资，或者安排劳动者调休。

2. 法定节假日

关于法定节假日，需要注意区分全体公民放假的节日和部分公民放假的节日。

第一，在部分公民放假的节日，如妇女节女职工享有半日休息假，但女职工正常工作的，则用人单位只需支付正常工资报酬而无需支付加班费。而在全体公民放假的节日安排劳动者工作的，则因按照工资标准的300%支付加班工资。但用人单位需要注意，如果该部分公民放假节日恰逢星期六、星期日，单位安排职工加班工作，则应当依法支付休息日的加班工资。

第二，如安排在法定节假日加班工作，用人单位应注意不能通过安排调休而不支付加班工资。这一点应与在休息日安排加班不同，用人单位在休息日安排劳动者加班的，可以按工资标准的200%支付加班工资也可以安排劳动者补休，但法定休假日安排劳动者工作则不能通过补休而不支付加班工资。

第三，用人单位需要注意不同工时制度下，法定节假日是否需要支付加班工资的问题。若执行标准工时制、综合工时制度的劳动者，则用人单位安排劳动者法定节假日加班的，则按前述规定标准支付加班工资；若执行不定时工作制的劳动者用人单位安排劳动者法定节假日加班的，则用人单位需要根据用工所在地的地方性规定执行，部分地区规定应当支付法定节假日加班工资，部分地区认为不需支付执行不定时工作制劳动者法定节假日加班工资，对此用人单位在管理中应当予以注意；若执行非全日制工作制的劳动者，则用人单位安排劳动者法定节假日加班的，用人单位无需按法定节假日加班的标准支付加班工资，只需支付正常的加班工资，虽然法律规定无需向非全日制工作制劳动者按法定节假日加班工资标准支付劳动报酬，但部分企业仍会按工资标准300%的支付劳动报酬，在实际用工管理过程中起到了比较积极的良好效果，员工法定节假日期间到岗工作更加积极，减少员工因法定节假日不能休息的抵触情绪。

3. 年休假

★ 052 用人单位的公司制度规定“劳动者当年度年休假应于当年度休外，逾期视为放弃，用人单位无需支付未休年假工资”，该约定是否有效？

年休假制度不仅是法律规定的休息制度，同时具有强制性的属性，因此，若公司制度违反法律规定则无效。年休假制度是由《劳动法》确立的，“国家实行带薪年休假制度。劳动者连续工作一年以上的，享受带薪年休假。具体办法由国务院规定”。因此，年休假制度的规定属于强制性规定。

根据我国目前关于年休假制度的规定如《职工带薪年休假条例》《企业职工带薪年休假实施办法》，要求用人单位应保障和维护劳动者休息休假的权利，应当主动安排劳动者年休假，若因用人单位生产经营需要而不能安排劳动者年休假的，还应征得劳动者的同意并按日工资收入的3倍支付年休假工资报酬（其中包含用人单位支付职工正常工作期间的工资收入）。用人单位安排职工休年休假，但是职工因本人原因且书面提出不休年休假的，用人单位可以只支付其正常工作期间的工资收入。从《职工带薪年休假条例》《企业职工带薪年休假实施办法》的规定内容可以提炼出用人单位无需支付年休假工资报酬的三个关键要素：用单位安排劳动者休年休假、劳动者本人原因、劳动者书面提出不休假。

由此可以清晰地判断，用人单位在公司制度中“年休假逾期作废”规定缺乏法律效力，应属于无效的规定。即使劳动者未主动申请法定年休假，用人单位仍应当执行“安排劳动者休年假”，若因劳动者个人原因不休假的则应要求劳动者提出书面申请。只有在完成此管理操作后才可以不支付未休年假工资，而不能直接视为劳动者放弃其应享受的法定年休假。

在劳动争议解决的司法实践中，关于“劳动者已休年休假的”“劳动者原因放弃休假”的事实由用人单位举证证明。因此，建议用人单位在休假管理过程中要求劳动者对于年休假进行签字确认，特别是当劳动者因个人原因不休假时，应要求劳动者向用人单位提交书面申请或声明，并明确因本人原因不休年休假且放弃未休年假补偿。此外，对于拟离职或已提离职申请的员工，用人单位应尽量安排劳动者在劳动关系解除前休完年休假。

★ 053 企业补发的未休年假工资是3倍还是2倍？

《职工带薪年休假条例》规定，对职工应休未休的年休假天数，单位应当按照该职工日工资收入的300%支付年休假工资报酬。那么，在实践中为什么会出现未休年假是3倍还是2倍的问题呢？原因是日工资收入300%的未休年假工资中应包括用人单位支付职工正常工作期间的工资收入，即用人单位在存在拖欠工资的情况下实际上已经支付了正常的1倍工资的劳动报酬。如《企业职工带薪年休假实施办法》第10条第1款规定："用人单位经职工同意不安排年休假或者安排职工年休假天数少于应休年休假天数，应当在本年度内对职工应休未休年休假天数，按照其日工资收入的300%支付未休年休假工资报酬，其中包含用人单位支付职工正常工作期间的工资收入。"所以，用人单位在支付劳动者未休年假工资时只需支付2倍工资（其中1倍工资通常已经实际支付），而非3倍工资。这一情况在劳动争议纠纷案件中经常出现，劳动者会直接按照3倍的标准主张未休年假工资，所以用人单位需要予以注意应当减去已支付的1倍工资。

4. 病假

★ 054 劳动者患病或者非因工负伤，在规定的医疗期内的，用人单位不能适用"裁员"和"无过错解除劳动合同"的规定解除劳动合同

根据《劳动合同法》第42条的规定，"劳动者有下列情形之一的，用人单位不得依照本法第四十条、①第四十一条②的规定解除劳动合同：……（三）患病或

---

① 《劳动合同法》第40条规定："有下列情形之一的，用人单位提前三十日以书面形式通知劳动者本人或者额外支付劳动者一个月工资后，可以解除劳动合同：（一）劳动者患病或者非因工负伤，在规定的医疗期满后不能从事原工作，也不能从事由用人单位另行安排的工作的；（二）劳动者不能胜任工作，经过培训或者调整工作岗位，仍不能胜任工作的；（三）劳动合同订立时所依据的客观情况发生重大变化，致使劳动合同无法履行，经用人单位与劳动者协商，未能就变更劳动合同内容达成协议的。"

② 《劳动合同法》第41条规定："有下列情形之一，需要裁减人员二十人以上或者裁减不足二十人但占企业职工总数百分之十以上的，用人单位提前三十日向工会或者全体职工说明情况，听取工会或者职工的意见后，裁减人员方案经向劳动行政部门报告，可以裁减人员：（一）依照企业破产法规定进行重整的；（二）生产经营发生严重困难的；（三）企业转产、重大技术革新或者经营方式调整，经变更劳动合同后，仍需裁减人员的；（四）其他因劳动合同订立时所依据的客观经济情况发生重大变化，致使劳动合同无法履行的。裁减人员时，应当优先留用下列人员：（一）与本单位订立较长期限的固定期限劳动合同的；（二）与本单位订立无固定期限劳动合同的；（三）家庭无其他就业人员，有需要扶养的老人或者未成年人的。用人单位依照本条第一款规定裁减人员，在六个月内重新招用人员的，应当通知被裁减的人员，并在同等条件下优先招用被裁减的人员。"

者非因工负伤，在规定的医疗期内的；……”所以，用人单位在做解除劳动合同管理过程中应当注意，不能适用“裁员”和“无过错解除劳动合同”解除处于医疗期内的劳动者。但如劳动者违反《劳动合同法》第39条，如严重违反劳动纪律、公司规章制度等，用人单位仍可以解除与处于医疗期内的劳动者的劳动合同。

★ 055 虚假病假的管理

在实践中经常被询问这类问题，员工不合常理地经常请病假，令用人单位怀疑劳动者病假的真实性。员工因各种原因不能到岗工作，在一定程度上必然给用人单位在用工管理和经营效益方面造成影响，而对于用人单位处理和管理此情况会面临比较复杂和困难的情况。

虚假病假，即指劳动者以谎称或编造虚假患病的事实以获取休假的情形。虚假病假并非法律上的概念，是指用人单位在请休假管理中的情形，通常表现形式包括：

劳动者并不存在患病的事实，谎称患病；

劳动者提供虚假的病假证明材料；

劳动者虽然患病并提交了病假证明材料，但在治疗或休养期间从事与治疗和休养相矛盾的行为或活动。

对于虚假病假的情况，我们建议用人单位从以下几个方面入手：

首先，虽然章节内容是为用人单位在用工管理提出建议，但不应偏离管理的核心价值，即劳动者患病属于客观上无法提供劳动并且休息的情形，用人单位应当共同维护和保护劳动者健康，体现用人单位的人文关怀精神。

其次，在保护劳动者权利的价值观念下，用人单位应建立规范的病假管理制度，明确申请病假的请假条件、请假流程以及所应提交的病假证明材料（如挂号发票、病历记录本或检查报告、病假证明等）。同时，在制度中应当明确如未按公司制度规定执行病假请假流程和手续的后果，以及用人单位有对此相应处理的权利。因为在目前司法实践观念下，更注重劳动者权利的保护，若用单位的规章制度过于严苛或缺乏合理且必要性时，该制度可能会被认定损害劳动合法权益而无效。所以，关于病假管理的制度规定，用人单位应兼顾严格管理和处理合理的原则，避免过于严苛。

最后，对于短期内多次休病假或明显异常的病休假员工，用人单位可以进行

实体审查,如:

√ 采用病假探望,既能体现用人单位对劳动者的关爱,又能够了解和审查劳动者的实际情况;

√ 与劳动者就诊的医院、主治医生核实病假证明材料真伪,或要求劳动者配合核实就诊材料和就诊经过;

√ 询问劳动者家属、同事或朋友劳动者的治疗和休息情况,关注劳动者如朋友圈、微博、抖音等网络账号信息,确认劳动者是否在请假期间确实处于治疗和休养状态。实践中经常出现的情景是,劳动者请病假出去旅行、和朋友聚会或者到其他公司面试,那么这些情况通常都与治疗和休养相矛盾,因此也构成虚假病假。

√ 在特殊情况下,用人单位可以要求劳动者到指定的医院进行复查,并可安排人员陪同就诊检查,以核实劳动者病假是否真实。

★ 056 病假工资待遇

根据《劳动部关于贯彻执行〈中华人民共和国劳动法〉若干问题的意见》第59条的规定,职工患病或非因工负伤治疗期间,在规定的医疗期间内由企业按有关规定支付其病假工资或疾病救济费,病假工资或疾病救济费可以低于当地最低工资标准支付,但不能低于最低工资标准的80%。虽然该规定为全国性规定,但该规定实际是病假工资或疾病救济费的最低标准,各地方对于病假工资或疾病救济费的标准有不同的规定。(这里需要对"疾病救济费"进行简要的说明和介绍,"疾病救济费"原指医疗期超过6个月后由劳保基金支付的费用,但1995年《劳动部关于贯彻执行〈中华人民共和国劳动法〉若干问题的意见》实施后,病假工资和疾病救济费均由企业支付,部分地区如上海仍然沿用了疾病救济费的概念,其他地区则不再区分病假工资和疾病救济费)

表 4-3　各地区关于病假工资待遇的具体规定

地区	具体规定
全国	《劳动部关于贯彻执行〈中华人民共和国劳动法〉若干问题的意见》 第 59 条　职工患病或非因工负伤治疗期间，在规定的医疗期间内由企业按有关规定支付其病假工资或疾病救济费，病假工资或疾病救济费可以低于当地最低工资标准支付，但不能低于最低工资标准的 80%
北京	《北京市工资支付规定》 第 21 条　劳动者患病或者非因工负伤的，在病休期间，用人单位应当根据劳动合同或集体合同的约定支付病假工资。用人单位支付病假工资不得低于本市最低工资标准的 80%
上海	《上海市劳动和社会保障局关于病假工资计算的公告》 一、病假待遇 疾病休假工资标准： 职工疾病或非因工负伤连续休假在 6 个月以内的，企业应按下列标准支付疾病休假工资： 1. 连续工龄不满 2 年的，按本人工资的 60% 计发； 2. 连续工龄满 2 年不满 4 年的，按本人工资 70% 计发； 3. 连续工龄满 4 年不满 6 年的，按本人工资的 80% 计发； 4. 连续工龄满 6 年不满 8 年的，按本人工资的 90% 计发； 5. 连续工龄满 8 年及以上的，按本人工资的 100% 计发。 职工疾病或非因工负伤待遇高于本市上年度月平均工资的，可按本市上年度月平均工资计发。 职工疾病或非因工负伤休假待遇低于本企业月平均工资 40% 的，应补足到本企业月平均工资的 40%，但不得高于本人原工资水平、不得高于本市上年度职工月平均工资。 企业月平均工资的 40% 低于当年本市企业职工最低工资标准的 80%，应补足到当年本市企业职工最低工资标准的 80%。 企业职工疾病休假工资或疾病救济费最低标准不包括应由职工缴交的养老、医疗、失业保险费和住房公积金。 二、病假工资基数的确定 在制度工作日内请病假的日工资计算：按以下原则确定的计算基数除以发生当月的计薪日。 1. 劳动合同有约定的，按不低于劳动合同约定的劳动者本人所在岗位（职位）相对应的工资标准确定。集体合同（工资集体协议）确定的标准高于劳动合同约定标准的，按集体合同（工资集体协议）标准确定。 2. 劳动合同、集体合同均未约定的，可由用人单位与职工代表通过工资集体协商确定，协商结果应签订工资集体协议。 3. 用人单位与劳动者无任何约定的，假期工资的计算基数统一按劳动者本人所在岗位（职位）正常出勤的月工资的 70% 确定。 按以上原则计算的假期工资基数均不得低于本市规定的最低工资标准。法律、法规另有规定的，从其规定

续表

地区	具体规定
广东	《广东省工资支付条例》(2016 修正) 第 24 条　劳动者因病或者非因工负伤停止工作进行治疗,在国家规定医疗期内,用人单位应当依照劳动合同、集体合同的约定或者国家有关规定支付病伤假期工资。 用人单位支付的病伤假期工资不得低于当地最低工资标准的百分之八十。法律、法规另有规定的,从其规定
浙江	《浙江省企业工资支付管理办法》(2017) 第 17 条　劳动者因患病或者非因工负伤,未付出劳动的,企业应当支付国家规定的医疗期内的病伤假工资。病伤假工资不得低于当地人民政府确定的最低工资标准的 80%。 《关于转发劳动部〈企业职工患病或非因工负伤医疗期规定〉的通知》 职工因病或非因工负伤,病假在六个月以内的,按其连续工龄的长短发给病假工资。其标准为:连续工龄不满十年的,为本人工资(不包括加班加点工资、奖金、津贴、物价生活补贴;下同)的百分之五十;连续工龄满十年不满二十年的,为本人工资的百分之六十;连续工龄满二十年不满三十年的,为本人工资的百分之七十;连续工龄满三十年以上的,为本人工资的百分之八十。 职工因病或非因工负伤,连续病假在六个月以上的,按其连续工龄的长短改发疾病救济费。其标准为:连续工龄不满十年的,为本人工资的百分之四十;连续工龄满十年不满二十年的。为本人工资的百分之五十;连续工龄满二十年不满三十年的,为本人工资的百分之六十;连续工龄满三十年以上的,为本人工资的百分之七十
天津	《关于印发〈天津市工资支付规定〉的通知》 第 25 条第 1 款　劳动者患病或非因工负伤治疗期间,在规定的医疗期内用人单位按有关规定支付其病假工资,用人单位支付劳动者病假工资不得低于本市最低工资标准的 80%
江苏	《江苏省工资支付条例》(2021 修正) 第 27 条　劳动者患病或者非因工负伤停止劳动,且在国家规定医疗期内的,用人单位应当按照工资分配制度的规定以及劳动合同、集体合同的约定或者国家有关规定,向劳动者支付病假工资或者疾病救济费。 病假工资、疾病救济费不得低于当地最低工资标准的百分之八十。国家另有规定的,从其规定

因此,用人单位在支付病假工资时应根据用工所在地标准执行,避免因违反地方性规定而出现违反规定的情形。

另外,从以上各地方的规定发现,各地方有的规定表述为“劳动者患病或者非因工负伤的，在病休期间”，有的地区规定中限定了“且在国家规定医疗期内”，那么实践中出现一种存在一定争议的情况——医疗期届满后，用人单位是否还需要支付病假工资。目前劳动争议案件中对此并没有统一的标准，各地方也缺少相应的规定。但根据司法实践中的观点，基本采用了医疗期届满后，仍需支付病假工资，如(2019)京02民终7070号劳动争议纠纷案。

5.产假

★ 057 “三期”女职工的劳动条件受到法律保护

根据《劳动法》第60条、第61条及第63条等规定，对于孕期的女职工，企业不得安排其从国家规定的第三级体力劳动强度和孕期禁忌从事的活动；对怀孕7个月以上的女职工，不得安排其延长工作时间和夜班劳动；不得安排女职工在哺乳未满1周岁的婴儿期间从事国家规定的第三级体力劳动强度的劳动和哺乳期禁忌从事的其他劳动，不得安排其延长工作时间和夜班劳动；女职工生育后，在其婴儿1周岁前(哺乳期内)，用人单位应当在每天的劳动时间内为哺乳期女职工安排1个小时的哺乳时间，女职工生育多胞胎的，每多哺乳1个婴儿的则每天增加1小时哺乳时间，且哺乳时间算作劳动时间。

★ 058 法律规定的产假为自然日，包含休息日、法定节假日

企业在安排女职工休产假时应当注意，法律规定的产假天数包含产假期间内的休息日、法定节假日，即在计算产假期限时无须剔除产假期间内休息日和法定节假日，并且无须另行补假，该规定源于1953年《劳动保险条例实施细则修正草案》。

但对于地方性法规规定延长的产假是否包含休息日、法定节假日，应依据各地方的地方性法规规定执行。例如，2016年《上海市人口与计划生育条例》政策解读中表述，增加的“生育假30天”一般应当与产假合并连续使用(包括双休日)，遇法定节假日顺延；“配偶陪产假10天”应当在产妇产假期间使用(包括双休日)，遇法定节假日顺延。2021年《上海市人口与计划生育条例》将原增加“生育假30天”变更为“生育假60天”，但是否仍按2016年的政策解读执行并未有明确说明。建议企业对于执行地方性法规增加的产假时，应与地方人力资源行政部门进行确认，避免违反地方性法规。

★ 059 “三期”内女职工的岗位调整

关于职工的岗位调整问题,法律并未将“三期”内的女职工与其他员工进行区别规定。所以,对于“三期”内女职工的岗位调整可以参照一般员工岗位调整的方式和要求执行,但需要注意几点问题。

对于一般职工的岗位调整,用人单位的首要方式应选择与劳动者进行协商,无论是劳动者提出岗位调整还是用人单位提出调整岗位,双方均可以通过协商方式进行,并且对于岗位、工作内容、薪资待遇、工作地点等方面均可以通过协商的方式重新约定,达成一致后劳动者与用人单位均受双方约定的约束(违反法律强制性规定的约定除外)。通过协商方式进行岗位调整安排的法律风险最低,且产生纠纷的概率最低。

在劳动者与用人单位就岗位调整及相关工作条件和待遇不能协商一致的情况下,用人单位接下来才应该考虑是否能够执行单方调岗,进行调岗是否符合法律规定。用人单位在进行单方调岗时应注意以下几个原则:

第一,岗位调整应当符合双方签署的劳动合同的约定以及公司关于岗位调整的制度规定;

第二,岗位调整应当具有合理的理由且不应带有侮辱性或歧视性;

第三,应利用企业自主用工的权利对员工进行岗位调整,只要安排的工作内容严重未偏离原岗位的工作范畴,那么就属于企业自主用工的权利范畴;

第四,除非有明确约定或制度规定,否则尽量避免降低劳动者工资待遇。

对于“三期”内的女职工调岗时,除应当注意以上内容外,还应当注意以下几点:

第一,根据《女职工劳动保护特别规定》的规定,不能因女职工怀孕而降低其工资,所以除非在协商一致的情况下,否则不能降低其工资待遇;

第二,调整后的岗位应当符合法律规定,如前述有关“三期”女职工的劳动条件受到法律保护中的内容;

第三,若“三期”内的女职工因怀孕生育原因需要调整岗位,或要求用人单位减轻工作量或安排其能适应的其他工作内容的,则经医疗机构证明的,用人单位原则上应当批准并给予合理安排。

第五章　经济补偿金和赔偿金

第一节　经济补偿金

经济补偿金，有的国家或地区称为"资遣费""离职补贴"或"解雇费"，是指法律规定的、当劳动合同由于劳动者行为过程以外的其他原因而解除或终止时，由用人单位一次性地支付劳动者的一笔金钱。其目的在于，一方面认可劳动者已经付出的劳动；另一方面为劳动者在解除或终止劳动合同后的生活提供帮助。

一、企业应支付经济补偿金的情形

（一）现实场景

根据《劳动合同法》第46条的规定，可以将企业应支付经济补偿金的情形归纳为以下几类：第一，协商一致解除劳动合同情况下，由用人单位提出解除劳动合同并与劳动者协商一致解除劳动合同的，企业应当支付劳动者经济补偿金；第二，因用人单位违反法律规定造成劳动者被迫解除劳动合同的，企业应当支付劳动者经济补偿金；第三，劳动者无过错情况下，用人单位依法解除劳动合同的，企业应当支付劳动者经济补偿金；第四，经济性裁员情形下，企业依法进行裁员的，企业应当支付劳动者经济补偿金；第五，劳动合同到期终止情形下，除法律规定情形外，企业应当支付劳动者经济补偿金；第六，因用人单位宣告破产或丧失法定主体资格的，企业应当支付劳动者经济补偿金；第七，法律、行政法规规定的其他情形。

1. 协商一致解除劳动合同支付经济补偿金情形

劳动合同期满前，用人单位提出解除劳动合同，并与劳动者协商一致的，用人单位应当向劳动者支付经济补偿金。

2. 劳动者被迫解除劳动合同支付经济补偿金情形

根据《劳动合同法》第 38 条的规定,用人单位有下列情形之一的,劳动者可以解除劳动合同:第一,未按照劳动合同约定提供劳动保护或者劳动条件的;第二,未及时足额支付劳动报酬的;第三,未依法为劳动者缴纳社会保险费的;第四,用人单位的规章制度违反法律、法规的规定,损害劳动者权益的;第五,因本法第 26 条第 1 款规定的情形致使劳动合同无效的;第六,法律、行政法规规定劳动者可以解除劳动合同的其他情形;第七,用人单位以暴力、威胁或者非法限制人身自由的手段强迫劳动者劳动的,或者用人单位违章指挥、强令冒险作业危及劳动者人身安全的,劳动者可以立即解除劳动合同,不需事先告知用人单位。

3. 无过错解除劳动合同支付经济补偿金情形

根据《劳动合同法》第 40 条和第 46 条的规定,在下列情形下用人单位解除劳动合同应当向劳动者支付经济补偿金:第一,劳动者患病或者非因工负伤,在规定的医疗期满后不能从事原工作,也不能从事由用人单位另行安排的工作的;第二,劳动者不能胜任工作,经过培训或者调整工作岗位,仍不能胜任工作的;第三,劳动合同订立时所依据的客观情况发生重大变化,致使劳动合同无法履行,经用人单位与劳动者协商,未能就变更劳动合同内容达成协议的。(北京地区和其他地区规定)

4. 经济性裁员情形下,企业应当支付劳动者经济补偿金情形

根据《劳动合同法》第 41 条和第 46 条的规定,在下列情形下,用人单位进行经济性裁员的应当向劳动者支付经济补偿金:第一,依照企业破产法规定进行重整的;第二,生产经营发生严重困难的;第三,企业转产、重大技术革新或者经营方式调整,经变更劳动合同后,仍需裁减人员的;第四,其他因劳动合同订立时所依据的客观经济情况发生重大变化,致使劳动合同无法履行的。

当用人单位需要进行经济性裁员时应当注意满足法定要求,即用人单位需裁减人员 20 人以上或者裁减不足 20 人但占企业职工总数 10% 以上的,用人单位提前 30 日向工会或者全体职工说明情况,听取工会或者职工的意见后,裁减人员方案经向劳动行政部门报告,可以裁减人员。

5. 劳动合同到期终止情形下，除法律规定情形外，企业应当支付劳动者经济补偿金

用人单位与劳动者签订的劳动合同期限届满的，除用人单位维持或者提高劳动合同约定条件续订劳动合同，劳动者不同意续订的情形外，劳动者以劳动合同期满而终止固定期限劳动合同的，则企业应当支付劳动者经济补偿金。

6. 因用人单位宣告破产或丧失法定主体资格，企业应当支付劳动者经济补偿金情形

若用人单位被依法宣告破产的，或者用人单位被吊销营业执照、责令关闭、撤销或者用人单位决定提前解散的，则企业应当支付劳动者经济补偿金。

7. 法律、行政法规规定的其他情形

除上述《劳动合同法》规定的情形外，在以下几种情形下用人单位也需要向劳动者支付经济补偿金：第一，用人单位自用工之日起超过1个月不满1年未与劳动者订立书面劳动合同的，应当依照《劳动合同法》第82条的规定向劳动者每月支付2倍的工资，并与劳动者补订书面劳动合同；劳动者不与用人单位订立书面劳动合同的，用人单位应当书面通知劳动者终止劳动关系，并依照《劳动合同法》第47条的规定支付经济补偿；第二，以完成一定工作任务为期限的劳动合同因任务完成而终止的，用人单位应当依照《劳动合同法》第47条的规定向劳动者支付经济补偿。

（二）法律依据

1.《中华人民共和国劳动合同法》

第三十六条　用人单位与劳动者协商一致，可以解除劳动合同。

第三十八条　用人单位有下列情形之一的，劳动者可以解除劳动合同：

（一）未按照劳动合同约定提供劳动保护或者劳动条件的；

（二）未及时足额支付劳动报酬的；

（三）未依法为劳动者缴纳社会保险费的；

（四）用人单位的规章制度违反法律、法规的规定，损害劳动者权益的；

（五）因本法第二十六条第一款规定的情形致使劳动合同无效的；

（六）法律、行政法规规定劳动者可以解除劳动合同的其他情形。

用人单位以暴力、威胁或者非法限制人身自由的手段强迫劳动者劳动的，或者用人单位违章指挥、强令冒险作业危及劳动者人身安全的，劳动者可以立即解

除劳动合同,不需事先告知用人单位。

第四十条 有下列情形之一的,用人单位提前三十日以书面形式通知劳动者本人或者额外支付劳动者一个月工资后,可以解除劳动合同:

(一)劳动者患病或者非因工负伤,在规定的医疗期满后不能从事原工作,也不能从事由用人单位另行安排的工作的;

(二)劳动者不能胜任工作,经过培训或者调整工作岗位,仍不能胜任工作的;

(三)劳动合同订立时所依据的客观情况发生重大变化,致使劳动合同无法履行,经用人单位与劳动者协商,未能就变更劳动合同内容达成协议的。

第四十一条 有下列情形之一,需要裁减人员二十人以上或者裁减不足二十人但占企业职工总数百分之十以上的,用人单位提前三十日向工会或者全体职工说明情况,听取工会或者职工的意见后,裁减人员方案经向劳动行政部门报告,可以裁减人员:

(一)依照企业破产法规定进行重整的;

(二)生产经营发生严重困难的;

(三)企业转产、重大技术革新或者经营方式调整,经变更劳动合同后,仍需裁减人员的;

(四)其他因劳动合同订立时所依据的客观经济情况发生重大变化,致使劳动合同无法履行的。

裁减人员时,应当优先留用下列人员:

(一)与本单位订立较长期限的固定期限劳动合同的;

(二)与本单位订立无固定期限劳动合同的;

(三)家庭无其他就业人员,有需要扶养的老人或者未成年人的。

用人单位依照本条第一款规定裁减人员,在六个月内重新招用人员的,应当通知被裁减的人员,并在同等条件下优先招用被裁减的人员。

第四十四条 有下列情形之一的,劳动合同终止:

(一)劳动合同期满的;

(二)劳动者开始依法享受基本养老保险待遇的;

(三)劳动者死亡,或者被人民法院宣告死亡或者宣告失踪的;

(四)用人单位被依法宣告破产的;

(五)用人单位被吊销营业执照、责令关闭、撤销或者用人单位决定提前解散的；

(六)法律、行政法规规定的其他情形。

第四十六条　有下列情形之一的，用人单位应当向劳动者支付经济补偿：

(一)劳动者依照本法第三十八条规定解除劳动合同的；

(二)用人单位依照本法第三十六条规定向劳动者提出解除劳动合同并与劳动者协商一致解除劳动合同的；

(三)用人单位依照本法第四十条规定解除劳动合同的；

(四)用人单位依照本法第四十一条第一款规定解除劳动合同的；

(五)除用人单位维持或者提高劳动合同约定条件续订劳动合同，劳动者不同意续订的情形外，依照本法第四十四条第一项规定终止固定期限劳动合同的；

(六)依照本法第四十四条第四项、第五项规定终止劳动合同的；

(七)法律、行政法规规定的其他情形。

2.《中华人民共和国劳动合同法实施条例》

第六条　用人单位自用工之日起超过一个月不满一年未与劳动者订立书面劳动合同的，应当依照劳动合同法第八十二条的规定向劳动者每月支付两倍的工资，并与劳动者补订书面劳动合同；劳动者不与用人单位订立书面劳动合同的，用人单位应当书面通知劳动者终止劳动关系，并依照劳动合同法第四十七条的规定支付经济补偿。

前款规定的用人单位向劳动者每月支付两倍工资的起算时间为用工之日起满一个月的次日，截止时间为补订书面劳动合同的前一日。

第二十二条　以完成一定工作任务为期限的劳动合同因任务完成而终止的，用人单位应当依照劳动合同法第四十七条的规定向劳动者支付经济补偿。

3.《北京市高级人民法院、北京市劳动人事争议仲裁委员会关于审理劳动争议案件法律适用问题的解答》

12. 哪些情形属于《劳动合同法》第四十条第三项规定的“劳动合同订立时所依据的客观情况发生重大变化”？

“劳动合同订立时所依据的客观情况发生重大变化”是指劳动合同订立后发生了用人单位和劳动者订立合同时无法预见的变化，致使双方订立的劳动合同全部或者主要条款无法履行，或者若继续履行将出现成本过高等显失公平的状况,致使劳动合同目的难以实现。

下列情形一般属于"劳动合同订立时所依据的客观情况发生重大变化":

(1)地震、火灾、水灾等自然灾害形成的不可抗力;

(2)受法律、法规、政策变化导致用人单位迁移、资产转移或者停产、转产、转(改)制等重大变化的;

(3)特许经营性质的用人单位经营范围等发生变化的。

4.《关于〈劳动法〉若干条文的说明》

第二十六条第四款　本条中的"客观情况"指:发生不可抗力或出现致使劳动合同全部或部分条款无法履行的其他情况,如企业迁移、被兼并、企业资产转移等,并且排除本法第二十七条所列的客观情况。

(三)实践观点与分析

企业支付经济补偿金适用于法定规定的情形,法律法规通过列举的方式对支付经济补偿金的情形进行了列举。所以,关于经济补偿金的问题可以在我国现行法律法规中找到相对应的情形进行适用。但是,虽然法律法规对全部情形进行了列举,但对于一些情形由于规定的相对宽泛从而导致容易出现争议,以下将就几点进行说明。

★ 060 关于《劳动合同法》第40条第3项"客观情况重大变化"的理解

《劳动合同法》第40条第3项规定,"劳动合同订立时所依据的客观情况发生重大变化,致使劳动合同无法履行,经用人单位与劳动者协商,未能就变更劳动合同内容达成协议的"。"客观情况重大变化"的法律原理来源于"情势变更"原则,而情势变更原则在司法实践适用时易出现分歧和争议,其原因在于客观世界的复杂多样和不断变化而导致的,司法实践的尺度也会随社会的发展而出现调整和变化,所以对于企业适用"客观情况重大变化"时极容易出现争议纠纷。

目前有关《劳动合同法》第40条第3项"客观情况重大变化"的解释文件,除《关于〈劳动法〉若干条文的说明》外各地方也制定有相应司法观点或规定。例如:

北京地区认为属于"劳动合同订立时所依据的客观情况发生重大变化"包括:(1)地震、火灾、水灾等自然灾害形成的不可抗力;(2)受法律、法规、政策变化导致用人单位迁移、资产转移或者停产、转产、转(改)制等重大变化的;(3)特许经营性质的用人单位经营范围等发生变化的。

广东地区认为属于“劳动合同订立时所依据的客观情况发生重大变化”包括:企业因自身发展规划进行的搬迁,属于劳动合同订力时所依据的客观情况发生重大变化。(该规定来源于《广东省高级人民法院〈关于审理劳动争议案件疑难问题的解答〉》第9条,但该解答已于2021年废止)

原劳动部对“客观情况”进行的说明认为,“客观情况”是指发生不可抗力或出现致使劳动合同全部或部分条款无法履行的其他情况,如企业迁移、被兼并、企业资产转移等,并且排除本法第27条所列的客观情况(第27条指经济性裁员)。

就各地方司法观点而言可以明显看出,各地司法裁判的尺度存在差异,适用的标准也存在一定争议。结合目前法律法规及司法观点,我们总结如下:

第一点,企业迁移、被兼并、企业资产转移应属于客观情况重大变化;

第二点,“客观情况重大变化”发生的原因应当具有客观性、合理性,即排除主观意思而导致的在客观层面发生变化,并且该变化在程度上必须是实质性的、根本性的或异常的致使订立合同的基础已经达到不能履行、履行不能实现合同目或显失公平等地步。

★ 061 企业支付经济补偿金的绝大部分情形需要满足调整或协商等程序性要求

经济补偿金用于对劳动关系解除或终止的劳动者的补偿,法律规定企业向劳动者支付经济补偿金的同时,还意味着企业享有了解除或终止劳动合同的权利。所以,为平衡用人单位与劳动者双方的地位平等,避免企业滥用解除的权利、保护劳动者权益,法律要求在相应情形下应当履行必要的程序。具体而言,如:

1.《劳动合同法》第40条规定,要求企业应当提前30日通知或者额外支付1个月工资;对于患病或非因工负伤的劳动者,要求企业解除劳动关系前应当作出为劳动者另行安排工作的行为;对于不胜任工作的劳动者,要求企业解除劳动关系前应当对劳动者进行培训或调整工作岗位;客观情况重大变化发生时,企业在解除劳动关系前应当与劳动者进行协商。

2.《劳动合同法》第41条经济性裁员的规定，要求企业提前30日向工会或全体职工说明情况，听取工会或者职工的意见后，裁员方案经向劳动行政部门报告，才可以进行裁减人员。

3.《劳动合同法》第46条第5项规定，要求当劳动合同期满的企业应当履行维持或提高劳动合同约定条件的要求，否则不能单方终止劳动合同。

所以，从各规定中就可发现对企业在支付经济补偿金解除或终止劳动合同时要求企业履行必要的程序。

★ 062 特别注意未签书面劳动合同而终止劳动关系而支付经济补偿金的情形

《劳动合同法实施条例》第6条规定，用人单位自用工之日起超过1个月不满1年未与劳动者订立书面劳动合同的，应当依照《劳动合同法》第82条的规定向劳动者每月支付2倍的工资，并与劳动者补订书面劳动合同；劳动者不与用人单位订立书面劳动合同的，用人单位应当书面通知劳动者终止劳动关系，并依照《劳动合同法》第47条的规定支付经济补偿。

在日常生活中，最常用的原则——过错责任原则，即应当由具有过错的一方承担责任。但《劳动合同法实施条例》第6条规定，因劳动者不签订书面劳动合同用人单位终止劳动关系仍要向劳动者支付经济补偿金，这似乎与过错原则和日常经验不一致。在企业用工管理或者说在劳动法领域中，这种原则与日常经验和理解会出现偏差，出现这种偏差的原因在于劳动法调整的法律关系的特殊性，即用人单位与劳动者双方实际上属于隶属关系，并非平等；用人单位与劳动者相比掌握更多的信息和资本，双方主体本身即存在巨大差异。所以，劳动法相关法律法规的立法出发点均在于保护劳动者的合法权益，要求企业必须履行必要程序和义务，以保证劳动者的权益不受侵害。

就《劳动合同法实施条例》第6条规定的情形，法律要求用人单位应当于自用工之日起1个月内订立书面劳动合同，这是用人单位应当履行的义务，若劳动者拒绝签订书面劳动合同的，则用人单位可以终止劳动合同。那么，劳动者拒绝签订书面劳动合同，劳动者应当是过错方，用人单位为什么还要承担支付经济补偿金的义务呢？原因在于，首先，经济补偿金的意义在于为劳动者在解除或终止劳动合同后的生活提供帮助；其次，用人单位与劳动者相比较具有信息不对称的优势，掌握的信息、资料优于劳动者，劳动者处于弱势地位，若法律不作出必要限制性规定，则用人单位放任劳动者过错的行为会导致用人单位可随时终止劳动关系且无须承担任何代价的情形，则会严重损害劳动者的权利。所以，在维护劳动关系合法稳定方面，用人单位更加具有专业优势，也应承担起劳资双方中处于优势地位的主体责任。

（四）实操指引

在法律规定情形下，向劳动者支付经济补偿金是用人单位应当承担的义务和责任，企业应当依法履行法定义务，若用人单位违反法律规定，则可能面临由劳动行政部门限期责令履行的处理，以及责令用人单位按应付金额50%～100%的标准加付赔偿金。

此外，在遇到"客观情况重大变化"的情形时，企业应当谨慎适用《劳动合同法》第40条第3项的规定，尽量采用协商的或其他途径解除和处理。

二、经济补偿金的计算标准

（一）现实场景

关于经济补偿金的计算标准的法律依据为《劳动合同法》第47条，其中主要涉及三个方面：第一，标准计算规则；第二，月工资3倍封顶原则；第三，关于月工资标准的理解。除此之外，根据《最高人民法院关于审理劳动争议案件适用法律问题的解释（一）》第46条规定，对于工作年限进行了特殊规定和说明。

1. 经济补偿金的基础计算规则

经济补偿金的计算根据劳动者在本单位的工作年限和月工资标准计算，劳动者在本单位工作年限每满1年的，用人单位按劳动者1个月的工资标准向劳动者进行支付；当劳动者在本单位工作年限不满1年但6个月以上的，则用人单位按劳动者半个月工资标准向劳动者进行支付；当劳动者在本单位工作不满6个月的，则用人单位按劳动者1个月工资标准向劳动者进行支付。例如，劳动者在本单位工作年限为2年零5个月，则经济补偿金＝劳动者月工资×2.5。

若劳动者在本单位工作年限恰好为2年零6个月时，此时需要主要关于《劳动合同法》第47条中"每满"和"以上"的表述包含本数，即工作6个月（含6个月）即按1个月标准进行计算。

2. 经济补偿金计算中——月工资 3 倍封顶原则

经济补偿金的意义在于为劳动者在解除或终止劳动合同后的生活提供帮助,若劳动者月工资过高情况向仍按其月工资标准支付,则显然超出了经济补偿金作为为劳动者生活提供帮助的目的范畴。因此,《劳动合同法》对经济补偿金中月工资的封顶上限进行了规定,即月工资标准高于用人单位所在直辖市、设区的市级人民政府公布的本地区上年度职工月平均工资 3 倍的,则按职工月平均工资 3 倍数额进行计算,并且计算年限不超过 12 年。

例如,北京地区 2021 年北京市法人单位从业人员平均工资为 166,513 元/年,月平均工资 3 倍为 41,628 元,若北京地区企业的劳动者月工资标准(注:此处月工资标准指离职前 12 月平均工资)超过 41,628 元,且在本单位工作年限超过 12 年的,则经济补偿金最高金额为 499,636 元。

3. 经济补偿金计算中——月工资的含义

根据《劳动合同法》第 47 条第 3 款规定,"月工资"是指劳动者劳动合同解除或者终止前 12 个月的平均工资。所以,月工资并非每月固定工资,而是以离职前 12 个月劳动者的劳动收入除以 12 得出的月平均工资。在计算"前十二个月平均工资"时,应注意以下几点:

第一,月工资指的是应得工资,即应当包含个人应当承担的社会保险、税费等,应与劳动者实得工资相区别;

第二,月工资不仅指每月固定工资部分,还包括奖金、津贴和补贴等货币性收入。其中包括正常工作的时间工资,还包括劳动者延长工作时间的加班费、月度或年度绩效、年终奖或年终双薪。

4. 经济补偿金计算中——在本单位工作年限的计算

在企业用工管理过程中,特别是存在关联公司之间雇用同一劳动者时经常会面临的工作年限计算的问题。《劳动合同法实施条例》第 10 条规定,非因本人原因从原单位被安排到新用人单位工作的,劳动者的工作年限应当连续计算,即应将劳动者在原用人单位的工作年限与新用人单位的工作年限合并计算。

在此基础上,《最高人民法院关于审理劳动争议案件适用法律问题的解释(一)》第 46 条还将"劳动者非因本人原因从原用人单位被安排到新用人单位工作"的工作情形进行了列举,如劳动者仍在原工作场所、工作岗位工作,劳动合同主体由原用人单位变更为新用人单位;用人单位以组织委派或任命形式对劳动者进行工作调动；因用人单位合并、分立等原因导致劳动者工作调动；用人单位及其关联企业与劳动者轮流订立劳动合同。所以，若劳动者存在非本人原因而被安排的工作调动，则劳动者的工作年限应当合并计算，并且应当符合《最高人民法院关于审理劳动争议案件适用法律问题的解释（一）》第46条规定情形下，法律推定劳动者的工作年限应当合并计算。

但是，关于工作年限连续计算的问题存在一种法定阻却情形，即如果原单位已经支付劳动者经济补偿金的，则劳动者在原用人单位的工作年限不合并计入劳动者在新用人单位的工作年限。

（二）法律依据

1.《中华人民共和国劳动合同法》

第四十七条　经济补偿按劳动者在本单位工作的年限，每满一年支付一个月工资的标准向劳动者支付。六个月以上不满一年的，按一年计算；不满六个月的，向劳动者支付半个月工资的经济补偿。

劳动者月工资高于用人单位所在直辖市、设区的市级人民政府公布的本地区上年度职工月平均工资三倍的，向其支付经济补偿的标准按职工月平均工资三倍的数额支付，向其支付经济补偿的年限最高不超过十二年。

本条所称月工资是指劳动者在劳动合同解除或者终止前十二个月的平均工资。

2.《最高人民法院关于审理劳动争议案件适用法律问题的解释（一）》

第四十四条　因用人单位作出的开除、除名、辞退、解除劳动合同、减少劳动报酬、计算劳动者工作年限等决定而发生的劳动争议，用人单位负举证责任。

第四十六条　劳动者非因本人原因从原用人单位被安排到新用人单位工作，原用人单位未支付经济补偿，劳动者依据劳动合同法第三十八条规定与新用人单位解除劳动合同，或者新用人单位向劳动者提出解除、终止劳动合同，在计算支付经济补偿或赔偿金的工作年限时，劳动者请求把在原用人单位的工作年限合并计算为新用人单位工作年限的，人民法院应予支持。

用人单位符合下列情形之一的，应当认定属于"劳动者非因本人原因从原用人单位被安排到新用人单位工作"：

（一）劳动者仍在原工作场所、工作岗位工作，劳动合同主体由原用人单位变更为新用人单位；

（二）用人单位以组织委派或任命形式对劳动者进行工作调动；

（三）因用人单位合并、分立等原因导致劳动者工作调动；

（四）用人单位及其关联企业与劳动者轮流订立劳动合同；

（五）其他合理情形。

3.《中华人民共和国劳动合同法实施条例》

第十条　劳动者非因本人原因从原用人单位被安排到新用人单位工作的，劳动者在原用人单位的工作年限合并计算为新用人单位的工作年限。原用人单位已经向劳动者支付经济补偿的，新用人单位在依法解除、终止劳动合同计算支付经济补偿的工作年限时，不再计算劳动者在原用人单位的工作年限。

（三）实践观点与分析

★ 063 工作年限连续计算中关于“劳动者非本人原因”的认定

关于工作年限的计算，在企业用工管理过程中最容易在“工作年限连续计算”出现争议纠纷，特别是在“劳动者非因本人原因”的事实认定方面。为了能够更好地理解《最高人民法院关于审理劳动争议案件适用法律问题的解释（一）》第46条的规定，本部分将重点分析“劳动者非因本人原因”法律推定和司法实践中关于此问题的举证责任划分。

第一，何种情形属于非本人原因被安排到新的用人单位。

如果劳动者是出于自身利益考虑，主动从原用人单位辞职，重新入职新的用人单位，则属于劳动者因自身原因辞职，是劳动者辞职权的体现，并且自然不应当连续计算工作年限。

第二，关于非本人原因被安排到新的用人单位的举证责任。

在司法实践中，关于本单位工作年限连续计算的事实认定较为复杂，无论是劳动者还是用人单位，对于证明用人单位的调整变更为非劳动者本人原因都是一件具有一定难度的问题，因此关于该问题的举证责任划分就十分重要了。在司法实践中，对此存在不同的观点：有观点认为，依据《最高人民法院关于审理劳动争议案件适用法律问题的解释（一）》第44条规定，对于劳动者工作年限的计算均由用人单位承担举证责任。也有观点认为，“非因劳动者本人原因”属于消极事实，并且存在无穷尽的可能，用人单位无法完成举证。目前最高人民法院民事审判第一庭在《最高人民法院新劳动争议司法解释（一）理解与适用》一书中主张，对于“非因劳动者本人原因”证明责任的认定可以从变动的原因着手，区分不同的情况。(1)劳动者和用人单位对连续工作年限协商一致予以认定的。若该认定是双方真实意思表示，认定的连续工作年限则是合法有效的。双方一般不会发生争议。(2)劳动者单方认定连续工作年限。根据《最高人民法院关于审理劳动争议案件适用法律问题的解释(一)》第44条“因用人单位作出的开除、除名、辞退、解除劳动合同、减少劳动报酬、计算劳动者工作年限等决定而发生的劳动争议，用人单位负举证责任”的规定，劳动者提出具体的连续工作年限后，只需证明与用人单位存在劳动关系，由用人单位举证证明劳动者的实际工作年限，包括新旧单位之间的劳动关系，组织调动有关的证据和支付经济补偿金的证明等。(3)用人单位单方认定连续工作年限。用人单位不得随意对劳动者的工作年限作出单方认定，应从与劳动者建立劳动关系之日起计算连续工作年限，并需提供证据证明。对于属于用人单位掌握管理的证据，或者虽然应由劳动者提供但实际由用人单位掌握管理的证据，应根据《劳动争议调解仲裁法》第6条、第39条第2款规定的特殊举证责任，实行“举证责任倒置”，将举证责任分配给用人单位；或者作有利于劳动者一方的分配，以减轻劳动者的举证义务。[①]

就目前司法实践观点而言，关于“非劳动者本人原因”变更用人单位事实的举证责任由用人单位承担，这意味着掌握劳动者离职的文件（如上一家单位的离职证明文件），或者证明上一家用人单位已经支付经济补偿金的证据，则显得尤为重要。

★ 064 协商一致解除劳动合同情况下的经济补偿金是否可以低于或高于法定标准？

根据《最高人民法院关于审理劳动争议案件适用法律问题的解释(一)》第35条规定，其中提到劳动者与用人单位就解除或者终止劳动合同经济补偿金或赔偿金达成的协议，不违反法律、行政法规强制性规定且不存在欺诈、胁迫或者乘人之危情形的，应当认定有效。那么，关于经济补偿金的计算标准是否属于法律强制性规定呢？根据《最高人民法院关于审理劳动争议案件适用法律问题的

---

① 最高人民法院民事审判第一庭编著：《最高人民法院新劳动争议司法解释(一)理解与适用》，人民法院出版社2021年版，第570页。

解释(一)》理解和适用的观点,协议约定经济补偿金不会影响协议效力,即协议非必须依据法律规定的计算标准进行约定,可以高于或低于法定标准。其理由为,经济补偿金的作用是为了保障劳动者在离职后一段时间内的物质生活,其实质是用人单位依法履行对劳动者给予必要的社会保障义务,并非惩罚性的赔偿金,其主要功能在于补偿,在价值的优先次序上,与合同自由应当处于同一位阶,因此协议约定的经济补偿金不会影响协议效力。

(四)实操指引

综上所述,企业在计算经济补偿金时应依法以劳动者解除劳动合同或劳动合同终止时前12个月的平均工资进行计算,并且计算月平均工资时应当以应发工资标准进行计算,同时包括绩效、奖金、补贴、加班费等劳动报酬。此外,在工作年限的计算中,若可能存在法定规定连续计算工作年限情形的(如劳动者仍在原工作场所、工作岗位工作,劳动合同主体由原用人单位变更为新用人单位;或者因用人单位合并、分立等原因导致劳动者工作调动的),企业在进行招录工作时应当对劳动者离职原因及经济补偿金情况进行必要的询问和调查,并保存好上一家用人单位的离职证明、已支付经济补偿金材料以及劳动者填写的个人信息记录。

第二节 赔 偿 金

一、企业应支付赔偿金的情形

赔偿金,是指因用人单位违反法律规定应承担向劳动者支付一定数额费用的法律责任。赔偿金可以分为两类:一是法定赔偿金,即指法律规定的应当支付赔偿金的情形和标准;二是按照造成的损失而承担的赔偿责任。本篇内容中的“赔偿金”指法定赔偿金。关于“赔偿金”可以概括为三种情形:第一,用人单位违反法律规定与劳动者解除劳动合同或终止劳动关系,用人单位应当向劳动者支付赔偿金的情形;第二,用人单位未按法律规定及时与劳动者签订书面劳动合同,用人单位应当向劳动者支付赔偿金的情形;第三,用人单位违反法律规定约定试用期,用人单位应当向劳动者支付赔偿金的情形。

（一）现实场景

1. 用人单位违反法律规定与劳动者解除劳动合同或终止劳动关系，应当向劳动者支付赔偿金的情形。

该情形在实践中简称“违法解除赔偿金”或“违法终止赔偿金”，其法律依据源于《劳动合同法》第 87 条规定，用人单位违反本法规定解除或终止劳动合同的，应当依照本法第 47 条规定的经济补偿金标准的 2 倍向劳动者支付赔偿金。

2. 用人单位未按法律规定及时与劳动者签订书面劳动合同，应当向劳动者支付赔偿金的情形。

《劳动合同法》规定，要求用人单位与劳动者应自用工之日起 1 个月内订立书面劳动合同。若用人单位自用工之日起超过 1 个月不满 1 年未与劳动者订立书面劳动合同的，应当向劳动者每月支付 2 倍的工资；若用人单位违反本法规定不与劳动者订立无固定期限劳动合同的，自应当订立无固定期限劳动合同之日起向劳动者每月支付 2 倍的工资。

3. 用人单位违反法律规定约定试用期，应当向劳动者支付赔偿金的情形。

《劳动合同法》第 19 条规定，劳动合同期限 3 个月以上不满 1 年的，试用期不得超过 1 个月；劳动合同期限 1 年以上不满 3 年的，试用期不得超过 2 个月；3 年以上固定期限和无固定期限的劳动合同，试用期不得超过 6 个月。同一用人单位与同一劳动者只能约定一次试用期。以完成一定工作任务为期限的劳动合同或者劳动合同期限不满 3 个月的，不得约定试用期。试用期包含在劳动合同期限内。劳动合同仅约定试用期的，试用期不成立，该期限为劳动合同期限。

若用人单位违反约定的试用期，并且该试用期已经履行的，由用人单位以劳动者试用期满月工资为标准，按已经履行的超过法定试用期的期间向劳动者支付赔偿金。

（二）法律依据

《中华人民共和国劳动合同法》

第八十二条　用人单位自用工之日起超过一个月不满一年未与劳动者订立书面劳动合同的，应当向劳动者每月支付二倍的工资。

用人单位违反本法规定不与劳动者订立无固定期限劳动合同的，自应当订立无固定期限劳动合同之日起向劳动者每月支付二倍的工资。

第八十三条　用人单位违反本法规定与劳动者约定试用期的，由劳动行政部门责令改正；违法约定的试用期已经履行的，由用人单位以劳动者试用期满月工资为标准，按已经履行的超过法定试用期的期间向劳动者支付赔偿金。

第八十七条　用人单位违反本法规定解除或者终止劳动合同的，应当依照本法第四十七条规定的经济补偿标准的二倍向劳动者支付赔偿金。

（三）实践观点与分析

★ 065 “违法解除赔偿金”和“违法终止赔偿金”

关于“违法解除赔偿金”和“违法终止赔偿金”是在企业用工管理和司法实践中最常发生争议的问题，其原因在于日常实践中用人单位解除/终止与劳动者劳动合同的理由和情形复杂多样，那么对于如何认定解除的理由和情形未违反法律规定则没有完全统一的标准，在司法实践中往往需要进行个案分析和判断。例如，在第五篇“用人单位规章制度”篇章中提到，用人单位在规章制度中规定劳动者在工作期间、工作场所吸烟一次即解除，该规定因企业的经营特点不同（如化工企业和一般办公场所）则企业解除劳动合同的行为是否违反法律规定的认定结果也存在不同。此外，企业应当对用人单位单方解除/终止劳动合同的权利有清晰的理解和认识，用人单位享有单方解除/终止与劳动者劳动合同的权利由法律规定，即只有在法律规定的特定情形下用人单位才享有单方解除/终止劳动合同的权利，若未满足法律规定的情形则用人单位单方解除/终止劳动合同行为都被视为违反法律规定。

★ 066 未依法签订书面劳动合同赔偿金的起止时间、计算方法，以北京地区的规定为例

自用工之日起不满 1 年情形：因用人单位未自用工之日起 1 个月内与劳动者订立书面劳动合同，且用人单位自用工之日起超过 1 个月不满 1 年的，则自用工之日满 1 个月的次日起开始计算 2 倍工资，截止时间为双方订立书面劳动合同的前一日，最常不超过 11 个月。

自用工之日起满 1 年情形：用人单位自用工之日起满 1 年不与劳动者订立书面劳动合同的，视为用人单位已与劳动者订立无固定期限劳动合同。在此情况下，劳动者主张用人单位支付用工之日满 1 年后的 2 倍工资的将不被法院

支持。

劳动期满后未续订书面劳动合同的：若劳动者劳动期满后仍在用人单位工作的，则用人单位应当与劳动者再次签订书面劳动合同。在此情形下，若用人单位未与劳动者签订劳动合同的，计算 2 倍工资的起算时间为自劳动合同期满的次日，截止点为双方补订劳动合同的前一日，最常不超过 12 个月。

未依法与劳动者订立无固定期限劳动合同的：《劳动合同法》第 14 条第 2 款规定了应当订立无固定期劳动合同的情形，若用人单位不与劳动者订立书面无固定期限劳动合同的，则 2 倍工资起算时间应为应当订立无固定期劳动合同之日，截止时间为双方实际订立无固定期书面劳动合同的前一日。

关于 2 倍工资的仲裁时效：增加 1 倍的工资的赔偿属于惩罚性赔偿，不属于劳动报酬，因此适用《调解仲裁法》关于 1 年仲裁时效的规定。

(四) 实操指引

赔偿金的性质属于法律对于用人单位因违反法律规定而承担的惩罚性赔偿。企业应当在试用期、书面劳动合同签订以及劳动同的解除/终止尽到依法合规的管理，以降低因违反法律规定而承担赔偿责任的风险。

二、赔偿金的计算标准

赔偿金的计算有两种情形，分别是 2 倍工资和经济补偿金的 2 倍。其中 2 倍工资一般指对应时间用人单位正常支付的工资的 2 倍，即对应时间内的实际应得工资的 2 倍；关于经济补偿金的 2 倍的计算标准，实际为前述“经济补偿金”部分的计算标准下乘以 2。

第六章　争议解决

第一节　劳动争议案件的程序问题

按照全国民事案件受理量进行排名,劳动争议案件常年跻身三甲,足以说明劳动争议的频繁和多发,而劳动争议案件和其他民事案件最为明显的区别,恐怕就是劳动仲裁前置程序。

与标准民事案件中两审终审的裁判制度不同(当然现在也有了小额速裁程序,有些案件一审就结束),劳动争议案件除了两审制度外,还要前置一个劳动争议仲裁程序。我们发现市面上关于劳动争议的法律书籍,说实体问题的很多,但是说劳动争议程序,特别是劳动仲裁环节的比较少,所以开篇先和大家说说劳动争议仲裁中的常见问题。

一、哪些争议属于劳动争议

(一)现实场景

无论是个人对企业的劳动争议诉讼,还是企业对个人发起的追讨,涉及用工关系中的劳动争议都要先申请仲裁吗?回答这个问题之前,我们首先要确定,哪些纠纷属于劳动争议的范畴。

(二)法律依据

1.《中华人民共和国劳动争议调解仲裁法》

第二条　中华人民共和国境内的用人单位与劳动者发生的下列劳动争议,适用本法:

(一)因确认劳动关系发生的争议;

(二)因订立、履行、变更、解除和终止劳动合同发生的争议;

(三)因除名、辞退和辞职、离职发生的争议；

(四)因工作时间、休息休假、社会保险、福利、培训以及劳动保护发生的争议；

(五)因劳动报酬、工伤医疗费、经济补偿或者赔偿金等发生的争议；

(六)法律、法规规定的其他劳动争议。

2.《最高人民法院关于审理劳动争议案件适用法律问题的解释(一)》

第一条　劳动者与用人单位之间发生的下列纠纷,属于劳动争议,当事人不服劳动争议仲裁机构作出的裁决,依法提起诉讼的,人民法院应予受理:

(一)劳动者与用人单位在履行劳动合同过程中发生的纠纷;

(二)劳动者与用人单位之间没有订立书面劳动合同,但已形成劳动关系后发生的纠纷;

(三)劳动者与用人单位因劳动关系是否已经解除或者终止,以及应否支付解除或者终止劳动关系经济补偿金发生的纠纷;

(四)劳动者与用人单位解除或者终止劳动关系后,请求用人单位返还其收取的劳动合同定金、保证金、抵押金、抵押物发生的纠纷,或者办理劳动者的人事档案、社会保险关系等移转手续发生的纠纷;

(五)劳动者以用人单位未为其办理社会保险手续,且社会保险经办机构不能补办导致其无法享受社会保险待遇为由,要求用人单位赔偿损失发生的纠纷;

(六)劳动者退休后,与尚未参加社会保险统筹的原用人单位因追索养老金、医疗费、工伤保险待遇和其他社会保险待遇而发生的纠纷;

(七)劳动者因为工伤、职业病,请求用人单位依法给予工伤保险待遇发生的纠纷;

(八)劳动者依据劳动合同法第八十五条规定,要求用人单位支付加付赔偿金发生的纠纷;

(九)因企业自主进行改制发生的纠纷。

第二条　下列纠纷不属于劳动争议:

(一)劳动者请求社会保险经办机构发放社会保险金的纠纷;

(二)劳动者与用人单位因住房制度改革产生的公有住房转让纠纷;

(三)劳动者对劳动能力鉴定委员会的伤残等级鉴定结论或者对职业病诊断鉴定委员会的职业病诊断鉴定结论的异议纠纷;

（四）家庭或者个人与家政服务人员之间的纠纷；

（五）个体工匠与帮工、学徒之间的纠纷；

（六）农村承包经营户与受雇人之间的纠纷。

（三）实践观点与分析

劳动争议案件的范围可以说是个老生常谈的问题，随着2021年1月1日生效的《最高人民法院关于审理劳动争议案件适用法律问题的解释（一）》的出台，这个问题现在越发清晰了。

《最高人民法院关于审理劳动争议案件适用法律问题的解释（一）》和《劳动争议调解仲裁法》，以列举加排除的方式，将哪些案件属于劳动争议进行了一个限定。具体来看，以下纠纷属于劳动争议。

1. 一切劳动争议的前提是，纠纷发生在用人单位与劳动者之间发生，也就是说，不是劳动关系的情况下，不属于劳动争议。

（1）属于劳动争议的一个前提条件是，发生纠纷的双方主体要适格，乙方是用人单位，另一方是劳动者。如果双方不是劳动关系，那显然不构成劳动争议。

（2）比如，个人雇佣之间的纠纷，就不属于劳动争议，最为典型的是雇主和保姆之间的纠纷；个体工匠与帮工、学徒之间的纠纷；农村承包经营户与受雇人之间的纠纷；个人雇佣之间的纠纷等。

（3）还有一些也不是劳动争议，如近几年比较常见的，公司股东直接参与公司经营的，合作方的高管借用合作公司名义对外工作的，这些说起来就更复杂一些，总而言之，如果不符合一方是用人单位，一方是劳动者的这个前提，双方之间的法律关系就不是劳动关系，那除了纠纷也不算劳动争议。

2. 主体适格后，还要考虑纠纷的具体内容是否属于劳动争议，常见的劳动争议包括以下类型：

（1）因确认劳动关系产生的纠纷。

最为常见的是没有签订书面劳动合同，但是形成事实劳动关系的纠纷。或者是因为社保、退休等待遇问题确认若干年存在劳动关系。这类纠纷要解决的是，双方之间有无法律关系，这种法律关系是不是劳动关系的问题。

（2）劳动关系过程中入、离、调、转环节的发生的争议。

从书面劳动合同的签订，试用期解除，工作岗位工作地点调整的，工资待遇、加班费、绩效发放，劳动关系的终止或解除，违法解除赔偿金，加付赔偿金，工伤待遇等纠纷都是劳动争议。可以说劳动者与用人单位之间劳动关系从“入”到“离”的全过程中，双方之间的纠纷几乎都是劳动争议范畴。

(3)劳动关系解除后附随义务中的纠纷。

比如，常见的劳动者与用人单位解除或者终止劳动关系后，请求用人单位返还其收取的劳动合同定金、保证金、抵押金、抵押物发生的纠纷，或者办理劳动者的人事档案、社会保险关系等移转手续发生的纠纷。

还包括开具离职证明，用人单位要求员工办理离职交接甚至赔偿损失等纠纷。

(4)社保待遇损失类纠纷。

这种纠纷主要有两种，一种是劳动者以用人单位未为其办理社会保险手续，且社会保险经办机构不能补办导致其无法享受社会保险待遇为由，要求用人单位赔偿损失发生的纠纷；这类纠纷中，比较常见的是没有缴纳社保导致的工伤保险待遇损失纠纷。另一种是劳动者退休后，与尚未参加社会保险统筹的原用人单位因追索养老金、医疗费、工伤保险待遇和其他社会保险待遇而发生的纠纷。

(5)此外，因企业自主进行改制发生的纠纷也属于劳动争议。

(四)实操指引

为什么要确定劳动争议范围，因为它们之间不但有不同的程序要求，对于发起仲裁诉讼的时效有单独的固定，而且在未来要讨论的实体问题中，在举证责任和归责原则都有不同的规定，确定了哪些案件属于劳动争议案件，也就是确定了哪些纠纷可以适用我们后边要讲到的这些规则。

二、劳动仲裁前置

(一)现实场景

在上一部分，我们明确了哪些纠纷属于劳动争议，那么发生劳动争议时，是必须申请劳动仲裁吗？如果我不申请劳动仲裁直接去法院可以吗？

(二)法律依据

1.《中华人民共和国劳动争议调解仲裁法》

第二十一条第一款　劳动争议仲裁委员会负责管辖本区域内发生的劳动争议。

2.《最高人民法院关于审理劳动争议案件适用法律问题的解释(一)》

第一条 劳动者与用人单位之间发生的下列纠纷,属于劳动争议,当事人不服劳动争议仲裁机构作出的裁决,依法提起诉讼的,人民法院应予受理。

(三)实践观点与分析

按照法律规定,劳动争议案件首先应当向有管辖权的仲裁委员会提出申请,不提出仲裁申请,直接到法院起诉的,法院会以未经过法定的仲裁前置程序,驳回起诉。

这是劳动争议案件和其他民事案件最大的一个程序上的区别,大家要首先确立这个概念。

(四)实操指引

我们在这里明确一下,劳动争议必须首先向仲裁委员会提出申请,这个是劳动争议案件的一般流程。

当然,提出了仲裁申请之后还会有很多种情形,如仲裁委员会作出受理、不受理,甚至是逾期不作出决定。针对不同的情形以及后续的救济途径,我们下一部分接着说。

三、仲裁中的证据问题

(一)现实场景

前面一节分析了劳动争议案件的前置程序,那么在劳动仲裁阶段是否应该进行充分举证,有的用人单位认为仲裁前置只是一个程序,在仲裁阶段不用进行举证,可以进行证据保留;有的劳动者认为在仲裁阶段先看看单位什么意见,证据材料到法院阶段再进行提交,那么就上述两种观点以及仲裁、诉讼过程中对于涉及证据的相关问题,我们来看一下实践情况以及相关法律规定。

(二)法律依据

《人力资源社会保障部、最高人民法院关于劳动人事争议仲裁与诉讼衔接有关问题的意见(一)》

第六条 当事人在仲裁程序中认可的证据,经审判人员在庭审中说明后,视为质证过的证据。

第七条 依法负有举证责任的当事人,在诉讼期间提交仲裁中未提交的证据的，人民法院应当要求其说明理由。

第八条　在仲裁或者诉讼程序中，一方当事人陈述的于己不利的事实，或者对于己不利的事实明确表示承认的，另一方当事人无需举证证明，但下列情形不适用有关自认的规定：

（一）涉及可能损害国家利益、社会公共利益的；

（二）涉及身份关系的；

（三）当事人有恶意串通损害他人合法权益可能的；

（四）涉及依职权追加当事人、中止仲裁或者诉讼、终结仲裁或者诉讼、回避等程序性事项的。

当事人自认的事实与已经查明的事实不符的，劳动人事争议仲裁委员会、人民法院不予确认。

第九条　当事人在诉讼程序中否认在仲裁程序中自认事实的，人民法院不予支持，但下列情形除外：

（一）经对方当事人同意的；

（二）自认是在受胁迫或者重大误解情况下作出的。

（三）实践观点与分析

★ 067 关于充分举证的问题

实践中，用人单位或劳动者往往对仲裁前置程序重视程度不够，因为“一裁两审”制度的设置，导致用人单位和劳动者都会有“拖延”的心理，一方面对于仲裁的重视程度不够，另一方面认为证据最后到法院阶段再进行提交并不会影响案件的举证。在 2022 年 2 月 21 日《人力资源社会保障部、最高人民法院关于劳动人事争议仲裁与诉讼衔接有关问题的意见（一）》中明确，在仲裁阶段负有举证义务的当事人，对于仲裁期间没有提交的证据，如果在法院阶段进行提交，应说明情况，也就是说，仲裁双方当事人应进行完全举证。如果在仲裁阶段没有进行举证，在法院阶段作为证据提交的应进行相应的说明，否则将要面临诉讼的风险。因此，对于用人单位和劳动者应注意在仲裁阶段举证质证时，应对证据进行充分举证。

★ 068 关于自认的问题

在仲裁或诉讼过程中,当事人对于案件事实情况会存在自己认可的情形,即自认的情形,法律规定中关于自认规则,设立的目的在于仲裁和诉讼过程中,仲裁委员会、法院对于当事人否认自认事实的认定规则,其渊源也来自民事诉讼案件相关诉讼法规定以及证据规则,目的在于劳动争议人事案件中进一步明确了当事人否认自认事实的认定规则。

例如,《最高人民法院关于民事诉讼证据的若干规定》第9条规定:"有下列情形之一,当事人在法庭辩论终结前撤销自认的,人民法院应当准许:(一)经对方当事人同意的;(二)自认是在受胁迫或者重大误解情况下作出的。人民法院准许当事人撤销自认的,应当作出口头或者书面裁定。"

由此可以看到,本次《人力资源社会保障部、最高人民法院关于劳动人事争议仲裁与诉讼衔接有关问题的意见(一)》第9条实际引用了《最高人民法院关于民事诉讼证据的若干规定》第9条规定的内容。

其次,关于第9条笔者分析:其规定了可以撤销自认的程序性规定,其中需要注意以下几点:

第一点,为促进仲裁程序与诉讼程序的衔接性,建立更加良好的裁审环境,避免所谓"仲裁不发力,一审再发力"的不正当操作,因此构建诉讼衔接必要性显得更加重要。所以,对于仲裁程序中自认的事实,除非有规定的特定情形,否则不得在诉讼中否认该事实。

第二点,允许否认在仲裁程序中的自认事实的规定,目的在于当事人在错误或被胁迫情形下作出错误或相反的意思表示时,给予当事人合理的救济途径。并且根据《最高人民法院关于民事诉讼证据的若干规定》第9条规定的解读,对于自认是在受胁迫或者重大误解情况下作出的情形时,不要求当事人举证证明自认的事实与"真实事实"不符,只需要证明当事人在受到胁迫或重大误解情况下作出的即可。

★ 069 自认的不利事实问题

前面我们说了关于自认的事情,这里我们来看一下对于自认的不利事实部分,相关法律规定中,对于自认不利的事实规定目的,在于仲裁和诉讼过程中,仲裁委员会、法院对当事人自认的不利事实的认定规则。在《人力资源社会保障部、最高人民法院关于劳动人事争议仲裁与诉讼衔接有关问题的意见（一）》2022年2月发布前，在民事诉讼案件中有一致的认定规则，通常在劳动争议案件中会引用民事诉讼案件相关诉讼法规定以及证据规则。本次第8条的规定实际上是在劳动人事议争议案件中进一步明确了相关证据规则及诉讼规定的适用。

例如，《最高人民法院关于民事诉讼证据的若干规定》第3条规定："在诉讼过程中，一方当事人陈述的于己不利的事实，或者对于己不利的事实明确表示承认的，另一方当事人无需举证证明。在证据交换、询问、调查过程中，或者在起诉状、答辩状、代理词等书面材料中，当事人明确承认于己不利的事实的，适用前款规定。"第8条规定："《最高人民法院关于适用〈中华人民共和国民事诉讼法〉的解释》第九十六条第一款规定的事实，不适用有关自认的规定。自认的事实与已经查明的事实不符的，人民法院不予确认。"

其中，《最高人民法院关于适用〈中华人民共和国民事诉讼法〉的解释》第96条第1款规定："民事诉讼法第六十七条第二款规定的人民法院认为审理案件需要的证据包括：（一）涉及可能损害国家利益、社会公共利益的；（二）涉及身份关系的；（三）涉及民事诉讼法第五十五条规定诉讼的；（四）当事人有恶意串通损害他人合法权益可能的；（五）涉及依职权追加当事人、中止诉讼、终结诉讼、回避等程序性事项的。"

因此，从《最高人民法院关于民事诉讼证据的若干规定》第3条、第8条以及《最高人民法院关于适用〈中华人民共和国民事诉讼法〉的解释》第96条第1款的规定可以看出，本次《人力资源社会保障部、最高人民法院关于劳动人事争议仲裁与诉讼衔接有关问题的意见（一）》第8条实际引用了《最高人民法院关于民事诉讼证据的若干规定》前述法律条款的内容，即源于既有的规则和规定。

第8条的意义：虽然内容并非新的法律规定，但对于劳动人事争议案件的审理具有重要的指引意义。目的在于规范裁审程序衔接、统一裁审法律适用标准，不仅对仲裁委员会及法院具有指引作用，而且更重要的是为劳动人事争议案件双方当事人——劳动者和用人单位——提供更加明确的指引作用。《人力资源社会保障部、最高人民法院关于劳动人事争议仲裁与诉讼衔接有关问题的意见（一）》其他条款也是同样的意义，引用最高人民法院答记者问的回答，即"主要是逐步规范裁审程序衔接、统一裁审法律适用标准，对于完善劳动人事争议多元处理机制、畅通劳动者维权渠道、维护劳动人事关系和谐与社会稳定具有重要意义”。对于其他条款的意义，以下不再赘述。

关于第8条笔者分析：

第一点，第8条第一部分为基本规则，即明确了对于陈述不利于已方的事实的后果及举证责任分配规则，对于当事人陈述不利于已方的事实时，另一方当事人无须承担举证责任证明其陈述的事实成立。

第二点，第8条第二部分第四项为例外情形的排除适用规则，即对于损害他人合法权益、导致审理程序违规等情形出现时，仲裁委、法院不能根据当事人自述而确定相关事实，仍需要进行审查。

第三点，第8条第2款即第三部分，为仲裁委员会、法院对事实认定的重要原则，应以事实为依据，以法律为准绳，以查明真相为第一要务，承担起仲裁委员会、法院作为审判机构的职责。对于当事人陈述不利于已方事实的情况，出现的原因可能有很多种，如当事人本人或者代理人对于事实的掌握不够准确清楚，或者表述错误且未更正，再或者出于其他原因，因此当法院审理查明事实与当事人陈述不符时，应当给予当事人救济。并且，即便一方当事人自认不利事实，但经法院审理的目的和意义不在于惩罚当事人的诉讼行为，而在于查明事实真相，并以事实作为依据，作出公正审理，因此第三部分符合法院审理以事实为依据的重要原则。

四、仲裁撤诉的问题

（一）现实场景

劳动者或者用人单位提起仲裁，在仲裁案件受理后、案件开庭前后申请人均可以主张要求调解或者进行撤诉。那么申请人进行撤诉后是否还能进行仲裁或者直接到法院进行起诉呢？

（二）法律依据

1.《中华人民共和国劳动争议调解仲裁法》

第三十六条第一款　申请人收到书面通知，无正当理由拒不到庭或者未经仲裁庭同意中途退庭的，可以视为撤回仲裁申请。

第四十一条　当事人申请劳动争议仲裁后，可以自行和解。达成和解协议的，可以撤回仲裁申请。

2.《人力资源社会保障部、最高人民法院关于劳动人事争议仲裁与诉讼衔接有关问题的意见（一）》

第四条　申请人撤回仲裁申请后向人民法院起诉的，人民法院应当裁定不予受理；已经受理的，应当裁定驳回起诉。

申请人再次申请仲裁的，劳动人事争议仲裁委员会应当受理。

（三）实践观点与分析

其中关于撤诉的情形，根据相关的法律规定，申请人可以进行撤诉的情形主要有两点：（1）申请人收到书面通知，无正当理由拒不到庭或者未经仲裁庭同意中途退庭的，可以视为撤回仲裁申请；（2）当事人申请劳动争议仲裁后，可以自行和解。达成和解协议的，可以撤回仲裁申请。上述两点撤诉的情形，当事人是否还能去法院进行诉讼问题：第一，当事人向仲裁委员会申请仲裁后，无正当理由拒不到庭或者未经仲裁庭同意中途退庭或者因个人原因又撤回申请的，向法院起诉的，此时当事人申请仲裁后又撤回仲裁申请的，其本质是仲裁委员会对于案件并未进行实际审理过，因此法院也不能视为已经过仲裁前置程序，可裁定不予受理，如果已经受理的案件进行裁定驳回起诉，应告知其先向仲裁委员会申请仲裁。第二，如果对于当事人在撤回申请后，再次向仲裁委员会申请仲裁，此时当事人在对之前的仲裁没有进行实际审理的原则下，对于新提起的仲裁属于一个新的案件，在此时对于新的案件如果仲裁委员会裁决或作出不予受理通知书后，法院可以受理。第三，结合上述两点，需要进行区分的是如果当事人无正当理由拒不到庭或者未经仲裁庭同意中途退庭或者因个人原因又撤回申请的，仲裁委员会按照撤回仲裁申请处理并出具相应的仲裁文书的，当事人起诉到法院的，法院是可以进行受理的；如果仲裁委员会没有出具相应文书的或者仲裁委员会并没有进行实际审理的，法院存在认定没有进行仲裁前置程序的可能。第四，关于当事人达成调解或者和解撤诉的问题，此时属于仲裁委员会对劳动争议案件进行了实体审理，并作出了相应的案件结果，调解或者和解属于案件结果的一种，因此，根据相关法律规定，调解生效后，当事人可以共同向有管辖权的人民法院申请确认调解协议效力，此时法院是对协议效力的确认而不是对案件进行实体审理。

五、仲裁和诉讼的衔接问题

（一）现实场景

仲裁裁决结果出来之后，可能存在当事人就部分裁决事项向人民法院提起诉讼的情形，那么仲裁裁决是否发生效力问题以及当事人提起诉讼的裁决事项属于人民法院受理的案件范围的，对于未提起诉讼的裁决事项法院如何处理呢，本节我们对仲裁裁决结果和诉讼之间衔接问题进一步分析。

（二）法律依据

《人力资源社会保障部、最高人民法院关于劳动人事争议仲裁与诉讼衔接有关问题的意见（一）》

第十五条　当事人就部分裁决事项向人民法院提起诉讼的，仲裁裁决不发生法律效力。当事人提起诉讼的裁决事项属于人民法院受理的案件范围的，人民法院应当进行审理。当事人未提起诉讼的裁决事项属于人民法院受理的案件范围的，人民法院应当在判决主文中予以确认。

第十六条　人民法院根据案件事实对劳动关系是否存在及相关合同效力的认定与当事人主张、劳动人事争议仲裁委员会裁决不一致的，人民法院应当将法律关系性质或者民事行为效力作为焦点问题进行审理，但法律关系性质对裁判理由及结果没有影响，或者有关问题已经当事人充分辩论的除外。

当事人根据法庭审理情况变更诉讼请求的，人民法院应当准许并可以根据案件的具体情况重新指定举证期限。

不存在劳动关系且当事人未变更诉讼请求的，人民法院应当判决驳回诉讼请求。

第十九条　用人单位因劳动者违反诚信原则，提供虚假学历证书、个人履历等与订立劳动合同直接相关的基本情况构成欺诈解除劳动合同，劳动者主张解除劳动合同经济补偿或者赔偿金的，劳动人事争议仲裁委员会、人民法院不予支持。

第二十条　用人单位自用工之日起满一年未与劳动者订立书面劳动合同，视为自用工之日起满一年的当日已经与劳动者订立无固定期限劳动合同。

存在前款情形，劳动者以用人单位未订立书面劳动合同为由要求用人单位支付自用工之日起满一年之后的第二倍工资的，劳动人事争议仲裁委员会、人民法院不予支持。

第二十一条　当事人在劳动合同或者保密协议中约定了竞业限制和经济补偿，劳动合同解除或者终止后，因用人单位的原因导致三个月未支付经济补偿，劳动者请求解除竞业限制约定的，劳动人事争议仲裁委员会、人民法院应予支持。

（三）实践观点与分析

★ 070 部分起诉与部分不起诉的

现实中经常出现，申请人提起多项仲裁请求，而仲裁委员会支持了一部分，驳回了一部分，或者支持了某项请求，但是支持的金额低于仲裁申请的数额。

这时候，无论是申请人还是被申请人，无论哪一方对仲裁结果不满意，都可以提起诉讼，如果对于多项仲裁请求，当事人不是都不满意，只是针对部分请求起诉的，没有起诉的部分，劳动仲裁结果是否生效，是否能够单独就没有起诉的部分申请执行呢？

上述规定中的第 15 条，明确了在这种情形下，只要起诉，整份劳动仲裁裁决不生效，对于当事人未提起诉讼的劳动仲裁裁决结果，人民法院也要在判决主文中进行确认。以前出现过，对于双方都没有起诉的劳动仲裁裁判事项，法院在判决主文和判决结果中也不进行审查和确认，就导致后期申请执行时，有一部分裁决结果，既没有生效裁决作为依据，也没有法院的判决作为依据，为了解决这个问题，文件明确规定，对于当事人没有起诉，也就是当事人认可的劳动仲裁裁决事项，一审判决中也要予以确认。比如，我们常见的类似于“对于某项裁决，当事人均未提起诉讼，对于裁决结果，本院不持异议”这种表示，对于后期案件的执行，清晰明了。

★ 071 仲裁与诉讼认定不一致的

根据上述规定中的第 16 条规定，这条规定也是人民法院对案件审理过程中的一种处理，尤其是劳动争议案件需要劳动仲裁前置，如果法院经审查认为就是否存在劳动关系与仲裁委员会认定不一致的，那当然要重点审查，这将直接改变案件的结果和走向。

在一审中当事人根据法院查明的情况变更诉讼请求的，法院应当准许，这实际上对劳动仲裁前置程序也是一种突破，有利于当事人的高效维权，而不至于让当事人就同一个争议，只是因为法律关系的性质而反复进行仲裁诉讼。当然，如果当事人不变更诉讼请求，又被法院认定为不存在劳动关系，那只能承担败诉的结果。

★ 072 仲裁和诉讼衔接的常见问题

1.“学历造假”仲裁、法院全部不支持。

孔子云：“人而无信，不知其可也。大车无輗，小车无軏，其何以行之哉。”

诚信是每一个人安身立命之本，也是参与任何社会活动的基础，在劳动争议领域中，各级审判机构也都秉承这一精神，严厉打击不诚信的行为。

在各种不诚信的行为中，以虚假材料欺骗单位，骗取岗位和待遇恐怕是最为普遍也最为典型的一种行为，对于这种行为《劳动合同法》第 26 条有明确的规定，以欺诈、胁迫的手段使对方在违背真实意思的情况下订立的劳动合同无效。同时在《劳动合同法》第 39 条也规定出现这种情况用人单位可以单方解除劳动合同，无需支付任何经济补偿或赔偿金。

这一规定实际上也已经在此前的典型案例中多次出现。比如：

案情[①]：2018 年 9 月初，网络公司偶然获悉赵某的实际学历为大专，并向赵某询问。赵某承认自己为应聘而提供虚假学历证书、个人履历的事实。网络公司认为，赵某提供虚假学历证书、个人履历属欺诈行为，严重违背诚实信用原则，根据《劳动合同法》第 26 条、第 39 条的规定解除了与赵某的劳动合同。

人力资源社会保障部和最高人民法院对此的解读：《劳动合同法》第 8 条“劳动者应当如实说明”应仅限于“与劳动合同直接相关的基本情况”，如履行劳动合同所必需的知识技能、学历、学位、职业资格、工作经历等，用人单位无权要求劳动者提供婚姻状况、生育情况等涉及个人隐私的信息，也即不能任意扩大用人单位知情权及劳动者告知义务的外延。

本案中，“计算机工程专业”“大学本科学历”等情况与网络公司招聘的网络

---

① 《人力资源社会保障部、最高人民法院关于联合发布第一批劳动人事争议典型案例的通知》（人社部函〔2020〕62 号）“案例 10. 劳动者提供虚假学历证书是否导致劳动合同无效”。

技术人员岗位职责、工作完成效果有密切关联性，属于“与劳动合同直接相关的基本情况”。赵某在应聘时故意提供虚假学历证书、个人履历，致使网络公司在违背真实意思的情况下与其签订了劳动合同。因此，根据《劳动合同法》第 26 条第 1 款的规定，双方签订的劳动合同无效。网络公司根据《劳动合同法》第 39 条第 5 项的规定，解除与赵某的劳动合同符合法律规定，故依法驳回赵某的仲裁请求。

案例：2018 北京市发布的十大典型案例中：“工作履历造假，用人单位试用期内解除获支持，更是进一步将打击学历造假扩大到了重要的工作履历造假上。”案例评析认为劳动者入职时应当履行如实说明义务。

诚实信用原则是用人单位与劳动者在订立劳动合同过程中应遵守的基本法律原则。同时，按照《劳动合同法》的相关规定，用人单位和劳动者均有如实告知对方与订立劳动合同直接相关事项的法定义务。本案中，陈某虚构本人的重要工作履历，完全可能导致电子公司在判断其业务能力、履职能力、工资标准、职业忠诚度及最终决定是否录用时产生重大误判。此外，电子公司亦在《入职承诺书》中明确告知陈某，在应聘时提供虚假材料或没有如实说明与应聘岗位相关情况的，属于不符合录用条件，故电子公司的解除行为符合法律规定。应当指出的是，用人单位在招聘时，应对劳动者的相关资历进行审慎审查，避免录用后发生争议。

综上，《人力资源社会保障部、最高人民法院关于劳动人事争议仲裁与诉讼衔接有关问题的意见（一）》这一规定延续了以上典型案例的精神，第一次从立法层面明确了“提供虚假学历证书、个人履历”等与订立劳动合同直接相关的基本情况构成欺诈，这一规定对强化社会诚信，扭转社会风气具有重要意义。

当然这里也必须提到，对于学历等资格类的问题，没有任何空间，只要造假肯定符合本条规定，公司可以解除，但是对于履历造假的问题，还要具体问题具体分析，考虑哪些是“造假”哪些是“优化”，这个问题我们可以继续探讨。

2. “未订立书面劳动合同自用工之日起满一年之后的第二倍工资”仲裁、法院全部不支持。

《劳动合同法》第 14 条第 3 款规定：“用人单位自用工之日起满一年不与劳动者订立书面劳动合同的，视为用人单位与劳动者已订立无固定期限劳动合同”。

这一规定的重点在于统一了视为无固定期限后，用人单位仍然没有与劳动者签订劳动合同的情况下，这个最多 11 个月的双倍工资是不是还能继续拿的问题。

其实在之前的各地审判实践中，对于这个问题已经有比较一致的意见，如 2014 年出台的《北京市高级人民法院、北京市劳动争议仲裁委员会关于劳动争议案件法律适用问题研讨会会议纪要（二）》中明确规定：用人单位因违反《劳动合同法》第 14 条第 3 款规定，自用工之日满 1 年不与劳动者订立书面劳动合同，视为用人单位与劳动者已订立无固定期限劳动合同的情况下，劳动者可以向仲裁委员会、法院主张确认其与用人单位之间属于无固定期限劳动合同关系。在此情况下，劳动者同时主张用人单位支付用工之日满 1 年后的 2 倍工资的不予支持。

和本条规定是一致的，既然法律已经规定了视为签订，那么双倍工资的罚则就截止了，这个确实比较公平，因为设置未签订书面劳动合同双倍处罚的目的，主要是督促企业尽早签订书面劳动合同，而不是成为谋财的手段。

在这儿也引申一下，《北京市高级人民法院、北京市劳动争议仲裁委员会关于劳动争议案件法律适用问题研讨会会议纪要（二）》对这个问题又进行了扩展，明确了劳动者要求判决用人单位与其本人签订劳动合同的请求，仲裁委员会、法院也是不支持的。其中说理部分非常有意思：

订立书面劳动合同需要当事人意思表示一致，由劳动者与用人单位平等协商，以确定合同期限、工作内容、劳动报酬等事项。经劳动者与用人单位协商，双方就劳动合同必要条款能够达成一致的，可以裁判双方订立书面劳动合同，并在裁判文书中就达成一致的条款予以表述。

双方就劳动合同必要条款不能达成一致的，由仲裁委员会裁决或法院直接判令双方订立书面劳动合同有违当事人意思自治原则，亦无法确定具体执行内容和申请强制执行。故在此情况下，劳动者要求与用人单位订立书面劳动合同的，仲裁委员会、法院可释明当事人变更请求，主张确认双方存在劳动关系。

因可归责于用人单位的原因导致无法订立书面劳动合同的，劳动者可另行依法主张用人单位承担未订立书面劳动合同的法律责任。也就是说，劳动合同里的细节太多了，法院没法给出范本要求必须签，但是谁签，谁承担责任就可以了。

3. 竞业限制期限内由于用人单位的原因导致 3 个月未支付经济补偿，劳动者请求解除竞业限制约定，仲裁、法院都支持。

2013 年《最高人民法院关于审理劳动争议案件适用法律若干问题的解释(四)》(以下简称《司法解释四》)第 8 条中就有这样的规定，在该司法解释被废止后，这一规定被收入《最高人民法院关于审理劳动争议案件适用法律问题的解释(一)》(以下简称《新劳动司法解释一》)中。

《新劳动司法解释一》第 38 条规定："当事人在劳动合同或者保密协议中约定了竞业限制和经济补偿，劳动合同解除或者终止后，因用人单位的原因导致三个月未支付经济补偿，劳动者请求解除竞业限制约定的，人民法院应予支持。"所以企业 3 个月不支付竞业限制补偿，劳动者可以提出解除的规定在法院系统中一直存在。

虽然这个规定由来已久，但是无论是《司法解释四》，还是《新劳动司法解释一》作为最高人民法院出台的司法解释，可以指导各级法院的审判工作，但是对于仲裁委员会的具体工作鞭长莫及。

在审理这类竞业限制劳动争议案件的时候，就出现过仲裁委员会和法院对同一个问题认识不同的情况，甚至有些解读认为，员工要求解除只能向法院提出，造成了实践中的不统一。

而本条规定，明确了仲裁和法院的裁判尺度，明确了仲裁机构也要适用这一裁判规则。确实有利于诉讼仲裁结果的进一步统一。

这里也多说一句，《新劳动司法解释一》第 38 条的诉审衔接问题是解决了，那么第 39 条还规定"在竞业限制期限内，用人单位请求解除竞业限制协议的，人民法院应予支持"。"在解除竞业限制协议时，劳动者请求用人单位额外支付劳动者三个月的竞业限制经济补偿的，人民法院应予支持。"此处请求权该如何行使？也可以比照以上精神吗？我们也持续关注。

第二节　劳动争议的管辖

一、仲裁阶段劳动争议的管辖

(一)现实场景

发生劳动争议了，到哪儿去打官司，企业被员工告了哪里的仲裁法院管辖，这也是劳动纠纷里的关键问题，尤其是在异地用工非常普遍的情况下，如上海的公司在北京用了个员工，发生纠纷了到底是去北京打官司还是去上海打官司？对于这个问题仲裁和法院有截然不同的规定。

（二）法律依据

《中华人民共和国劳动争议调解仲裁法》

第二十一条　劳动争议仲裁委员会负责管辖本区域内发生的劳动争议。

劳动争议由劳动合同履行地或者用人单位所在地的劳动争议仲裁委员会管辖。双方当事人分别向劳动合同履行地和用人单位所在地的劳动争议仲裁委员会申请仲裁的，由劳动合同履行地的劳动争议仲裁委员会管辖。

（三）实践观点与分析

发生劳动争议了，在劳动合同履行地和用人单位所在地都有管辖权的情况下，到底选择在哪边申请仲裁要看站在谁的角度考虑。一般来说，如果涉及异地用工，员工都愿意在自己上班的地方申请仲裁，在自己的家门口免去了舟车劳顿。

在劳动仲裁阶段，网上开庭仍然不够普及的情况下，企业跑到员工所在地打官司，确实成本也比较高。笔者就曾经下了飞机再转长途车，走盘山路3小时去员工所在地打官司。所以，公司也希望官司能在自己的注册地管辖，这时候就出现了最为重要的一条规则，当公司和员工都在自己家门口申请仲裁的时候，到底是哪里的仲裁管辖。

按照法律规定，双方当事人分别向对自己有利的劳动合同履行地和用人单位所在地的仲裁委员会申请仲裁的，由普遍来讲对员工更为有利的劳动合同履行地的仲裁委员会管辖。也就是说，仲裁阶段优先照顾和方便员工一方，这3小时的长途车加飞机在仲裁阶段是要由单位去体验的。

当然了，这个也不绝对，因为各地仲裁法院对同一问题的裁判尺度不同，说得再通俗点，有的地方仲裁更加照顾员工，所以也有员工舍近求远跑到单位所在地打官司的情况，我们就经历过黑龙江的、长沙的员工不远万里跑到北京朝阳区来打官司，员工认为当地这个官司打不赢，到了朝阳区就很有希望。这个要视具体情况而定。

（四）实操指引

仲裁阶段管辖的确定，对于公司一方来说，选择权不大，对于异地用人的情况来说，绝大多数情况下，发生争议是要去员工所在地的，这就要求公司一方不仅要了解自己所在地的裁判尺度，还要了解异地的审判实践和尺度差异，这个对公司一方来说，要求确实比较高。仲裁结束后，公司还有一次抢管辖的机会，我们后边接着说。

二、一审阶段劳动争议的管辖

(一)现实场景

仲裁结束了，有一方不满意，甚至是双方都不满意，案件还要继续起诉到法院，这时候的管辖，尤其是双方起诉的管辖与仲裁阶段照顾员工一方截然不同。而是谁先立案，最先受理的法院就有管辖权。

(二)法律依据

《最高人民法院关于审理劳动争议案件适用法律问题的解释(一)》

第三条　劳动争议案件由用人单位所在地或者劳动合同履行地的基层人民法院管辖。

劳动合同履行地不明确的，由用人单位所在地的基层人民法院管辖。

法律另有规定的，依照其规定。

第四条　劳动者与用人单位均不服劳动争议仲裁机构的同一裁决，向同一人民法院起诉的，人民法院应当并案审理，双方当事人互为原告和被告，对双方的诉讼请求，人民法院应当一并作出裁决。在诉讼过程中，一方当事人撤诉的，人民法院应当根据另一方当事人的诉讼请求继续审理。双方当事人就同一仲裁裁决分别向有管辖权的人民法院起诉的，后受理的人民法院应当将案件移送给先受理的人民法院。

(三)实践观点与分析

仲裁结束了，一方甚至双方都不满意，需要继续到一审法院起诉，这时候，向哪个法院起诉，哪个法院能管辖？这个和仲裁阶段的规定是一致的，还是由用人单位所在地或者劳动合同履行地的基层法院管辖。

此外，如果劳动合同履行地不明确的，由用人单位所在地的法院管辖，如有些外勤销售人员一个人负责多个城市甚至多个省，那可能就要到公司所在地管辖了。

和仲裁阶段相比，诉讼阶段管辖规定中最大的不同是，双方同时向不同法院起诉的情况。比如,还是上海公司在北京用了个员工,员工仲裁在自己门口北京申请的,上海公司只能去北京应诉。到了一审阶段,北京员工在劳动合同履行地北京的法院起诉了,上海的公司在公司所在地上海的法院起诉了,这时候官司在哪边打?

按照法律规定,北京和上海的法院,谁先受理,案件就在哪边打,后受理的法院需要将案件移送至先受理的法院。这和仲裁阶段规定的,企业和员工同时申请仲裁,照顾员工在劳动合同履行地打官司是明显不同的。

这样做除了避免舟车劳顿,下了飞机坐长途车之外,更为重要的是,不同城市的裁判规则不同,案件结果可能有根本翻转。这个我们放在下一部分具体说明。

另外需要说明的是,对于诉讼的管辖,是以法院受理为依据的,所以网上立案、邮寄立案这种立案之后法院受理较慢的方式都不利于一审阶段争取管辖权。还是推荐现场立案,并且一定要拿到案件的纸质受理回执。有些法院案件受理后先进入所谓的多元或者其他各种调解,不给受理回执。这种情况都不利于取得一审的管辖权,在与异地的对方起诉法院沟通时,无法提供法院盖章的文书将会出现重大问题。有些法院不给正式盖章的文书,如北京市朝阳区人民法院,给一个方形的所谓立案庭受理专用章,那也可以,总归是要拿到法院盖章的材料,未来才能要求对方法院转移管辖。像网上立案的截图、邮寄立案的邮寄凭证这些都不能作为先立案的依据,这个细节大家一定要注意。

(四)实操指引

正如前边所说,仲裁阶段对于公司一方来说,选择权不大,对于异地用人的情况来说,绝大多数情况下,发生争议是要去员工所在地的。但是仲裁结束后,公司还有一次抢管辖的机会,把握好这个机会不仅可以避免舟车劳顿,也有可能通过不同城市的裁判差异扭转乾坤。对于劳动者来说,如果要避免出现这种局面,在仲裁阶段就要斟酌自己的仲裁请求,出了结果之后,要考虑是否需要防御性起诉,以免在一审阶段陷入被动。

三、选择管辖地的意义

(一)现实场景

作为存在异地用工情形的企业,选择管辖的意义,除了前边提到的避免舟车劳顿，在更为熟悉的企业所在地进行诉讼外，最大的意义还是选择一个更加有利的法律环境。不可否认，劳动争议类案件，作为民事案件受理的大户，在全国的法律适用严重的不统一，甚至在有些地方会出现截然相反的规定，这也导致了在不同城市进行诉讼，会有完全不同的法律适用和裁判结果。新冠肺炎疫情背景下劳动争议案件与当地的疫情政策进行了更多的结合，必然导致劳动争议类案件进一步向着细致入微，各地分歧不断的角度发展。

如何选择一个对自己更有利的地方来管辖案件，是个技术活，透过这个问题，笔者也更加感觉，想做好企业客户的劳动法律服务，是需要具备全国联动能力的，毕竟现在没有哪个律师能做到对全国的裁判尺度和规定都了然于胸，这时候一家全国性规模的律所可能是客户的最佳选择。

（二）法律依据

《最高人民法院印发〈关于依法妥善审理涉新冠肺炎疫情民事案件若干问题的指导意见（一）〉的通知》

十、切实保障法律适用统一。各级人民法院要加强涉疫情民事案件审判工作的指导和监督，充分发挥专业法官会议、审判委员会的作用，涉及重大、疑难、复杂案件的法律适用问题，应当及时提交审判委员会讨论决定。上级人民法院应当通过发布典型案例等方式加强对下级人民法院的指导，确保裁判标准统一。

（三）实践观点与分析

在本书之前的介绍里，我们不止一次提到劳动争议案件在全国的差异性。这里就简单举几个例子。

例一：劳动合同到期不续签的差异

1. 对于劳动合同到期不续签，除北京外全国观点基本一致，无论是首次建立劳动关系，还是劳动合同到期后，延续劳动关系，都要求在 1 个月内签订书面劳动合同，超过 1 个月不签的，开始处以双倍工资的罚则。如江苏、浙江、广东等地区都有明确的地方解释性文件，支持这个观点。

法律依据：

(1)《中华人民共和国劳动合同法》

第十条　建立劳动关系，应当订立书面劳动合同。

已建立劳动关系，未同时订立书面劳动合同的，应当自用工之日起一个月内订立书面劳动合同。

第八十二条第一款　用人单位自用工之日起超过一个月不满一年未与劳动者订立书面劳动合同的，应当向劳动者每月支付二倍的工资。①

(2)《中华人民共和国劳动合同法实施条例》

第六条　用人单位自用工之日起超过一个月不满一年未与劳动者订立书面劳动合同的，应当依照劳动合同法第八十二条的规定向劳动者每月支付两倍的工资，并与劳动者补订书面劳动合同；劳动者不与用人单位订立书面劳动合同的，用人单位应当书面通知劳动者终止劳动关系，并依照劳动合同法第四十七条的规定支付经济补偿。

前款规定的用人单位向劳动者每月支付两倍工资的起算时间为用工之日起满一个月的次日，截止时间为补订书面劳动合同的前一日。

(3)《江苏省高级人民法院、江苏省劳动人事争议仲裁委员会关于审理劳动争议案件的指导意见(二)》

第三条　劳动合同期满后，劳动者继续在用人单位工作，用人单位超过一个月不满一年未与劳动者订立书面劳动合同，劳动者请求用人单位每月支付二倍工资的，应予支持。用人单位超过一年未与劳动者订立书面劳动合同的，视为双方已订立无固定期限劳动合同。

2. 对于这个续签的问题，北京则有截然相反的规定，在到期未续签劳动合同的情况下，一天的宽限期也没有。如果劳动合同到期了，双方继续建立劳动关系，从到期不续签的第二天就开始对企业进行双倍工资的处罚了。

法律依据：

2014 年《北京市高级人民法院、北京市劳动争议仲裁委员会关于劳动争议案件法律适用问题研讨会会议纪要(二)》

27. 劳动合同期满后未订立劳动合同，劳动者仍在原用人单位继续工作，如何处理？

劳动合同期满后未订立劳动合同，劳动者仍在原用人单位继续工作，应适用《劳动合同法》第十条、第十四条第三款、第八十二条，《中华人民共和国劳动合

---

①　也就是说，首次签订书面劳动合同和到期续签书面劳动合同，都给 1 个月的宽限期，在 1 个月的宽限期内，不对企业进行未签订书面劳动支付 2 倍公司的惩罚。但是超过 1 个月，开始计算双倍工资，也就是理论上最多可以罚 11 个月的双倍工资。

同法实施条例》第六条、第七条的规定进行处理。在此情况下，因为用人单位对原劳动合同期满和继续用工的法律后果均有预期，因此不需要再给予一个月的宽限期，原劳动合同期满次日，即是用人单位应当订立劳动合同之日和承担未订立劳动合同的法律后果之日。

3. 也就是说，在北京审理到期未续签的案件，要求格外严格，到期不续签没有任何宽限期，要求公司必须提前办理续签的手续。笔者认为，北京地区的裁判要求，是曲解了上位法《劳动合同法》，对用人单位是不公平的。现实场景中，员工的到期未及时续签，工资、社保所有待遇都不受影响，这时候一天宽限期都不给企业，过分严苛了，尤其是在疫情背景下，要求每一次都严丝合缝地续签劳动合同，难度较大。在这个问题上希望北京能够向全国看齐。

例二：第二次固定期限劳动合同到期，公司提出不续签的法律后果

1. 对于这个问题，除了上海外，全国的主流观点是第二次固定期限劳动合同到期，除非员工有违纪等特殊情形，否则公司是无权到期终止的。员工要求续签的必须续签，员工要求签订无固定期限劳动合同就要签订无固定期限劳动合同。如果公司强行终止劳动关系，属于违法解除。

法律依据：

(1)《中华人民共和国劳动合同法》

第十四条　无固定期限劳动合同，是指用人单位与劳动者约定无确定终止时间的劳动合同。

用人单位与劳动者协商一致，可以订立无固定期限劳动合同。有下列情形之一，劳动者提出或者同意续订、订立劳动合同的，除劳动者提出订立固定期限劳动合同外，应当订立无固定期限劳动合同：

（一）劳动者在该用人单位连续工作满十年的；

（二）用人单位初次实行劳动合同制度或者国有企业改制重新订立劳动合同时，劳动者在该用人单位连续工作满十年且距法定退休年龄不足十年的；

（三）连续订立二次固定期限劳动合同，且劳动者没有本法第三十九条和第四十条第一项、第二项规定的情形，续订劳动合同的。

用人单位自用工之日起满一年不与劳动者订立书面劳动合同的，视为用人单位与劳动者已订立无固定期限劳动合同。

(2)《北京市高级人民法院、北京市劳动争议仲裁委员会关于劳动争议案件法律适用问题研讨会会议纪要(二)》

第三十三条　用人单位与劳动者约定劳动合同到期续延，且实际续延劳动合同的，合同约定了续延期限的，续延期限届满时，劳动者以连续订立两次固定期限劳动合同为由，提出或者同意续订、订立无固定期限劳动合同，用人单位应当与劳动者订立无固定期限劳动合同。用人单位不与劳动者订立无固定期限劳动合同的，可以依劳动者的主张确认存在无固定期限劳动合同关系。

2. 与全国认识截然不同的是，上海地区认为，第二次劳动合同期满后，是否续订劳动合同仍然需要双方协商一致。或者说得更直白一点，在第二次劳动合同到期时，公司仍然有权到期终止。也就是将全国普遍认为第二次固定期限劳动合同到期时的义务，延长到了第三次续订。

法律依据：

《上海市高级人民法院关于适用〈劳动合同法〉若干问题的意见》

(四)用人单位与劳动者连续订立几次固定期限劳动合同以后，续订合同应当订立无固定期限合同

《中华人民共和国劳动合同法》第十四条第二款第(三)项的规定，应当是指劳动者已经与用人单位连续订立二次固定期限劳动合同后，与劳动者第三次续订合同时，劳动者提出签订无固定期限劳动合同的情形。

3. 上海对到期必须续签的理解，显然对企业更加宽松，这也导致了异地用工的情况下，官司在上海打和在其他城市会截然不同。

例三：自愿放弃公司缴纳社保后反悔能否以《劳动合同法》第38条的规定，立即反悔立即要求公司支付补偿金的问题

缴纳社会保险是用人单位的法定责任，不是个人说放弃就能放弃的，毕竟还涉及社保统筹资金的征缴问题，这个在全国都没有什么争议。

但是对于员工入职时明确要求公司不为自己缴纳社保后又反悔的，员工能否依据《劳动合同法》第38条第3项让用人单位支付经济补偿金，全国的差异就比较大了。《劳动合同法》第38条第3项规定，用人单位未依法为劳动者缴纳社会保险费的，劳动者可以提出解除劳动合同并获得经济补偿金。

1. 全国普遍观点。

全国的普遍观点是虽然员工放弃社保的承诺无效，但是毕竟当初不缴纳社

保是员工要求的，所以即便员工反悔了，也要满足一些条件才能获得经济补偿金，如广东省高级人民法院2013年的会议纪要就提出，员工放弃社保后，可以反悔，但是不能反悔了就立即主张补偿金，需要给单位一个反应的时间，公司不给补缴或者合理期限内公司不给补缴的，员工才能主张补偿金，规定比较合理。

再如，山东的典型案例(2020)鲁14民终3835号，法院认为，员工自愿承诺放弃缴纳社会保险费，视为放弃了在解除劳动合同时劳动者依法享有的经济补偿金的权利。马某放弃权利并不违法，而马某以用人单位没有为其缴纳社会保险费，应向其支付经济补偿金的主张，违反了民事活动中的诚实信用原则，不应得到支持。允许员工补缴，但是不再支持员工要经济补偿金的请求。

毕竟放弃社保缴纳，对于员工和公司来说都是违反社会保险法的违规行为，而对于单位违规不缴纳将面临的不仅是补缴社会保险，还要承担延期缴纳的繁重滞纳金。这是对公司的处罚，除此之外再让公司承担向同样违规的个人支付经济补偿金，笔者认为不合理。

法律依据：

《广东省高级人民法院、广东省劳动人事争议仲裁委员会关于审理劳动人事争议案件若干问题的座谈会纪要》

25.用人单位与劳动者约定无须办理社会保险手续或将社会保险费直接支付给劳动者，劳动者事后反悔并明确要求用人单位为其办理社会保险手续及缴纳社会保险费的，如用人单位在合理期限内拒不办理，劳动者以此为由解除劳动合同并请求用人单位支付经济补偿，应予支持。

2.北京观点。

与全国观点截然相反的就是北京观点，北京在2014年以明文形式答复，在员工本人放弃，本人要求不缴纳社会保险后反悔的，仍然支持以《劳动合同法》第38条解除并支持经济补偿金。在明确支持员工反悔的情况下，也没有为支付补偿金设置任何前提。笔者自己就经历了这样的案件，同样的事实，在广州员工拿不到任何补偿，但是相同的情况在北京，员工就可以获得一份经济补偿金。

按照目前的会议纪要精神，这不仅是支持员工从自身违规行为中获利，也与上边列举的山东判决中所说的“员工要求不缴纳社保，又以不缴纳社保向单位主张经济补偿金，违反了民事活动中的诚实信用原则，不应得到支持”的精神背道而驰。笔者的意见,关于北京会议纪要精神还可以继续讨论。

法律依据:

《北京市高级人民法院、北京市劳动争议仲裁委员会关于劳动争议案件法律适用问题研讨会会议纪要(二)》

25. 劳动者要求用人单位不缴纳社会保险,后又以用人单位未缴纳社会保险为由提出解除劳动合同并主张经济补偿的,应否支持?

依法缴纳社会保险是《劳动法》规定的用人单位与劳动者的法定义务,即便是因劳动者要求用人单位不为其缴纳社会保险,劳动者按照《劳动合同法》第三十八条的规定主张经济补偿的,仍应予支持。

例四:违纪行为严重性的问题

不同的城市,对于员工诚信的要求,和员工违纪严重性的判断也存在差异。在这里就举两个超级典型的案例给大家做一参考。

北京长城饭店一员工,在给客房更换手纸的时候,将两卷卫生纸和一包面巾纸装在自己包里带出饭店,后被发现。

长城饭店以员工礼违反《员工守则》中"私拿饭店物品"的规定,决定解除与该员工的劳动合同。

上海和平饭店一员工在工作期间,偷偷到厨房拿了一个苹果给吃了。

和平饭店根据《员工手册》第八章第3条第2款"有偷窃或贪污饭店、客人、员工的物品、钱物等行为的,作解除劳动合同辞退处理"和第2条第4款第2项"私自使用客用设施和物品,吃喝饭店食品饮料的,记违纪过失4分"的规定,也按严重违纪进行了解除。

而类似的案件,却判决出了截然不同的结果。

北京的法院判决:根据长城饭店《员工守则》,私拿饭店物品属于重大过失,第一次违反者,将辞退、解除劳动合同。但就本案而言,员工礼私拿的两卷卫生纸和一包面巾纸价值较小,且该员工属于初犯,事发后能够及时检讨,故员工的行为虽违反了长城饭店的规章制度,但尚不及法律规定的"严重"程度。长城饭店对员工私拿两卷卫生纸和一包面巾纸的行为,直接予以解除劳动合同,明显不当。判决饭店败诉。

上海的法院判决:违纪是否严重,一般应当以劳动法律、法规所规定的限度和用人单位内部规章制度关于严重违纪行为的具体规定作为衡量标准。该员工无视相关规定，随意使用非员工通道，疏于律己，尤其于深夜进入厨房擅取食品一节，其故意程度严重。试想若和平饭店恣意纵容与厨房工作无涉人员任意进出厨房，且不论进出人员是否持有健康证，其食品安全如何保障，五星饭店之名誉如何维系均成空谈。该员工又称，并无窃取之意，根据本案现有的事实及查明的证据可见，苹果显然非该员工所有，取得的地点亦非其工作岗位或与之有工作联络的任意地点，而是在门口悬有警示标志的厨房内取得，对此，本院认为，物品贵贱，违纪程度的轻重并不改变行为本身的性质。和平饭店系五星酒店，其为提升酒店品质、提高管理水平制定严格的规章制度属于依法行使管理权。现其根据此员工之表现，决定解除与其劳动合同，于法无悖，应予支持。

管中窥豹可见一斑，对于类似的违纪行为，是否构成了严重，不同的城市，不同的法院也有自己的理解和判断，这也是我们选择管辖城市时需要考虑的因素。在这里也引用一句法律谚语：一个法官的道德底线就是一个城市文明的试金石。

例五：客观情况重大变化

按照《劳动合同法》第40条无过失性辞退的规定，有下列情形之一的，用人单位提前30日以书面形式通知劳动者本人或者额外支付劳动者1个月工资后，可以解除劳动合同：劳动合同订立时所依据的客观情况发生重大变化，致使劳动合同无法履行，经用人单位与劳动者协商，未能就变更劳动合同内容达成协议的。

对于什么情况算客观情况重大变化，这个认定可以说是最有地方特色，也是争议最大的一个问题了。全国各地，几乎每一个城市都有自己的认定标准。这里我们也选取几个重点城市的观点供大家参考。

1. 广东判决书。

企业的生产经营状况是随着市场竞争的形式和企业自身情况而不断变化的，根据自身生产经营需要而对公司部门结构、人员岗位进行调整属于企业经营自主权范畴。故××公司对公司A业务部门实施团队组织架构重组，是公司内部自主管理权的体现，具有合理性。根据××公司提交的重组前后架构图，A部门员工的工作岗位确实产生了客观调整变化。

2. 上海法院在审判案件时会具体案件具体分析，一般认为：(1)公司董事会或股东会发布了组织架构或生产调整决议；(2)被裁减人员系为执行该决议而影响到的岗位上的不特定人员，如果两点均具备即有机会被认定为“客观情况发生重大变化”。上海地区大量判决书认可自主的部门裁撤属于客观情况。

3. 北京的规定就更加机械了，按照2017年北京市高级人民法院的问答精神规定，在北京地区下列情形属于“客观情况发生重大变化”：

(1)地震、火灾、水灾等自然灾害形成的不可抗力；

(2)受法律、法规、政策变化导致用人单位迁移、资产转移或者停产、转产、转(改)制等重大变化的；

(3)特许经营性质的用人单位经营范围等发生变化的。

其中企业能遇到的最多情况就是第二种情形，而北京的规定，企业的停产转产等行为必须有一个前提，那就是“受法律、法规、政策变化导致”。这也基本上堵死了上海、广州地区认可的，企业作出的重大自主决定也可以被视为客观情况变化。

也就是说，在北京地区企业自主决定的，基本上都不算客观，算客观的企业自己都决定不了。这也是笔者在北京地区从事律师工作，在裁员工作中，感到非常不适应的一点，期待全国的裁判尺度能够逐渐靠拢。

(四)实操指引

以上只是几个简单的例子，类似的情况其实非常多，如何选择对自己最为有利的管辖地点，不只是出门远近的问题，更会对案件的结果产生根本性的影响。在劳动争议案件，全国裁判尺度仍然存在分歧的今天，如何利用好选择管辖的这一次机会，是个重大课题。除了多多实践之外，交流也格外重要，我们也有一个想法，就是建立一种沟通机制，在这本书的联系下，让我们全国对劳动法律感兴趣的人，都能联系起来，互通有无，共同探讨。

第三节 一裁终裁

一、“一裁两审”的例外情形——一裁终裁

(一)现实场景

一般情况下，劳动争议要经过我们前边提到的“一裁两审”程序，时间周期可想而知，笔者自己处理的，历经三年五载的案子都不在少数。对于企业一方来

说还好，但是对于绝大多数的劳动者而言，这么漫长的诉讼过程，反复的拉扯，对于个人无疑是一种煎熬。所以也有一些企业在诉讼中坚持“拖字决”，这是一种诉讼策略，在这里不作评价。这里我们就说说“一裁两审”中的例外情况——劳动争议仲裁中的一裁终裁。

对于企业来说，也必须清楚地认识到，不是所有的案件都是对“一裁两审”制度，有些案件，是拖无可拖的。

（二）法律依据

1.《中华人民共和国劳动争议调解仲裁法》

第四十七条　下列劳动争议，除本法另有规定的外，仲裁裁决为终局裁决，裁决书自作出之日起发生法律效力：

（一）追索劳动报酬、工伤医疗费、经济补偿或者赔偿金，不超过当地月最低工资标准十二个月金额的争议；

（二）因执行国家的劳动标准在工作时间、休息休假、社会保险等方面发生的争议。

2.《劳动人事争议仲裁办案规则》（2017）

第五十条　仲裁庭裁决案件时，申请人根据调解仲裁法第四十七条第（一）项规定，追索劳动报酬、工伤医疗费、经济补偿或者赔偿金，如果仲裁裁决涉及数项，对单项裁决数额不超过当地月最低工资标准十二个月金额的事项，应当适用终局裁决。

前款经济补偿包括《中华人民共和国劳动合同法》（以下简称劳动合同法）规定的竞业限制期限内给予的经济补偿、解除或者终止劳动合同的经济补偿等；赔偿金包括劳动合同法规定的未签订书面劳动合同第二倍工资、违法约定试用期的赔偿金、违法解除或者终止劳动合同的赔偿金等。

根据调解仲裁法第四十七条第（二）项的规定，因执行国家的劳动标准在工作时间、休息休假、社会保险等方面发生的争议，应当适用终局裁决。

仲裁庭裁决案件时，裁决内容同时涉及终局裁决和非终局裁决的，应当分别制作裁决书，并告知当事人相应的救济权利。

第五十八条　简易处理的案件，经与被申请人协商同意，仲裁庭可以缩短或者取消答辩期。

第五十九条　简易处理的案件，仲裁庭可以用电话、短信、传真、电子邮件等简便方式送达仲裁文书，但送达调解书、裁决书除外。

以简便方式送达的开庭通知，未经当事人确认或者没有其他证据证明当事人已经收到的，仲裁庭不得按撤回仲裁申请处理或者缺席裁决。

第六十条 简易处理的案件，仲裁庭可以根据案件情况确定举证期限、开庭日期、审理程序、文书制作等事项，但应当保障当事人陈述意见的权利。

第六十一条 仲裁庭在审理过程中，发现案件不宜简易处理的，应当在仲裁期限届满前决定转为按照一般程序处理，并告知当事人。

案件转为按照一般程序处理的，仲裁期限自仲裁委员会受理仲裁申请之日起计算，双方当事人已经确认的事实，可以不再进行举证、质证。

3.《人力资源社会保障部、最高人民法院关于劳动人事争议仲裁与诉讼衔接有关问题的意见(一)》

第十条 仲裁裁决涉及下列事项，对单项裁决金额不超过当地月最低工资标准十二个月金额的，劳动人事争议仲裁委员会应当适用终局裁决：

(一)劳动者在法定标准工作时间内提供正常劳动的工资；

(二)停工留薪期工资或者病假工资；

(三)用人单位未提前通知劳动者解除劳动合同的一个月工资；

(四)工伤医疗费；

(五)竞业限制的经济补偿；

(六)解除或者终止劳动合同的经济补偿；

(七)《中华人民共和国劳动合同法》第八十二条规定的第二倍工资；

(八)违法约定试用期的赔偿金；

(九)违法解除或者终止劳动合同的赔偿金；

(十)其他劳动报酬、经济补偿或者赔偿金。

第十一条 裁决事项涉及确认劳动关系的，劳动人事争议仲裁委员会就同一案件应当作出非终局裁决。

第十二条 劳动人事争议仲裁委员会按照《劳动人事争议仲裁办案规则》第五十条第四款规定对不涉及确认劳动关系的案件分别作出终局裁决和非终局裁决，劳动者对终局裁决向基层人民法院提起诉讼、用人单位向中级人民法院申请撤销终局裁决、劳动者或者用人单位对非终局裁决向基层人民法院提起诉讼的，有管辖权的人民法院应当依法受理。

审理申请撤销终局裁决案件的中级人民法院认为该案件必须以非终局裁决案件的审理结果为依据，另案尚未审结的，可以中止诉讼。

第十三条　劳动者不服终局裁决向基层人民法院提起诉讼，中级人民法院对用人单位撤销终局裁决的申请不予受理或者裁定驳回申请，用人单位主张终局裁决存在《中华人民共和国劳动争议调解仲裁法》第四十九条第一款规定情形的，基层人民法院应当一并审理。

第十四条　用人单位申请撤销终局裁决，当事人对部分终局裁决事项达成调解协议的，中级人民法院可以对达成调解协议的事项出具调解书；对未达成调解协议的事项进行审理，作出驳回申请或者撤销仲裁裁决的裁定。

第十七条　对符合简易处理情形的案件，劳动人事争议仲裁委员会按照《劳动人事争议仲裁办案规则》第六十条规定，已经保障当事人陈述意见的权利，根据案件情况确定举证期限、开庭日期、审理程序、文书制作等事项，作出终局裁决，用人单位以违反法定程序为由申请撤销终局裁决的，人民法院不予支持。

（三）实践观点与分析

★ 073 “一裁终局”的适用范围

“一裁终局”的适用范围仅限于两类劳动争议案件。其一为小额的仲裁案件，其二为属于上述规定列举范围的仲裁案件。

首先，关于“一裁终局”制度的设立，是为了进一步缩短劳动争议的处理流程，加快案件处理的速度，帮助早日实现定分止争的诉讼目的。降低劳动者一方的维权成本，尤其是时间成本。所以在符合特定条件时，仲裁的裁决一经作出，便发生法律效力，不允许用人单位一方就终局的同一争议事项再向人民法院提起诉讼。第一，《人力资源社会保障部、最高人民法院关于劳动人事争议仲裁与诉讼衔接有关问题的意见（一）》第10条（以下简称第10条）是关于仲裁委员会适用终局裁决的规定。第10条的规定渊源来自《劳动争议调解仲裁法》第47条的规定，即“下列劳动争议，除本法另有规定的外，仲裁裁决为终局裁决，裁决书自作出之日起发生法律效力：（一）追索劳动报酬、工伤医疗费、经济补偿或者赔偿金，不超过当地月最低工资标准十二个月金额的争议；（二）因执行国家的劳动标准在工作时间、休息休假、社会保险等方面发生的争议”以及人力资源和社会保障部令第 33 号《劳动人事争议仲裁办案规则》第 50 条的规定，即“仲裁庭裁决案件时，申请人根据调解仲裁法第四十七条第(一)项规定，追索劳动报酬、工伤医疗费、经济补偿或者赔偿金，如果仲裁裁决涉及数项，对单项裁决数额不超过当地月最低工资标准十二个月金额的事项，应当适用终局裁决。前款经济补偿包括《中华人民共和国劳动合同法》(以下简称劳动合同法)规定的竞业限制期限内给予的经济补偿、解除或者终止劳动合同的经济补偿等；赔偿金包括劳动合同法规定的未签订书面劳动合同第二倍工资、违法约定试用期的赔偿金、违法解除或者终止劳动合同的赔偿金等。根据调解仲裁法第四十七条第(二)项的规定，因执行国家的劳动标准在工作时间、休息休假、社会保险等方面发生的争议，应当适用终局裁决。仲裁庭裁决案件时，裁决内容同时涉及终局裁决和非终局裁决的，应当分别制作裁决书，并告知当事人相应的救济权利”。

由此可以看到，《仲诉衔接规定(一)》第 10 条实际引用了《劳动争议调解仲裁法》第 47 条和《劳动人事争议仲裁办案规则》第 50 条的规定，对于终局裁决进行了更为清晰和具体的规定。

第二，因《劳动争议调解仲裁法》第 47 条概括表示了追索劳动报酬、工伤医疗费、经济补偿或者赔偿金，并未具体区分。例如，竞业限制的经济补偿、解除或者终止劳动合同的经济补偿、待通知金等，因此各地方在该规定的理解，以及司法实践以及裁审对此条款理解存在分歧。因此，《仲诉衔接规定(一)》第 10 条规定进一步明确了不超过当地月最低工资标准 12 个月金额的单项裁决的法定范围。

此外，关于终局裁决的规定，《最高人民法院关于审理劳动争议案件适用法律问题的解释(一)》第 18 条、第 19 条、第 20 条①亦对终局裁决进行了规定。例

---

① 《最高人民法院关于审理劳动争议案件适用法律问题的解释(一)》(法释〔2020〕26 号)第 18 条规定：“仲裁裁决的类型以仲裁裁决书确定为准。仲裁裁决书未载明该裁决为终局裁决或者非终局裁决，用人单位不服该仲裁裁决向基层人民法院提起诉讼的，应当按照以下情形分别处理：(一)经审查认为该仲裁裁决为非终局裁决的，基层人民法院应予受理；(二)经审查认为该仲裁裁决为终局裁决的，基层人民法院不予受理，但应告知用人单位可以自收到不予受理裁定书之日起三十日内向劳动争议仲裁机构所在地的中级人民法院申请撤销该仲裁裁决；已经受理的，裁定驳回起诉。”第十九条规定：“仲裁裁决书未载明该裁决为终局裁决或者非终局裁决，劳动者依据调解仲裁法第四十七条第一项规定，追索劳动报酬、工伤医疗费、经济补偿或者赔偿金，如果仲裁裁决涉及数项，每项确定的数额均不超过当地月最低工资标准十二个月金额的，应当按照终局裁决处理。”第二十条规定：“劳动争议仲裁机构作出的同一仲裁裁决同时包含终局裁决事项和非终局裁决事项，当事人不服该仲裁裁决向人民法院提起诉讼的，应当按照非终局裁决处理。”

如，仲裁裁决的类型以仲裁裁决书确定为准；若未载明裁决是否未终局裁决的处理；若裁决书同时包含终局裁决事项和非终局裁决事项，则应当按非中裁决裁决处理等。

★ 074 符合哪些特定条件时，仲裁后企业就不能再起诉了？

综合上述规定，主要有以下两种情形：

（1）追索劳动报酬、工伤医疗费、经济补偿或者赔偿金，不超过当地月最低工资标准 12 个月金额的争议；

（2）因执行国家的劳动标准在工作时间、休息休假、社会保险等方面发生的争议。

即“一裁终局”的适用范围仅限于以上两类劳动争议案件。第一种情形是争议额度较小的仲裁案件，第二种情形列举范围内的特定争议仲裁案件。

对于第一种情形劳动报酬、工伤医疗费、经济补偿或者赔偿金都包括哪些费用，也有进一步的规定。按照《劳动人事争议仲裁办案规则》（2017）第 50 条进一步明确：“经济补偿”不但包括通常所指“解除或者终止劳动合同的经济补偿”，还包括“竞业限制期限内给予的经济补偿”。

“赔偿金”不但包括“违法解除或者终止劳动合同的赔偿金”，还包括“未签订书面劳动合同第二倍工资”、违法约定试用期的赔偿金等。

例如，《天津市人力资源和社会保障局关于劳动人事争议案件适用“一裁终局”有关问题的通知》更是进一步明确了“劳动报酬”包括计时工资、计件工资、奖金、津贴和补贴、加班加点的工资、特殊情况下支付的工资以及因未休法定带薪年休假产生的带薪年休假工资。

“工伤医疗费”包括挂号费、检查费、治疗费、药费、住院费、住院伙食补助费、就医路费、统筹地区以外就医交通食宿费、护理费等与工伤或者职业病治疗有关的费用。

应该说以上所有的补偿金和赔偿金加起来，如果不超过当地月最低工资标准 12 个月金额的，那确实是小标的诉讼，以本书撰写时北京当年的最低工资标准 2320 元为例，以上争议的单项费用，不超过 27, 840 元的就是一裁终裁了，这个金额标准还不到北京市社会平均工资 3 倍封顶 1 个月的工资。再经历一裁两审就有点太折腾人了，也是对诉讼资源的一种严重浪费。

对于第二种情形各地都有解读,如《福建省人力资源和社会保障厅关于进一步做好劳动争议案件终局裁决工作的通知》规定,以下情形是典型的因执行国家的劳动标准在工作时间、休息休假、社会保险等方面发生的争议:

(1)工作时间争议,包括因执行国家的劳动标准在标准工时制、不定时工作制和综合计算工时工作制以及非全日制用工工时制标准等工作时间方面发生的争议,不涉及具体支付金额。如果涉及金额支付,那么还要考虑第一种情形金额的大小。

(2)休息休假争议,包括因执行国家的劳动标准在法定节假日、休息日、带薪年休假,以及病假、产假、哺乳假、计划生育假、婚丧假等休息休假方面发生的争议,不涉及具体支付金额。

(3)社会保险争议,包括因执行国家的劳动标准在养老保险、医疗保险、工伤保险、失业保险和生育保险方面劳动者和用人单位发生的争议,包括但不限于在支付社会保险待遇(此处的工伤保险待遇不包括工伤医疗费)方面劳动者和用人单位的争议。天津的文件也是这个精神,认为"社会保险"包括基本医疗保险待遇损失、失业保险金损失、工伤保险待遇损失(工伤医疗费以外)和生育保险待遇损失方面发生的争议。

目前争议较大的还是在社会保险这块,对于企业未缴纳工伤保险,导致员工工伤无法获得工伤保险待遇,进而进行的社保待遇损失案件,尤其是工亡案件,我在北京做的所有案件,都没有按照终局裁决认定,而是按照争议标的进行的认定,这块在实践中还是存在一定差异。

★ 075 非终局裁决的情形

需要注意的是,非终局裁决的一种情形:关于《人力资源社会保障部、最高人民法院关于劳动人事争议仲裁与诉讼衔接有关问题的意见(一)》第 11 条(以下简称第 11 条)仍是关于仲裁委员会适用终局裁决的规定。在原有法律规定下并未涉及确认劳动关系是否属于非终局裁决,但根据《劳动争议调解仲裁法》第 47 条的文义理解,确认劳动关系的裁决事项并不属于终局裁决事项,因此若裁决事项涉及确认劳动关系的,则应当作出非终局裁决。

但该规定引发一个思考:通常申请人确认劳动关系的由劳动者提出,但法律并未规定劳动者在向仲裁委员会申请劳动仲裁时必须申请确认劳动关系,那么即表示劳动者可以选择是否向仲裁委员会申请确认劳动关系。若劳动不请求确认劳动关系，仲裁委员会是否能作出确认劳动关系的裁决事项？若劳动者不请求确认劳动关系，则仲裁委员会不能作出确认劳动关系的裁决事项，那么意味若劳动者提出确认劳动关系，则会导致该案件必然成为非终局裁决（即便可能出现同一案件仲裁委员会分别作出非终局裁决和终局裁决的情形，实际上也可以实现该案件必然成为非终局裁决）。该思考为笔者个人观点，供读者思考和探讨。

★ 076 终局裁决和非终局裁决并行时的处理

一方面，在实践中，在同一裁决书中可能既有终局裁决事项又有非终局裁决事项，并未分别作出两份裁决，那么再此情况下适用《最高人民法院关于审理劳动争议案件适用法律问题的解释（一）》第 20 条规定，按非终局裁决处理。但对于仲裁委员会分别作出终局裁决和非终局裁决的情形，则可能出现非终局裁决案件结果与终局裁决结果之间存在因果关系，即案件必须以非终局裁决案件的审理结果为依据，因此另一案件可以中止。

当仲裁委员会分别作出终局裁决和非终局裁决的情形时，此时用人单位作为当事人若对不服仲裁裁决作出的终局裁决，则用人单位一定要向有管辖权的中级人民法院申请撤销裁决。

另一方面，在用人单位申请终局裁决的案件中级人民法院调解工作的处理规则。在上述第 14 条条款内容中，该条款规定了中级人民法院可以对部分事项进行调解并出具调解书，未达成调解协议的事项可以审理并作出驳回和撤销裁决的裁定。第 14 条的规定是非常符合实际并且具有智慧的条款规定，原因在于：

第一，仲裁阶段已经过仲裁委员会的审理，可能出现双方均认可部分裁决事项的情形，双方无需再就不存在分歧的裁决事项进行重复的诉讼。

第二，对于出现双方均认可部分裁决事项的情形，中级人民法院对达成一致事项作出调解、对其他事项作出驳回处理时，则实际上中级人民法院对案件作出了终局结果，该处理的结果实际上实现了调解结案的效果，从而避免当事人再次就同一案件向基层人民法院起诉、增加当事人诉累。

第三，即便中级人民法院作出撤销裁决的裁定，但对于已经出具调解书的事项已经对当事人生效，除法律特殊规定外当事人则不能就已生效的再次进行诉讼，从而降低了基层法院案件审理的部分工作，提高了司法资源的工作效率。

★ 077 用人单位不能因简易程序为由撤销裁决

为了节约司法资源、提高诉讼效力，因劳动者不服终局裁决向基层法院起诉，与用人单位向人民法院申请撤销终局裁决实质上属于同一案件，因此由基础法院一并审理更加合理。上述规定中第13条的颁布统一了关于终局裁决中劳动者和用人单位同时起诉和申请撤销裁决情形在司法实践中受理一致化和审理标准化，相应的程序清晰、明确地为劳动争议案件当事人提供了指引作用。那么用人单位以仲裁阶段采取了简易程序为由是否可以申请撤销终局裁决呢？为了保证诉讼效率，《劳动人事争议仲裁办案规则》第三节专门设置了简易处理的程序，对于事实清楚、权利义务关系明确、争议不大的，标的额不超过本省、自治区、直辖市上年度职工年平均工资的，双方当事人同意简易处理的，仲裁委员会可以决定简易处理，可以在告知当事人的情况下，指定一名仲裁员独任仲裁。

为了配合简易处理在第58条至第60条又规定了，简易处理的案件，经与被申请人协商同意，仲裁庭可以缩短或者取消答辩期。仲裁庭可以用电话、短信、传真、电子邮件等简便方式送达仲裁文书，但送达调解书、裁决书除外。仲裁庭可以根据案件情况确定举证期限、开庭日期、审理程序、文书制作等事项，但应当保障当事人陈述意见的权利。

所以只要是案件本身符合简易处理的范围，建议处理的案件操作过程中符合以上简易处理的规定，作出的裁决结果就不存在程序问题。当事人仅仅因为仲裁委按照简易程序对案件进行审理主张裁决结果无效的，得不到法律支持。

（四）实操指引

总体而言，一裁终局的案件主要针对的是争议标的较小，以北京为例，就是单项金额都不到3万的案件，或者是不涉及金额，争议的只是执行法定标准的案件。

这类案件要么是争议不大，要么是规定明确，适用法律没有什么辩论空间的案件，再走一裁两审确实耽误时间，也是对诉讼资源的一种浪费。

所以这类案件，对于企业只有仲裁这一次机会，是全力以赴地进行诉讼，还是择机调解，企业可以结合自身情况，充分考虑。

有些案件，金额虽小，但是影响重大，如加班费这种事情，一旦被认定，很可能影响其他在职员工，所以怎么在仅有的一次机会中，争取对企业最为有利的结果，值得好好思考，认真设计。

二、"一裁终裁"的程序问题

（一）现实场景

"一裁终裁"作为劳动争议案件处理流程中的例外情况，和我们通常习惯的"一裁两审"制度有明显不同，所以这里我们也简单梳理一下这个流程的一些特点，虽然这类案件争议不大，不是企业关注的重点，但是必要的流程和后续的维权手段，我们还是要了解的。

如何判断哪些案件是一裁终裁，仲裁案件企业还是不服怎么办，我们接着往下看。

（二）法律依据

1.《中华人民共和国劳动争议调解仲裁法》

第四十九条　用人单位有证据证明本法第四十七条规定的仲裁裁决有下列情形之一，可以自收到仲裁裁决书之日起三十日内向劳动争议仲裁委员会所在地的中级人民法院申请撤销裁决：

（一）适用法律、法规确有错误的；

（二）劳动争议仲裁委员会无管辖权的；

（三）违反法定程序的；

（四）裁决所根据的证据是伪造的；

（五）对方当事人隐瞒了足以影响公正裁决的证据的；

（六）仲裁员在仲裁该案时有索贿受贿、徇私舞弊、枉法裁决行为的。

人民法院经组成合议庭审查核实裁决有前款规定情形之一的，应当裁定撤销。

仲裁裁决被人民法院裁定撤销的，当事人可以自收到裁定书之日起十五日内就该劳动争议事项向人民法院提起诉讼。

2.《最高人民法院关于审理劳动争议案件适用法律问题的解释（一）》

第十八条　仲裁裁决的类型以仲裁裁决书确定为准。仲裁裁决书未载明该

裁决为终局裁决或者非终局裁决,用人单位不服该仲裁裁决向基层人民法院提起诉讼的,应当按照以下情形分别处理:

(一)经审查认为该仲裁裁决为非终局裁决的,基层人民法院应予受理;

(二)经审查认为该仲裁裁决为终局裁决的,基层人民法院不予受理,但应告知用人单位可以自收到不予受理裁定书之日起三十日内向劳动争议仲裁机构所在地的中级人民法院申请撤销该仲裁裁决;已经受理的,裁定驳回起诉。

第十九条 仲裁裁决书未载明该裁决为终局裁决或者非终局裁决,劳动者依据调解仲裁法第四十七条第一项规定,追索劳动报酬、工伤医疗费、经济补偿或者赔偿金,如果仲裁裁决涉及数项,每项确定的数额均不超过当地月最低工资标准十二个月金额的,应当按照终局裁决处理。

第二十条 劳动争议仲裁机构作出的同一仲裁裁决同时包含终局裁决事项和非终局裁决事项,当事人不服该仲裁裁决向人民法院提起诉讼的,应当按照非终局裁决处理。

第二十三条 中级人民法院审理用人单位申请撤销终局裁决的案件,应当组成合议庭开庭审理。经过阅卷、调查和询问当事人,对没有新的事实、证据或者理由,合议庭认为不需要开庭审理的,可以不开庭审理。

中级人民法院可以组织双方当事人调解。达成调解协议的,可以制作调解书。一方当事人逾期不履行调解协议的,另一方可以申请人民法院强制执行。

第二十五条 劳动争议仲裁机构作出终局裁决,劳动者向人民法院申请执行,用人单位向劳动争议仲裁机构所在地的中级人民法院申请撤销的,人民法院应当裁定中止执行。

用人单位撤回撤销终局裁决申请或者其申请被驳回的,人民法院应当裁定恢复执行。仲裁裁决被撤销的,人民法院应当裁定终结执行。

用人单位向人民法院申请撤销仲裁裁决被驳回后,又在执行程序中以相同理由提出不予执行抗辩的,人民法院不予支持。

(三)实践观点与分析

结合以上法律依据,为大家梳理一下终局裁决后续救济途径:

1. 企业对于终局裁决无法起诉到法院,只能向中级人民法院申请撤销。

而向中级人民法院申请撤销的理由只包括《劳动争议调解仲裁法》第 49 条中列举的六种情况。前述的撤销条件集中在劳动争议仲裁机关发生明显的程序性错误，这种情况是极为罕见的，比如劳动争议仲裁委员会无管辖权的，现在的劳动争议仲裁委员会，都会严格审查管辖问题，不是自己管辖或者说自己能不管辖的，那是绝对不会给自己揽活儿的；再如，违反法定程序，以北京为例，劳动争议仲裁阶段，原则上应该在 45 日内出结果，但是我们经常看到半年能出结果都算快的，那这个是不是违反法定程序了，因为这个能不能撤销？因为并不涉及案件实体问题的审查，实务中因为符合法定条件而被撤销的终局裁决极为稀少。

除了撤销条件极为严苛外，我们也知道，中级人民法院直接受理的案件争议金额都是天价，还是以北京为例，截至目前，北京的中级法院管辖第一审民商事案件的诉讼标的额最少也要在 5000 万元以上。

大家可想而知，在北京劳动争议的一裁终裁案件，单项争议金额不会超过 3 万元，而中级人民法院一审的案件要求争议金额最低也在 5000 万元以上，这个悬殊的差距也决定了，中级人民法院撤销劳动争议终局裁决的案件，可能性微乎其微。

2. 案件中同时存在“终局裁决和非终局裁决”的情形。

《劳动人事争议仲裁办案规则》(2009)第 49 条规定：“仲裁庭裁决案件时，裁决内容同时涉及终局裁决和非终局裁决的，应分别作出裁决并告知当事人相应的救济权利。”

《劳动人事争议仲裁办案规则》(2017)第 50 条第 4 款规定：“仲裁庭裁决案件时，裁决内容同时涉及终局裁决和非终局裁决的，应当分别制作裁决书，并告知当事人相应的救济权利。”

对比以上前后出台的法律规定，就可以看到 2009 年规则说的是，一份裁决书里包括终局和非终局的两类裁决结果，而 2017 年规则里，说的是，如果涉及两类裁决，应当分别制作两份裁决书。

为什么会出现以上的变化，这和 2010 年 9 月 14 日施行的《最高人民法院关于审理劳动争议案件适用法律若干问题的解释(三)》(已失效)第 14 条规定相关，这条规定也被吸收为 2021 年 1 月 1 日实施的《最高人民法院关于审理劳动争议案件适用法律问题的解释(一)》第 20 条。规定的内容是“劳动争议仲裁机构作出的同一仲裁裁决同时包含终局裁决事项和非终局裁决事项，当事人不服该仲裁裁决向人民法院提起诉讼的，应当按照非终局裁决处理”。

很多劳动者在提起仲裁申请时，大多存在要得越多，得得越多这种心理，加上劳动仲裁又不收费或者几乎不收费,所以不少人都抱有“有枣没枣打三杆子”心态,要了很多不可能被支持的钱,加了好多额外请求。而这些大额的请求,往往属于非终局裁决的范畴,因此裁决书里包含非终局的事项是劳动争议里的常态。

而根据我们上文提到的《最高人民法院关于审理劳动争议案件适用法律若干问题的解释(三)》,现行有效的2021年《最高人民法院关于审理劳动争议案件适用法律问题的解释(一)》的相同规定,只要裁决书里包含有非终局裁决的内容,那么整份裁决书就可以按照非终局处理,用人单位仍然可以向法院起诉。再说得直白一些,在这种情况下,劳动仲裁委员会作出的终局的裁决事项,事实上已经没有终局的法律意义了。

也是为了解决以上差异,2017年规则提出了仲裁机构分别制作两份裁决书,以解决裁决书中“一裁终局”事项毫无意义的问题。此处,仲裁机构和法院系统,对这个问题的理解体现出了差异。不过笔者在实践中,几乎没有见过这种一个案件出两个裁决书的情况,不知道各位读者是否遇到过,一个仲裁申请,出两份文书的情况,也欢迎和我们交流。

(四)实操指引

一裁终局的情况,因为涉及的争议金额较小,往往容易为企业所忽视,对于后续如何继续进行诉讼,也相对比较生疏,这里我们就再介绍一下最为常见的两种情况,至于谁先起诉,谁先撤裁这些问题,因为篇幅所限,实践中也没有争议就不在这里进行罗列,了解这种情况和后续的救济途径,对应企业应对一裁终局裁决具有现实意义,对于劳动者调整心理预期合理合法维权同样具有指导意义。

第四节　劳动争议解决的其他重点问题

一、劳动仲裁不受理的问题

(一)现实场景

劳动争议类案件必须经过仲裁前置的规则,我们在前面已经介绍过了,除了顺利立案，正常进入劳动争议仲裁的案件外，也有一类案件，劳动仲裁基于各种原因不受理，尤其是对于企业申请仲裁员工的案件，这种情况较为常见。

（二）法律依据

1.《中华人民共和国劳动争议调解仲裁法》

第二十九条　劳动争议仲裁委员会收到仲裁申请之日起五日内，认为符合受理条件的，应当受理，并通知申请人；认为不符合受理条件的，应当书面通知申请人不予受理，并说明理由。对劳动争议仲裁委员会不予受理或者逾期未作出决定的，申请人可以就该劳动争议事项向人民法院提起诉讼。

2.《劳动人事争议仲裁办案规则》(2017)

第七十五条　仲裁委员会收到当事人仲裁审查申请，应当及时决定是否受理。决定受理的，应当出具受理通知书。

有下列情形之一的，仲裁委员会不予受理：

（一）不属于仲裁委员会受理争议范围的；

（二）不属于本仲裁委员会管辖的；

（三）超出规定的仲裁审查申请期间的；

（四）确认劳动关系的；

（五）调解协议已经人民法院司法确认的。

3.《最高人民法院关于审理劳动争议案件适用法律问题的解释（一）》

第五条　劳动争议仲裁机构以无管辖权为由对劳动争议案件不予受理，当事人提起诉讼的，人民法院按照以下情形分别处理：

（一）经审查认为该劳动争议仲裁机构对案件确无管辖权的，应当告知当事人向有管辖权的劳动争议仲裁机构申请仲裁；

（二）经审查认为该劳动争议仲裁机构有管辖权的，应当告知当事人申请仲裁，并将审查意见书面通知该劳动争议仲裁机构；劳动争议仲裁机构仍不受理，当事人就该劳动争议事项提起诉讼的，人民法院应予受理。

第六条　劳动争议仲裁机构以当事人申请仲裁的事项不属于劳动争议为由，作出不予受理的书面裁决、决定或者通知，当事人不服依法提起诉讼的，人民法院应当分别情况予以处理：

（一）属于劳动争议案件的，应当受理；

（二）虽不属于劳动争议案件，但属于人民法院主管的其他案件，应当依法受理。

第七条　劳动争议仲裁机构以申请仲裁的主体不适格为由，作出不予受理的书面裁决、决定或者通知，当事人不服依法提起诉讼，经审查确属主体不适格的，人民法院不予受理；已经受理的，裁定驳回起诉。

第九条　劳动争议仲裁机构仲裁的事项不属于人民法院受理的案件范围，当事人不服依法提起诉讼的，人民法院不予受理；已经受理的，裁定驳回起诉。

(三)实践观点与分析

部门地区的劳动争议仲裁委员会不予受理的理由各有不同，这里简单举几个例子，供大家参考，不予受理不意味着案件就不能继续打了，但是不予受理至少意味着对单位而言少了一个仲裁程序可以走。

1. 仲裁委员会拖延立案，进而达到不予受理的目的。

这种情况我在全国一些城市仍存在，按照《劳动争议调解仲裁法》第 29 条规定，劳动争议仲裁委员会收到仲裁申请之日起 5 日内，认为符合受理条件的，应当受理，并通知申请人；认为不符合受理条件的，应当书面通知申请人不予受理，并说明理由。对劳动争议仲裁委员会不予受理或者逾期未作出决定的，申请人可以就该劳动争议事项向人民法院提起诉讼。

实践中，仲裁委员会在 5 日内不受理，然后超期之后，告诉当事人，其已经逾期作出决定，当事人可以继续等(但其不保证什么时候能受理)也可以直接去法院起诉。在某城市、仲裁委员会甚至在逾期后直接给申请人一张这样的通知书，上边选项都写好了，让申请人自己勾选继续等还是直接向人民法院起诉。

这种跳过仲裁程序的做法笔者认为很不严肃，不少案子这样跳过仲裁程序后，到了一审阶段连诉讼主体都是错误的，还要申请人撤诉重新走仲裁程序，会造成资源的浪费。

2. 仲裁委缩小劳动仲裁受理范围，不予立案。

例如，笔者曾在某地代理公司仲裁员工赔偿公司损失案件，某仲裁委员会以公司一方提供的员工身份证有效期过期为由，不予受理。

又如，某地到现在如果员工申请仲裁认定混同用工，告两家甚至两家以上的主体连带承担责任，一律不予受理，公司申请员工赔偿损失的案件，也基本都是不予受理。

除了以上情况外，在用人单位住所地和劳动关系实际履行地不一致的情况下，也有部分仲裁委员会对劳动关系实际履行地的理解过小，导致员工要到异地申请仲裁，这对于企业来说是个好事，但是对于员工来说，就要大费周章。笔者就曾遇到过东北某员工在当地立不上仲裁案，只能跑到北京来打官司的情况。也有部分仲裁对劳动合同履行地的界定过于宽泛，沾点边的全都管，甚至员工的劳动合同约定管理北方区十几个城市，员工自己住在外省市，该地仲裁委员会都受理。所里劳动争议里的管辖问题，裁判尺度也亟待统一。

（四）实操指引

由于各地的操作习惯和法律适用的不统一，导致劳动争议仲裁案件受理阶段结果不一，但是无论哪种不予受理，我们按照最高人民法院的司法解释，只要告的主体正确，管辖无误，诉讼请求于法有据，就都能继续向法院起诉，从而继续推动争议解决。

二、劳动争议仲裁机构逾期未作出裁决的情况

（一）现实场景

劳动仲裁裁决应该在多长时间内作出结论，如果超过法定的期间仲裁阶段久拖不决，我们有什么救济途径？这个也是劳动争议仲裁前置类案件中，特有的一个期间，在这里也给大家介绍一下。

（二）法律依据

1.《劳动人事争议仲裁办案规则》（2017）

第四十五条　仲裁庭裁决案件，应当自仲裁委员会受理仲裁申请之日起四十五日内结束。案情复杂需要延期的，经仲裁委员会主任或者其委托的仲裁院负责人书面批准，可以延期并书面通知当事人，但延长期限不得超过十五日。

2.《最高人民法院关于审理劳动争议案件适用法律问题的解释（一）》

第十二条　劳动争议仲裁机构逾期未作出受理决定或仲裁裁决，当事人直接提起诉讼的，人民法院应予受理，但申请仲裁的案件存在下列事由的除外：

（一）移送管辖的；

（二）正在送达或者送达延误的；

（三）等待另案诉讼结果、评残结论的；

（四）正在等待劳动争议仲裁机构开庭的；

（五）启动鉴定程序或者委托其他部门调查取证的；

（六）其他正当事由。

当事人以劳动争议仲裁机构逾期未作出仲裁裁决为由提起诉讼的，应当提交该仲裁机构出具的受理通知书或者其他已接受仲裁申请的凭证、证明。

（三）实践观点与分析

★ 078 劳动仲裁的期限应该是多久？

1. 正常情况下 45 日出结果。

正常情况下劳动争议仲裁结果，应当自受理之日起 45 日个自然日内作出裁决的结果。2008 年的《劳动争议调解仲裁法》第 43 条和 2017 年的《劳动人事争议仲裁办案规则》第 45 条都对这个 45 日有明确规定。

2. 延长的情况下，最多不超过 15 日。

如果案件疑难复杂，经过劳动仲裁委员会的主任批准，可以延长最多不超过 15 日，而且延长仲裁期限应当书面通知案件的各方当事人。

在 2008 年的《劳动争议调解仲裁法》第 43 条和 2017 年的《劳动人事争议仲裁办案规则》第 45 条都有规定。

3. 仲裁期间重新计算的特殊情形。

根据《劳动人事争议仲裁办案规则》第 46 条的规定，有下列情形的，仲裁期限按照下列规定计算：

（1）仲裁庭追加当事人或者第三人的，仲裁期限从决定追加之日起重新计算；

（2）申请人需要补正材料的，仲裁委员会收到仲裁申请的时间从材料补正之日起重新计算；

（3）增加、变更仲裁请求的，仲裁期限从受理增加、变更仲裁请求之日起重新计算；

（4）仲裁申请和反申请合并处理的，仲裁期限从受理反申请之日起重新计算；

（5）案件移送管辖的，仲裁期限从接受移送之日起重新计算；

（6）中止审理期间、公告送达期间不计入仲裁期限内；

（7）法律、法规规定应当另行计算的其他情形。

4. 劳动仲裁中止审理，期间暂停计算的情况。

根据《劳动人事争议仲裁办案规则》第 47 条的规定，有下列情形之一的，经仲裁委员会主任或者其委托的仲裁院负责人批准，可以中止案件审理，并书面通知当事人：

(1)劳动者一方当事人死亡，需要等待继承人表明是否参加仲裁的；

(2)劳动者一方当事人丧失民事行为能力，尚未确定法定代理人参加仲裁的；

(3)用人单位终止，尚未确定权利义务承继者的；

(4)一方当事人因不可抗拒的事由，不能参加仲裁的；

(5)案件审理需要以其他案件的审理结果为依据，且其他案件尚未审结的；

(6)案件处理需要等待工伤认定、伤残等级鉴定以及其他鉴定结论的；

(7)其他应当中止仲裁审理的情形。

中止审理的情形消除后，仲裁庭应当恢复审理。

5. 终止审理的情况，案件终结。

根据《劳动人事争议仲裁办案规则》第 48 条的规定，当事人因仲裁庭逾期未作出仲裁裁决而向人民法院提起诉讼并立案受理的，仲裁委员会应当决定该案件终止审理；当事人未就该争议事项向人民法院提起诉讼的，仲裁委员会应当继续处理。

★ 079 劳动仲裁委员会超过了以上法定期限，又没有特殊原因需要扣除期限的，我们可以怎样救济？

1. 按照《最高人民法院关于审理劳动争议案件适用法律问题的解释(一)》的规定如果没有特殊情况，劳动争议仲裁机构逾期作出裁决的，当事人可以直接向法院提起诉讼，仲裁阶段就不打了。

但是如果有以下特殊情况，还是需要等待仲裁裁决出结果。

(1)移送管辖的；

(2)正在送达或者送达延误的；

(3)等待另案诉讼结果、评残结论的；

(4)正在等待劳动争议仲裁机构开庭的；

(5)启动鉴定程序或者委托其他部门调查取证的；

(6)其他正当事由。

2. 仲裁逾期作出裁决的情况下,需要提供什么证据? 当事人应当提交仲裁机构出具的受理通知书或者其他已接受仲裁申请的凭证、证明。

但是必须说明的是,并不是全国所有地方的法院都适用这一规定,也有一些城市是不接受仲裁逾期直接起诉的,这个就不具体举例了,也正是因为有的城市不接受这种逾期起诉的方式,所以笔者自己领取的最长劳动争议仲裁结果用了620日。再多说一句,一审普通程序6个月的审限,很多城市做不到,劳动争议案件一两年的也有很多。

(四)实操指引

劳动争议仲裁委员会逾期不作出裁决直接向法院起诉,法律规定是比较清晰的,但是各地实践中掌握的不太一样,对于企业来说,如果是作为被申请人当然是希望案件流程越长越好。

但是从个人一方作为申请人的角度来说,时间太长确实牵扯精力,对于仲裁的期限进行限制也是为了平衡双方利益,这个制度和救济手段我们应该了解。

三、仲裁阶段遗漏当事人的处理

(一)现实场景

劳动仲裁中,由于劳动者没弄清楚,或者由于用人单位之间的关联关系比较复杂,在仲裁阶段可能会遗漏必须参加仲裁的用人单位。有时候有些单位也是故意藏着掖着,不讲劳动者的实际情况向仲裁委员会如实主动告知,或者故意不告知劳动者的实际用人单位情况。以上情况都有可能导致仲裁阶段遗漏当事人。仲裁结果出来后,无论哪一方对结果不满意,到了一审阶段都会提出,仲裁过程中缺少参与人,以此来推翻仲裁结果。这种情况下,一审法院如何处理?

(二)法律依据

《最高人民法院关于审理劳动争议案件适用法律问题的解释(一)》

第三十一条 当事人不服劳动争议仲裁机构作出的仲裁裁决,依法提起诉讼,人民法院审查认为仲裁裁决遗漏了必须共同参加仲裁的当事人的,应当依法追加遗漏的人为诉讼当事人。

被追加的当事人应当承担责任的,人民法院应当一并处理。

（三）实践观点与分析

目前对于这个问题，已经没有争议了，如果一审法院发现遗漏了必须参加仲裁的当事人，一审法院可以直接依职权追加。也就是说，对于被追加的当事人，失去了仲裁的机会，直接从一审阶段开始参与诉讼。

我们经常看到被追加的当事人提出，自己没有经过仲裁前置程序，失去了仲裁阶段的诉讼权利，但是为了避免诉累，也为了尽快取得公平的裁判结果，最高人民法院在诉讼效率和程序完备之间作出了选择。

（四）实操指引

这个法律规定，实际上是在鼓励诉讼参与人诚信参与诉讼，在仲裁阶段如实主动的向仲裁委告知与案件相关的情况，而不是藏着掖着，等到仲裁结果出来了，再提出新的事实。

第五节 调解与和解

用人单位和劳动者发生劳动争议纠纷，为了公正及时解决双方劳动争议，相对于仲裁和诉讼的解决途径，通过调解的途径能够更快地解决问题，调解解决劳动争议，亦应当根据事实，遵循合法、公正、及时的调解原则。同时根据《劳动争议调解仲裁法》的相关规定，发生劳动争议后应先选择和解的方式解决，当事人不愿协商、协商不成或者达成和解协议后不履行的，可以向调解组织申请调解；对于不愿调解、调解不成或者达成调解协议后不履行的，最后如果和解或者调解都不能解决的，可以向劳动争议仲裁委员会申请仲裁；对仲裁裁决不服的，除本法另有规定的外，可以向人民法院提起诉讼。

第一，关于和解的情况，在用人单位和劳动者发生劳动争议后，劳动者可以与用人单位协商，也可以请工会或者第三方共同与用人单位协商，达成和解协议。这是和解的方式进行解决也是在双方发生纠纷后可以申请工会进行协商解决的情形。

第二，如果用人单位和劳动者不能进行和解的或者对于和解协议无法履行的，对于此类劳动争议的情形，当事人可以申请进行调解。

一、具体可以到哪些地方申请调解呢？

根据相关法律规定，可以申请调解的组织：(1)企业劳动争议调解委员会；(2)依法设立的基层人民调解组织；(3)在乡镇、街道设立的具有劳动争议调解职能的组织。

二、以哪种方式申请调解呢？

劳动者或者用人单位申请劳动争议调解可以书面申请，也可以口头申请。口头申请的，调解组织应当当场记录申请人基本情况、申请调解的争议事项、理由和时间。

三、调解过程中需要注意哪些事项？

在劳动争议调解过程中，劳动争议调解组织以及当事人需要注意的有以下几点：

(1)劳动争议调解组织的调解员应当由公道正派、联系群众、热心调解工作，并具有一定法律知识、政策水平和文化水平的成年公民担任。

(2)要在当事人自愿、平等的基础上进行调解；且不违背法律、法规和国家政策；同时需要尊重当事人的权利，不得因调解而阻止当事人依法通过仲裁、行政、司法等途径维护自己的权利。

(3)调解劳动争议，应当充分听取双方当事人对事实和理由的陈述，耐心疏导，帮助其达成协议。

(4)发生劳动争议，当事人对自己提出的主张，有责任提供证据。与争议事项有关的证据属于用人单位掌握管理的，用人单位应当提供；用人单位不提供的，应当承担不利后果。

四、调解过程中的权利与义务有哪些？

(1)当事人在人民调解活动中享有下列权利：

①选择或者接受人民调解员；

②接受调解、拒绝调解或者要求终止调解；

③要求调解公开进行或者不公开进行；

④自主表达意愿、自愿达成调解协议。

(2)当事人在人民调解活动中履行下列义务：

①如实陈述纠纷事实；

②遵守调解现场秩序，尊重人民调解员；

③尊重对方当事人行使权利。

五、如果达成调解的怎么办？

(1)经调解组织调解，双方能够调解成功的，可以调解达成协议的，应当制作调解协议书。

(2)对于调解协议书由双方当事人签名或者盖章，并经调解员签名并加盖调解组织印章后生效，调解协议对双方当事人具有约束力，当事人应当履行。

六、调解协议中都有哪些内容？

调解协议书需载明下列事项：

(1)当事人的基本情况；

(2)纠纷的主要事实、争议事项以及各方当事人的责任；

(3)当事人达成调解协议的内容，履行的方式、期限。

调解协议书自各方当事人签名、盖章或者按指印，人民调解员签名并加盖人民调解委员会印章之日起生效。调解协议书由当事人各执一份，人民调解委员会留存一份。

七、调解协议是否具有法律效力？

经人民调解委员会调解达成的调解协议，具有法律约束力，当事人应当按照约定履行。人民调解委员会应当对调解协议的履行情况进行监督，督促当事人履行约定的义务。

八、如果没有达成调解的怎么办？

自劳动争议调解组织收到调解申请之日起 15 日内未达成调解协议的，此时属于未达成调解，当事人可以依法申请仲裁，这里的当事人可以是用人单位或者劳动者任何一方。

九、达成调解协议后，一方不履行的怎么办？

双方达成调解协议后，一方当事人在协议约定期限内不履行调解协议的，另一方当事人可以依法申请仲裁。

十、达成调解协议后是否还能申请仲裁？

（1）经调解组织调解达成调解协议的，双方当事人可以自调解协议生效之日起15日内，共同向有管辖权的仲裁委员会提出仲裁审查申请。

当事人申请审查调解协议，应当向仲裁委员会提交仲裁审查申请书、调解协议和身份证明、资格证明以及其他与调解协议相关的证明材料，并提供双方当事人的送达地址、电话号码等联系方式。

（2）仲裁委员会审查调解协议，应当自受理仲裁审查申请之日起5日内结束。因特殊情况需要延期的，经仲裁委员会主任或者其委托的仲裁院负责人批准，可以延长5日。

调解书送达前，一方或者双方当事人撤回仲裁审查申请的，仲裁委员会应当准许。

（3）仲裁委员会受理仲裁审查申请后，应当指定仲裁员对调解协议进行审查。

仲裁委员会经审查认为调解协议的形式和内容合法有效的，应当制作调解书。调解书的内容应当与调解协议的内容一致。调解书经双方当事人签收后，发生法律效力。

十一、达成调解协议后是否还能进行起诉？

双方达成调解后，可以进行起诉的情形：

（1）申请支付令被人民法院裁定终结督促程序后，劳动者依据调解协议直接提起诉讼；

（2）调解组织主持下仅就劳动报酬争议达成调解协议，用人单位不履行调解协议约定的给付义务，劳动者直接提起诉讼；

（3）当事人在经依法设立的调解组织主持下就支付拖欠劳动报酬、工伤医疗费、经济补偿或者赔偿金事项达成调解协议，双方当事人依据《民事诉讼法》

第 201 条规定共同向人民法院申请司法确认，人民法院不予确认，劳动者依据调解协议直接提起诉讼的。

(4)经依法设立的调解组织调解达成的调解协议生效后，当事人可以共同向有管辖权的人民法院申请确认调解协议效力。需要注意此时是进行确认调解协议的效力，法院适用特别程序进行审理区别于具体审判程序。若人民法院依法确认调解协议有效，一方当事人拒绝履行或者未全部履行的，对方当事人可以向人民法院申请强制执行。若人民法院依法确认调解协议无效的，当事人可以通过人民调解方式变更原调解协议或者达成新的调解协议，也可以向人民法院提起诉讼。

十二、达成调解协议后，一方不履行的怎么办？

经人民调解委员会调解达成调解协议后，当事人之间就调解协议的履行或者调解协议的内容发生争议的，一方当事人可以向人民法院提起诉讼。

十三、调解协议无效的情形有哪些？

需要注意的是，并不是劳动者和用人单位签订的所有调解协议全部有效，如遇下列情形，调解协议无效：

(1)违反法律、行政法规强制性规定的；

(2)损害国家利益、社会公共利益或者公民、法人、其他组织合法权益的；

(3)当事人提供证据材料有弄虚作假嫌疑的；

(4)违反自愿原则的；

(5)内容不明确的；

(6)其他不能制作调解书的情形。

十四、调解组织调解收取费用吗？

调解不收费。

十五、特别规定

(1)当事人可以向人民调解委员会申请调解，人民调解委员会也可以主动调解。调解是建立在双方同意的基础上进行调解，当事人一方明确拒绝调解的，不得调解。

(2)因支付拖欠劳动报酬、工伤医疗费、经济补偿或者赔偿金事项达成调解协议,用人单位在协议约定期限内不履行的,劳动者可以持调解协议书依法向人民法院申请支付令。人民法院应当依法发出支付令。

(3)在调解纠纷过程中,发现纠纷有可能激化的,应当采取有针对性的预防措施;对有可能引起治安案件、刑事案件的纠纷,应当及时向当地公安机关或者其他有关部门报告。

(4)当事人认为无需制作调解协议书的,可以采取口头协议方式,口头协议自各方当事人达成协议之日起生效,人民调解员应当记录协议内容。

本书涉及相关法律规定汇总

1.《中华人民共和国民法典》

2.《中华人民共和国劳动法》

3.《中华人民共和国劳动合同法》

4.《中华人民共和国社会保险法》

5.《中华人民共和国电子签名法》

6.《中华人民共和国劳动合同法实施条例》

7.《中华人民共和国劳动争议调解仲裁法》

8.《中华人民共和国人民调解法》

9.《企业职工带薪年休假实施办法》

10.《国务院关于职工工作时间的规定》

11.《工资支付暂行规定》

12.《劳动人事争议仲裁办案规则》

13.《最高人民法院关于审理劳动争议案件适用法律问题的解释(一)》

14.《最高人民法院印发〈关于依法妥善审理涉新冠肺炎疫情民事案件若干问题的指导意见(一)〉的通知》

15.《人力资源社会保障部、最高人民法院关于劳动人事争议仲裁与诉讼衔接有关问题的意见(一)》(人社部发〔2022〕9号)

16.《劳动部关于企业实行不定时工作制和综合计算工时工作制的审批办法》(劳部发〔1994〕503号)

17.《劳动部关于贯彻执行〈中华人民共和国劳动法〉若干问题的意见》(劳部发〔1995〕309号)

18.《劳动部贯彻〈国务院关于职工工作时间的规定〉的实施办法》(劳部发〔1995〕143号)

19.《劳部发关于职工工作时间有关问题的复函》(劳部发〔1997〕271号)

20.《劳动和社会保障部关于非全日制用工若干问题的意见》(劳社部发〔2003〕12号)

21.《北京市工资支付规定》

22.《北京市企业实行综合计算工时工作制和不定时工作制办法》

23.《北京市高级人民法院、北京市劳动争议仲裁委员会关于劳动争议案件法律适用问题研讨会会议纪要(二)》

24.《当前审理劳动争议案件适用法律的若干疑难问题及初步意见》

25.《上海市高级人民法院关于适用〈劳动合同法〉若干问题的意见》

26.《广东省高级人民法院 广东省劳动人事争议仲裁委员会关于审理劳动人事争议案件若干问题的座谈会纪要》(已失效)

27.《江苏省高级人民法院劳动争议案件审理指南》

本书涉及相关法律问题汇总

李　华

盈科律师事务所创始合伙人、盈科全国业务指导委员会主任。

李华律师作为盈科全国业务指导委员会主任，负责盈科体系内的专业化建设，带领盈科律师，构建出完整的专业化法律服务体系，包括研究院、专业委员会及综合性法律中心，推动盈科律师专业化的法律服务，以适应法律服务市场不断细分的需要。在此基础上，通过集成各专业委员会纵深化的法律服务能力为客户提供综合性的法律服务。

曾荣获全国律师行业优秀党员律师、北京市优秀律师、朝阳区优秀律师、朝阳区首届优秀女律师、朝阳区优秀党员的荣誉称号。

黄兴国

北京市盈科律师事务所合伙人律师、盈科北京劳动人事法律事务部执行主任，中国民主建国会会员，拥有企业法律顾问职业资格、国家二级企业培训师职业资格、国家二级企业人力资源管理师职业资格。主要业务领域为劳动法律服务、企业法律顾问业务、民商事诉讼。担任中央电视台CCTV12法制频道《夜线》栏目嘉宾，北京电视台《律师帮帮忙》节目直播嘉宾，北京交通广播FM103.9《都市调查组》《八点更新》，北京新闻广播FM94.5《警法在线》，北京城市广播FM107.3《职场帮帮团》直播节目嘉宾。

担任多家知名企业法律顾问，为企业客户进行企业合规法律服务，防范法律风险。在企业端劳动争议方面，办理了数百件仲裁及诉讼案件，对企业用工风险应对有丰富经验。黄兴国律师总结并主讲的《一千个败诉的理由》企业劳动争议常见法律风险系列课程，已为戴森、三星、京东、软通动力、祖龙娱乐、北京建筑咨询、中关村软件园、新奥集团、大唐软件等各类型企业进行了近百场培训。

王　昱

北京市盈科律师事务所执业律师、盈科北京劳动人事法律事务部秘书长。从事法律工作近十年，主要从事业务领域为劳动争议纠纷和企业用工合规业务，涉及解除劳动关系、加班费、工资奖金待遇、服务期协议、工伤期间停工留薪期待遇等方面问题。法律功底扎实，实践经验丰富，可兼顾诉讼与非诉业务。在集体员工解除劳动关系纠纷、服务期协议纠纷、竞业限制纠纷等方面有着众多成功案例。

付洪哲

北京市盈科律师事务所执业律师，从事诉讼争议法律工作近十年，致力于公司企业合规、人力资源管理、合同合规以及争议解决事项的法律服务。为北京银泰置业有限公司、北京银泰置业有限公司物业管理分公司、中国电力出版社、北京外企人力资源服务有限公司（FECSO）、软通动力信息技术有限公司、北京航天智造科技发展有限公司、华融中关村不良资产交易中心股份有限公司、华鑫国际信托有限公司、昆仑银行股份有限公司国际业务结算中心、北京农村商业银行等客户提供了顾问、专项及争议解决法律服务。